高等职业教育创新教材

城市轨道交通线路与站场

主编 孙艳英
参编 刘志远 张文焕 冯 硕 宁天娇
　　　 常秀娟 齐 娟 陈 冲
主审 于志学

机械工业出版社

本书分为城市轨道交通线路概述、路基及桥隧建筑物、轨道结构、车站、城市轨道交通车辆基地、限界与线间距、轨道施工以及城市轨道交通线路设计与车站设计8个项目,每个项目包括教学目标、知识要点、能力目标、重点掌握、任务描述、基础理论、拓展提高、任务实施以及复习思考题环节。

本书共设32个任务,分布于不同的项目中间,主要内容包括城市轨道交通线路分类及设置、线路平面的认知、线路纵断面的认知、线路施工方法与选择、线路维护与检查、线路标志的认知、路基设计、路基病害及其整治、桥隧建筑物的认知、钢轨的认知、轨枕的认知、接头联结零件的认知、中间联结零件的认知、道床的认知、道岔的认知、轨道安全设备的认知、轨道的几何形位认知、无缝线路的认知、车站分类、车站建筑空间的认知、车辆基地概述、停车场的认知、车辆段的认知、综合维修基地的认知、限界的认知、线间距的认知、有砟轨道的施工、无砟轨道的施工、道岔的施工、无缝线路的施工、城市轨道交通线路设计、城市轨道交通车站设计。书中的每个内容都是编者经过教学经验总结、调研后编写的,贴合现场实际,基本涵盖了现阶段城市轨道交通线路站场的专业知识,对相关专业课教学起到了促进、支撑作用。

本书可供高等职业院校城市轨道交通类专业教学使用,也可作为相关岗位的培训或自学用书。

本书配有电子课件等,凡使用本书作为教材的教师可登录机械工业出版社教育服务网www.cmpedu.com免费下载。咨询电话:88379375。

图书在版编目(CIP)数据

城市轨道交通线路与站场/孙艳英主编. —北京:机械工业出版社,2019.2
(2025.1重印)
高等职业教育创新教材
ISBN 978-7-111-61705-1

Ⅰ.①城⋯ Ⅱ.①孙⋯ Ⅲ.①城市铁路-铁路线路-高等职业教育-教材②城市铁路-铁路线路-高等职业教育-教材 Ⅳ.①U239.5

中国版本图书馆CIP数据核字(2019)第001007号

机械工业出版社(北京市百万庄大街22号 邮政编码100037)
策划编辑:蓝伙金 责任编辑:葛晓慧 蓝伙金
责任校对:陈 越 封面设计:鞠 杨
责任印制:郜 敏
中煤(北京)印务有限公司印刷
2025年1月第1版第11次印刷
184mm×260mm・15印张・365千字
标准书号:ISBN 978-7-111-61705-1
定价:45.00元

电话服务 网络服务
客服电话:010-88361066 机 工 官 网:www.cmpbook.com
　　　　　010-88379833 机 工 官 博:weibo.com/cmp1952
　　　　　010-68326294 金 书 网:www.golden-book.com
封底无防伪标均为盗版 机工教育服务网:www.cmpedu.com

前 言

随着城市轨道交通行业的迅猛发展，城市轨道交通运输设备不断增加，尤其是线路站场设备更新较快，现场需要不断补充新设备及其应用知识，本书正是基于这种需求应运而生的，既填补了这个方面的空白，同时也能为城市轨道交通技能人才提供知识储备。

本书的编写采用校企合作的模式，编者去地铁公司现场调研，深入现场了解最新的线路站场设备，地铁公司为本书的编写提供了大量的素材。本书按照《国务院关于加快发展现代职业教育的决定》的指导思想和有关要求进行编写，囊括了城市轨道交通线路、路基及桥隧建筑、车站、轨道结构、城市轨道交通车辆基地、限界及线路间距、轨道施工以及城市轨道交通线路设计与车站设计等相关知识，内容实用，针对性较强。本书在书中配套了二维码视频资源试卷等，实现了立体化配套。适应"互联网+"新的教学形式。

本书分为城市轨道交通线路概述、路基及桥隧建筑物、轨道结构、车站、城市轨道交通车辆基地、限界与线间距、轨道施工以及城市轨道交通线路设计与车站设计8个项目，每个项目包括教学目标、知识要点、能力目标、重点掌握、任务描述、基础理论、拓展提高、任务实施以及复习思考题环节，不但注重"学"的过程，而且强调"做"的重要性，希望既能为学生提供一定的理论知识，又能对学生的线路站场设计能力有针对性训练。

本书的编写人员在各自领域都具有扎实的专业知识、丰富的教学经验以及现场实践经验。本书由河北轨道运输职业技术学院的孙艳英任主编，负责对全书框架、编写思路的设计及统稿、校对工作。由河北轨道运输职业技术学院的于志学任主审，对全书的整体结构和相关内容提出了许多中肯的意见。具体分工如下：项目一由天津铁道职业技术学院的张文焕编写；项目二由辽宁铁道职业技术学院的宁天娇和北京局集团公司石家庄铁路专业技术服务中心的冯硕编写；项目三由郑州职业技术学院的刘志远编写；项目四由河北铁道职业运输学院的常秀娟编写；项目五的任务一、任务二及任务四由孙艳英编写，任务三由常秀娟编写；项目六由宁天娇编写；项目七由陈冲编写；项目八由孙艳英编写。

本书参考了城市轨道交通相关教材及文献资料，在此谨向各位作者及相关部门表示感谢。

由于城市轨道交通线路站场设备复杂，新设备不断得到应用，很难将相关资料搜集齐全，且编者水平有限，对城市轨道交通线路站场设备的认识和分析尚有不足，恳请读者和同行予以指正，提出宝贵意见。

编　者

二维码索引

序号	名称	图形	页码	序号	名称	图形	页码
1	列车折返作业		7	5	手摇道岔		101
2	明挖法施工		25	6	不落轮镟床		151
3	盖挖逆作法施工		27	7	无砟轨道施工		182
4	警冲标		49				

目 录

前 言
二维码索引
项目一　城市轨道交通线路概述 ··· 1
　　任务一　城市轨道交通线路分类及设置 ··· 1
　　任务二　线路平面的认知 ··· 12
　　任务三　线路纵断面的认知 ·· 18
　　任务四　线路施工方法与选择 ··· 24
　　任务五　线路维护与检查 ··· 35
　　任务六　线路标志的认知 ··· 46
　　【复习思考题】 ··· 51
项目二　路基及桥隧建筑物 ··· 53
　　任务一　路基设计 ·· 54
　　任务二　路基病害及其整治 ·· 60
　　任务三　桥隧建筑物的认知 ·· 62
　　【复习思考题】 ··· 64
项目三　轨道结构 ·· 65
　　任务一　钢轨的认知 ··· 65
　　任务二　轨枕的认知 ··· 75
　　任务三　接头联结零件的认知 ··· 81
　　任务四　中间联结零件的认知 ··· 86
　　任务五　道床的认知 ··· 93
　　任务六　道岔的认知 ··· 101
　　任务七　轨道安全设备的认知 ··· 113
　　任务八　轨道的几何形位认知 ··· 116
　　任务九　无缝线路的认知 ··· 120
　　【复习思考题】 ··· 124
项目四　车站 ·· 126
　　任务一　车站分类 ·· 126

任务二　车站建筑空间的认知 …………………………………………………………… 134
　　【复习思考题】 …………………………………………………………………………… 141
项目五　城市轨道交通车辆基地 ……………………………………………………………… 143
　　任务一　车辆基地概述 …………………………………………………………………… 143
　　任务二　停车场的认知 …………………………………………………………………… 146
　　任务三　车辆段的认知 …………………………………………………………………… 147
　　任务四　综合维修基地的认知 …………………………………………………………… 153
　　【复习思考题】 …………………………………………………………………………… 156
项目六　限界与线间距 ………………………………………………………………………… 157
　　任务一　限界的认知 ……………………………………………………………………… 158
　　任务二　线间距的认知 …………………………………………………………………… 165
　　【复习思考题】 …………………………………………………………………………… 168
项目七　轨道施工 ……………………………………………………………………………… 170
　　任务一　有砟轨道的施工 ………………………………………………………………… 170
　　任务二　无砟轨道的施工 ………………………………………………………………… 181
　　任务三　道岔的施工 ……………………………………………………………………… 186
　　任务四　无缝线路的施工 ………………………………………………………………… 191
　　【复习思考题】 …………………………………………………………………………… 199
项目八　城市轨道交通线路设计与车站设计 ……………………………………………… 200
　　任务一　城市轨道交通线路设计 ………………………………………………………… 201
　　任务二　城市轨道交通车站设计 ………………………………………………………… 217
　　【复习思考题】 …………………………………………………………………………… 228
参考文献 ………………………………………………………………………………………… 230

城市轨道交通线路概述

【教学目标】

1. 了解城市轨道交通线路的特点。
2. 掌握城市轨道交通线路的分类及设置要求。
3. 掌握城市轨道交通线路平面、纵断面的组成。
4. 了解城市轨道交通线路平面各组成要素的设置要求。
5. 了解城市轨道交通线路纵断面各组成要素的设置要求。
6. 掌握曲线附加阻力、坡道附加阻力的计算方法。
7. 了解城市轨道交通线路施工方法。
8. 了解城市轨道交通线路养护维修的内容与方法。
9. 了解轨道检查的方法。
10. 掌握常见的城市轨道交通线路标志。

【知识要点】

城市轨道交通线路的分类及设置要求;线路平面、线路纵断面各组成部分的设置要求;曲线附加阻力、坡道附加阻力的确定;线路平面图和线路纵断面图的内容;线路养护维修的方法;常见的线路标志。

【能力目标】

能够正确识别各种城市轨道交通线路;能够正确分析各种线路的作用;能够正确选择各种曲线的半径;能够正确计算曲线附加阻力、坡道附加阻力;能够正确识别线路平面、线路纵断面图;能够正确选择线路施工方法;能够正确选择线路维修的方法;能够正确识别线路标志。

【重点掌握】

城市轨道交通线路的分类;线路的组成;线路平面、线路纵断面的组成;曲线附加阻力、坡道附加阻力的计算方法;线路施工的方法;线路维修的方法;常见的线路标志。

任务一 城市轨道交通线路分类及设置

【任务描述】

本任务主要介绍城市轨道交通线路的特点及分类等相关理论知识,通过对理论知识的学习，辅以多媒体教学展示相关图片，使学生对城市轨道交通线路有更好的认识。

【基础理论】

城市轨道交通线路是城市轨道交通车辆运行的基础，是城市轨道交通系统的基本组成部分。为保证城市轨道交通列车安全运行，线路的设置必须满足行车安全、线路平顺与养护方便等要求，并保证一定的舒适度。考虑到乘客出行方便、土地充分利用、节约建设费用等因素，线路的走向一般选择易于施工和客流量相对集中的地区。

线路一般由上部建筑和下部基础组成。上部建筑是指轨道部分，下部基础是指路基、桥梁及隧道。

一、城市轨道交通线路的特点

城市轨道交通线路与铁路线路有很大的不同，主要体现在以下几个方面：

1）城市轨道交通线路编组辆数少、载重量小、运行速度慢、运行距离短，因此设计标准与铁路线路有所不同，其差异程度与城市轨道交通类型及形式密不可分。

2）由于市内客运的运距短，客流分布不均匀，且分布在整个城市区域内，为保证线路有足够的客流吸引力，通常每隔 1~2km 设置一个站点，因此站点设置密，停车频繁。

3）城市轨道交通线路无论是在地下、地面还是在高架上，一经建成，线路位置的改变将十分困难。建成后的改建会引起周围建筑、道路等很大的拆迁工程，并破坏多年来逐渐形成的城市环境。因此，城市轨道交通线路的设计要做长期考虑。

4）城市轨道交通线路一般为双线，通常每条线路设有一个车辆段和一个停车场。车站办理的调车作业较少，为节省用地，一般车站不设调车线，车辆集中停放在车辆段或停车场。

5）由于线路各站点的吸引范围小，城市客流可容忍的等待时间较短，这就要求发车间隔时间不能太长，一般不长于 10min，短时间里聚集的客流量有限，因而列车编组长度通常为 4~8 节车厢，较列车编组短。

二、城市轨道交通线路的分类

（一）按其与地面位置的关系分

城市轨道交通线路按其与地面位置的关系可分为地下线路、地面线路及高架线路。

1. 地下线路

地下线路设置于地下隧道中。其优点：与地面交通完全分离，且不占城市地面与地上空间，基本不受地面气候影响；也是对城市环境影响最小的一种线路铺设方式，是线路在交通繁忙路段和市区内繁华地段主要采用的铺设方式。其缺点：需要较大的一次性投资、较高的施工技术、较先进的管理、完善的环控和防灾措施与设备；建设过程会影响地面交通，运营成本较高，改造调整与线路维护均较困难。

地下线埋置深度应根据地质情况和地下构筑物情况而定，选线时要探明地下市政管线，合理确定线位和站位，尽量减少管线拆迁改移。当线路经过有桩基的建筑物时，要探明桩基类型和深度，以确定采用的施工方法和安全距离，并根据建筑物性质采取加固保护措施，确保工程安全。另外，隧道体不要侵入道路两侧的地块，避免影响两侧土地的开发利用。

根据线路与城市道路的关系，城市轨道交通地下线路的平面位置主要有线路位于道路规划红线范围内和线路位于道路规划红线范围外两种情况。道路红线是指道路用地的边界线。

图1-1中A位、B位、C位分别代表城市轨道交通地下线路的几种位置。

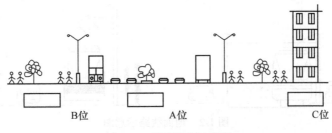

图1-1 地下线路示意图

（1）线路位于道路规划红线范围内　城市轨道交通的地下线路位于城市道路规划红线范围内是常用的线路平面位置形式，这种方式对道路红线范围以外的城市建筑物干扰较小，如图1-1中的A位和B位。

A位：城市轨道交通线路位于道路中心，对两侧建筑物影响小，地下管网拆迁较少，有利于减少曲线数量，线路裁弯取直，并能适应较窄的道路红线宽度。但若采用明挖法施工便破坏了现有道路路面，对城市交通干扰大，不如B位。

B位：线路位于规划的慢车道和人行道下方，施工时能减少对城市交通的干扰和对机动车道路面的破坏，但它靠建筑物较近，市政管线较多且线路不易顺直，需结合站位的设置统一考虑。

（2）线路位于道路规划红线范围以外　城市轨道交通的地下线路也有位于道路规划红线范围以外的情况，如图1-1中的C位。

C位：线路位于道路规划红线范围以外，是在特殊情况下采用的一种线路位置，如果线路从既有多层、高层房屋建筑下面通过，不但施工复杂、难度大，并且造价高昂，选线时要尽量避免。如果线路位于待拆的已有建筑物下方，对现有道路及交通基本上无破坏和干扰，地下管网也极少，但房屋拆迁及安置量大，适用于与城区改造同步进行的情况。

城市轨道交通地下线路位于道路规划红线范围以外，可以缩短线路长度，减少拆迁，降低工程造价。但必须具备如下条件：

1）沿线区域地质条件好，基岩埋深很浅，隧道可以用矿山法在建筑物下方施工。

2）沿线区域为城市非建成区或广场、公园、绿地（耕地）等。

3）沿线区域为老的街坊改造区，可以与城市轨道交通同步规划设计，并能按合理施工顺序进行施工。

2. 地面线路

地面线路一般采用独立路基的方式，以减少与地面道路交通的互相干扰，如图1-2所示。城市轨道交通地面线是造价最低的一种铺设方式，一般铺设在有条件的城市道路或郊区。为保证城市轨道交通车辆的快速运行，一般设计成封闭线路，采用专用道形式，两侧设置护栏，防止行人与车辆进入，与城市道路相交时，一般应设置成立交，以保证列车快速安全运行。线路通过市区繁忙路口时，要求采取立体交叉，在次要路口行车密度低时，可考虑设平交道口，交通信号灯给予优先通行。当道路范围之外为江、河、湖、海岸滩地，以及不能用于居住建筑的山坡地等时，可考虑将城市轨道交通线路布置于这些地带上，但要充分考虑路基的稳固与安全。

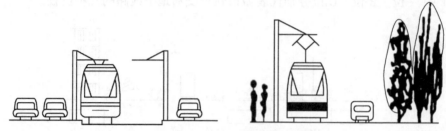

图 1-2　地面线路示意图

地面线路的优点：造价低，施工简便，运营成本低，线路调整与维护较易。缺点：运营速度难以提高，容易受地面交通影响（有部分信号控制的平面交叉点），占地面积较多，破坏城市道路路面，使城市道路交叉口复杂化，容易受气候影响（如雨水、雾、台风等），乘车环境难改善。隔断线路两侧的交通，使线路两侧难以沟通，不利于两侧土地的商业开发利用，运营时噪声大。此外，由于地面线的沉降变化较大，故多采用碎石道床，因此运营后养护、维修工作量较大。城市轨道交通中在偏远市郊的路段多采用这种形式。

在城市道路上设地面线，一般有两种位置：一种是位于道路中心带上，另一种是位于快车道一侧，如图 1-3 所示。

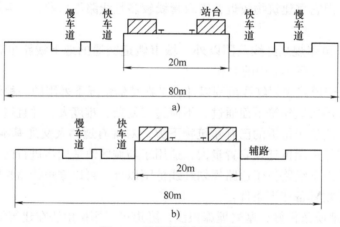

图 1-3　地面线设置示意图

如图 1-3a 所示，当城市快车道或主干道的中间有分隔带时带宽一般为 20m 左右，地面线设于该分隔带上，不阻隔两侧建筑物内的车辆按右行方向出入，不需设置辅路，有利于城市景观及减少城市轨道交通噪声的干扰。其不足之处是乘客需通过地道或天桥进入城市轨道交通站台。

如图 1-3b 所示，当城市道路无中间分隔带时城市轨道交通地面线位于快车道一侧，该位置可以减少道路改移量，其缺点是在快车道另一侧需要建辅路，增加道路交通管理的复杂性。

3. 高架线路

高架线路是城市轨道交通中一种重要的线路铺设方式，不但保持了专用道的形式，而且占地较少，对城市交通干扰也较小。高架区段中的高架桥是永久性的城市建筑，结构寿命要求为100年。高架线在城市中穿越时通常沿道路设置，一般应结合规划道路的横断面考虑，设于道路中心或快慢车道分隔带上，如图1-4所示。

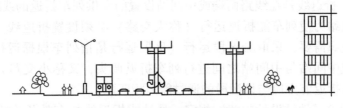

图1-4 高架线路示意图

高架线路平面位置选择比地下线严格，受城市建筑约束大，一般要与城市主路平行设置。高架线路设置于快慢车道分隔带上，可充分利用道路隔离带，减少高架桥墩柱对道路宽度的占用和改建，线路高架桥墩柱位置要与道路车行道配合，一般宜将桥墩柱置于分隔带上。在无中间分隔带的道路上铺设时，改建道路工程量大。线路一般偏向房屋的非主要朝向面，即东西街道的南侧和南北街道的东侧，但缺点是噪声对一侧市民的影响较大。

高架线路除可设置于快慢车道分隔带上，还可设置于慢车道、人行道上方及建筑区内，但它仅适用于广场、公园、绿地及江、河、湖、海岸线等空旷地段，高架线应与旧房改造同步规划建设。

线路设在高架工程结构物上，与地面交通无干扰，造价介于地下线路与地面线路之间，施工、维护、管理、环控、防灾诸方面都比地下线路方便。但有三个方面的缺点：①对市区景观有影响，可能破坏市容；②运营时产生的噪声等污染对周围环境有不良影响；③对沿线居民的隐私权有所侵犯，易引起某些纠纷；④受气候变化的影响。

在同一条城市轨道交通线路上，上述三种不同的空间布置方式可组合采用。在市中心人口、建筑密集，土地价值较高的区域，应采用地下线路方式，也可适当布置为高架线路方式；而在城市边缘区或郊区，则宜采用地面独立路基；在城市外围，一般可采取高架线路。

（二）按其在运营中的地位和作用分

城市轨道交通系统线路按其在运营中的地位和作用可分为正线、配线（辅助线）和车场线。

1. 正线

正线是为载客运营并贯穿所有车站、区间，供列车日常运行的线路，当线路分叉时，可细分为干线和支线。一般情况下，在正线上分岔以侧向运行的线路为支线，直向运行的线路为干线。支线通过配线与干线连接，可混合运行，也可独立运行。

正线分为区间正线和车站正线。城市轨道交通系统的正线均采用上、下行双线设计，列车运行一般采用右侧行车制，以便与城市地面交通的行车规则相吻合（世界上除了英联邦国家及日本等部分国家外，绝大部分国家城市道路交通实行右侧行车制）。

正线行车速度快、密度大，且要保证行车安全和乘坐舒适，因此线路设计标准要求高。线路与其他交通线路相交处，一般采用立体交叉。

2. 配线（辅助线）

配线是指在正线上分岔的，为配合列车转换线路或转换运行方向等某些运营功能服务的，并增加运行方式灵活性的线路，是为保证正线运营而配置的不载客列车运行的线路，包括折返线、联络线、故障列车停车线、出入线、安全线等。折返线除了供运营列车往返运行时的调头转线使用外，有些也可作为夜间存车使用。

(1) 折返线　折返线是在线路两端或中间站设置的专供列车折返的线路。

线路起、终点站为使列车能折返运行（称大交路）必须设置折返线。当线路较长或因客流分布和行车组织需要，采取分区段运行（区段运行是指列车根据运行调度的要求，在尽端站与中间站或中间站与中间站之间进行列车折返调头，又称小交路）时，在折返站也需设置折返线，其折返能力应与该区段的通过能力相匹配。

GB 50157—2013《地铁设计规范》规定，尽端式折返线的有效长度宜为远期列车长度加 50m（不包括车挡长度），贯通式折返线的有效长度宜为远期列车长度加 60m（不包括车挡长度）。

折返线的形式很多，常见的布置形式如下：

1）环形折返线。环形折返线俗称"灯泡线"，如图 1-5 所示。

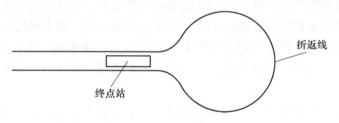

图 1-5　环形折返线

环形折返线的优点在于：将端点折返作业转化为沿一个环形单线区段运行的作业，实质上取消了折返过程，变为区间运行，有利于列车运行速度发挥，消除了因折返作业而形成的线路通过能力限制条件，是一种对提高运营效率有利的折返方法。

环形线折返线的缺点在于：轮轨磨耗大环线占地面积较大，尤其是在地下修建难度更大，投资较高；环形线折返线丧失了一端停车维护保养检查的机动线路，对车辆技术和运行组织要求更高，线路机动性降低，线路延伸可能性较小，一般只适用于线路较短、线路延伸可能性较小且该端点站又往往在地面的情况。

2）尽端折返线。尽端折返线有单线折返、双线折返与多线折返等不同布置方式。

① 单线折返，如图 1-6a 所示。单线折返能力和灵活性较差，折返与存车不能兼顾，一般多单独用作存车线。

② 双线折返，如图 1-6b 所示。设于列车的区段折返站上或端部折返站上，折返能力可大于 30 对/h，当折返列车对数较少时，可以留出一条线作为存车线。在端部正线继续延伸后，仍可作为折返线或存车线，没有废弃工程，是最常用的一种折返线形式。

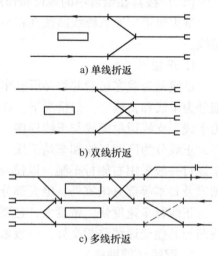

图 1-6　折返线示意图

③ 多线折返，如图 1-6c 所示。集折返、乘客上下车、列车越行、列车出入车场以及列车转线联络等功能中的两项或多项功能于一体的折返线形式，使用灵活，但车站规模大，效率较低。

综上所述，尽端折返线的优点在于：弥补了环线折返的不足，使端点站既可有效组织折返（如双折返线可明显降低折返时间），又可备有停车线供故障停车、检修、夜间停车等作业使用。线路延伸性较好，适用于地下结构的端点站以及线路较长或有延伸可能、土地不宜多占用的情况。

3) 渡线折返。渡线是指设置在正线线路左右线之间，为车辆过渡运行的线路；或在平行换乘站内，为相邻正线线路之间联络的线路。渡线单独设置时，用于临时折返列车，可增加列车调度的灵活性；与其他配线合用时，可增加其他配线的功能。

渡线一般有三种设置形式，交叉渡线（图1-7a）、单渡线（图1-7b）和"八"字形渡线（图1-7c）。渡线折返还可分为站前渡线折返、站后渡线折返和区间渡线折返。

利用渡线折返需要修建的线路量较少，投资较少。但列车进出车站与折返作业有严重的干扰。尤其是在区间站利用渡线进行区间列车折返，需占用正线进行作业，故对运营管理要求十分严格。且列车运行间隔时间受其制约需放大，导致线路通行能力下降，安全可靠性存在隐患。所以，在列车运行速度较高、运行间隔时间较短（即发车频率较高）、运量较大的线路不宜采用。

（2）联络线　联络线是轨道交通线路之间为调动列车等作业而设置的连接线路，它主要是两条正线间的连接线，即在整个城市轨道交通线网中，使同种制式线路可以实现过轨运行，如图 1-8 所示。由于联络线所连接的轨道交通线路往往不在一个平面上，因此联络线具有坡道较大和曲线半径较小的特点，列车在联络线上运行时速度较低。如果在地下建设联络线，施工难度较大，投资也随之加大。

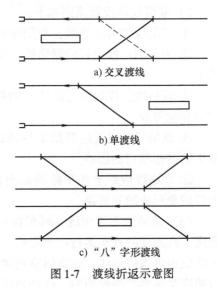

图 1-7　渡线折返示意图

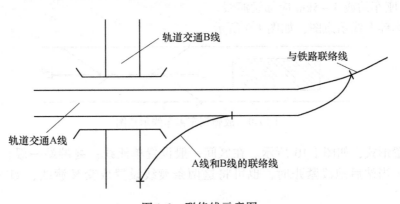

图 1-8　联络线示意图

1) 联络线在路网中的作用如下:

① 联络线是车辆送修的通道。城市轨道交通线网如果采用厂、段合修制,整个线网中需做厂修的车辆必须通过联络线进入厂修车辆段进行检修。

② 联络线是调转运营车辆的通道。城市轨道交通线网中某些线路根据情况采用分段建设、分期运营。此时,由于车辆段尚未建成,可借助线路间的联络线短期内调转车辆。在运营中,根据各线的实际运营要求,通过联络线合理调配车辆。

③ 联络线可作为临时运营正线。线网中两条交叉独立运营的线路,因城市发展要求,需分段建设临时合并运营时,可在两线交点处设置双线联络线,作为临时正线来过渡使用。

④ 联络线可作为后建线路的设备运输通道。在线网建设过程中,许多大型材料及设备(包括运营车辆)由于质量、体积或长度很大,无法通过道路运输,一般只能通过国铁专用线进入车辆段,但线网内大部分线路因受地形、环境等因素的限制,没有直接与国铁专用线连接的条件,这就要求通过联络线和国铁的线路相连通。

2) 联络线的设置原则如下:

① 联络线作为辅助线,利用率较低,一般按单线设计。

② 为车辆厂修设置的联络线,应结合工程实施的可行性,尽可能设在最短、最顺畅路径上。

③ 联络线的设置应考虑线网的修建顺序,使后建线路可通过联络线从先建线路上运送车辆和物资等。

④ 联络线的设置应根据工程条件及其他建设项目的关系,在确保联络线功能的同时,减少对其他项目的影响。

⑤ 联络线应尽量在车站端部出岔,便于维修和管理。困难情况下,也可在区间出岔,但应避免形成敌对进路。

(3) 故障列车停车线　列车在运行过程中难免会出现这样或那样的故障,当故障对高密度、高速度的列车运行产生影响,或对乘客的安全和舒适度不利时,故障列车就要被安排下线就近进入停车线,或送回临近维修基地进行检查和修理。在这个过程中,故障列车的运行速度是受到严格控制的,这种情况一旦发生就会打乱全线列车的运行秩序,使系统运行产生混乱。因此应尽量缩短故障列车进入停车线的时间,即减小故障列车对运行产生的影响。

《地铁设计规范》规定:正线应每隔5~6座车站或8~10km设置故障列车停车线,其间每隔2~3座车站或3~5km应加设渡线。

故障列车停车线示意图,如图1-9所示。

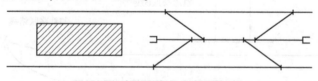

图1-9　故障列车停车线示意图

渡线设置形式,如图1-10所示。在区间一般设置单渡线;终端站一般在站后设"八"字形双渡线,当站后地段紧张时,也可将这两条渡线设置成交叉渡线,如图1-10中虚线所示。

停车线一般设置在端点站,专门用于停车,进行少量的检修作业。在车辆段则拥有众多

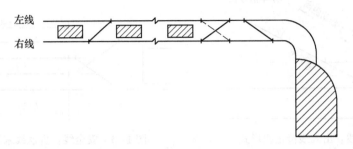

图 1-10　渡线布置形式示意图

的专用停车线，供夜间停止运营后的列车停放。需要进行检修作业的停车线设有地沟。

（4）出入线　出入线指车辆基地与正线车站联系的线路，专供列车进出车辆基地。一般分为入库线和出库线。

车辆段和停车场应设置双线或单线出入线。尽端式车辆段宜采用双线出入线，贯通式车辆段可在车辆段两端各设一条单线出入线，停车场规模较小时，出入线可采用单线。车辆段出入线的 3 种典型布置形式如图 1-11 所示。

1）出入线与正线平面交叉，如图 1-11a 所示。这种布置形式连接较简单，渡线较短，造价较低。但出入段列车与正线运营列车有敌对进路，车辆段向正线取送列车的能力较低，因此在采用时要验算其通过能力。

2）出入线与正线立体交叉，如图 1-11b、c 所示。这种布置形式出入段列车与正线运营列车无敌对进路，取送列车能力强，使用较灵活。通常将出入线与折返线合并设置，使用更为方便，但工程较复杂，造价较高。图 1-11b 中出入线从一车站端的折返线上引出，适用于尽端式车辆段；图 1-11c 中出入线从两车站端分别引出，贯通式车辆段和尽端式车辆段均适用。

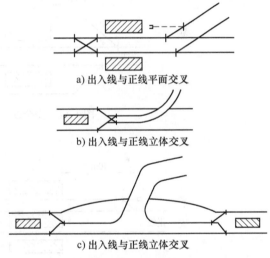

图 1-11　车辆段出入线布置形式示意图

（5）安全线　安全线是一种进路隔开设备，是防止列车或机车车辆进入另一列车或机车车辆进路的一种安全设备。为防止在车辆段（场）出入线、折返线和岔线（支线）上行驶的列车未经允许进入正线与正线列车发生冲撞事故，在无其他列车运行隔开设备的下列情况下，应设安全线，以保证列车安全、正常运行。

1）当出入线上的列车在进入正线前需要一度停车，且停车信号机至警冲标之间小于列车制动距离时，宜设安全线，如图 1-12 所示。

警冲标是为防止停留在一条线路上的列车与邻线的列车发生侧面冲撞而设置在两条线路交叉处适当位置的一种信号标志，列车必须停在警冲标内方。

2）当折返线末端与正线接通时，宜设置道岔隔开设备，如图 1-13 所示。

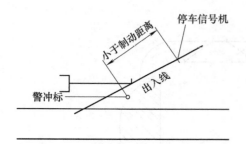 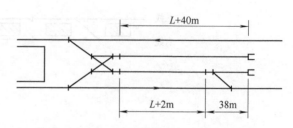

图 1-12　安全线：出入线接正线形式　　　　图 1-13　安全线：折返线末端接正线形式

3）当岔线（支线）在站内接轨，岔线与正线间为岛式站台，且站台端至警冲标间的距离大于或等于 60m 时，可不设列车运行隔开设备，如图 1-14 所示；若为侧式站台，宜设道岔隔开设备，如图 1-15 所示。

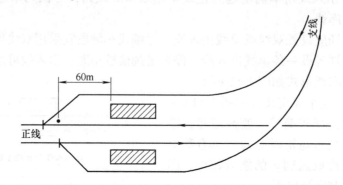

图 1-14　安全线：岛式车站岔线接轨形式

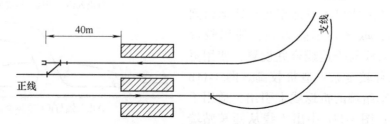

图 1-15　安全线：侧式车站岔线接轨形式

安全线为尽端线，有效长一般不小于 40m。

3. 车场线

每一条运营线都设有一个车辆基地，内部铺有若干线路，用于停运后列车入库、列车检修、试车、调车等作业，这些线路统称为车场线。车场线是车辆段内厂区作业与停放列车的线路。列车在车场内运行速度较低，线路标准只要满足场区作业要求即可。车场线主要有停车线、检修线、试车线、调车线、回转线、洗车线等。

（1）停车线　在车辆基地内，供夜间停止运营列车停放的线路。在车辆基地内，要设有足够的停车线以供夜间停止运营后的列车停放。

（2）检修线　设在车辆基地检修库内，专门用于检修轨道交通车辆的作业线，配有地沟、立体检修台、架车设备、检修设备。

（3）试车线 设在车辆基地，用于对检修完毕的城市轨道交通车辆进行运行状态检测的线路，为达到必要的运行速度，试车线需有一定的标准长度和平纵断面。

（4）调车线 用于进行列车进出、连接、摘挂与解体的作业线。

（5）回转线 能提供列车调头转向的线路，一般有回转线、三角线等不同形式。

（6）洗车线 用于清洗车辆的作业线。

此外，为满足城市轨道交通建设、运营需要，城市轨道交通线路还应设置与国家铁路相衔接的专用线。

【拓展提高】

一、轨道交通线路上下行方向的确定

1.《地铁设计规范》的规定

地铁正线应采用双线、右侧行车制。南北向线路以由南向北运行为上行方向，由北向南运行为下行方向。东西向线路以由西向东运行为上行方向，由东向西运行为下行方向。环形线路应以列车在外侧轨道线的运营方向为上行方向（逆时针运行方向）；内侧轨道线的运营方向为下行方向（顺时针运行方向）。

2.《铁路技术管理规程》的规定

铁路原则上以开往北京方向为上行，反之为下行。全国各线的列车运行方向，以铁路总公司的规定为准；但枢纽地区的列车运行方向，由铁路局规定。

二、站前折返与站后折返

在我国，大多数列车是靠右边行驶的，如果需要在终点站或者途中车站折返的话，列车就必须从一条线转移到另一条线上。

1. 站前折返

站前折返是指列车经由站前渡线折返。列车在接入车站的时候同时完成变线，或者列车在出发的时候才完成变线，如图1-16所示。

优点：站前折返时，折返时间较短，停车后，乘客上下车可同时进行，在一定程度上缩短了停站时间，减少了费用。

缺点：站前折返的折返列车发车进路与后续列车进站路径有交叉（图1-17），一旦列车折返作业稍有耽搁则必定会影响后续列车正常进站，对行车安全有一定的威胁；并且乘客上下车在同一站台进行，容易产生客流交叉，客流量大时，可能会引起站台客流秩序的混乱，不利于车站客运组织工作的进行；在列车接发繁忙的时段，这种进路交叉

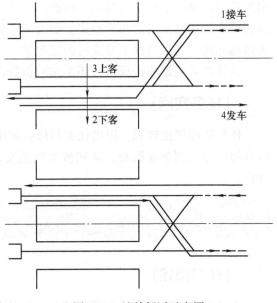

图1-16 站前折返示意图

对于通过能力的影响也是非常大的。

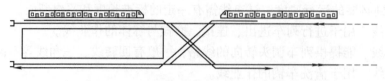

图 1-17　站前折返的缺点：列车进路交叉

在土建受外部条件限制，而又希望站台尽可能靠近端头的情况下可选择站前折返。例如，北京地铁 13 号线西直门站无法在南侧西外大街上方设置折返线，而又要缩短换乘距离，因此选用了站前折返。

2. 站后折返

站后折返是指列车经由设置在车站后方的尽端折返线或站后渡线进行折返。列车在原来运行的一侧线路上完成乘客下车之后，通过折返渡线转移到另一条线路上，再驶入站台，在另一侧完成乘客上车后再出发，如图 1-18 所示。

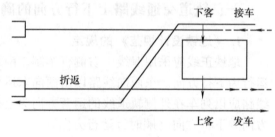

图 1-18　站后折返示意图

优点如下：

① 安全性能好。列车在整个折返作业中走行路径与后续进站列车路径无交叉，相互间无交叉干扰，作业较安全。

② 客流组织简单。站后折返形式，不管车站采用哪种站台形式，乘客上下车作业都是分开进行的，相互间没有交叉干扰，便于车站进行客流组织。

③ 列车进出站速度较高，有利于提高运行速度。

缺点是列车折返时间较长。列车在折返时必须先经过车站再驶入站后折返线，列车进、出折返线需要一定的走行时间，因此在一定程度上限制了折返能力。尽管如此，站后折返仍然是大多数车站采用的布置形式，如天津地铁 1 号线双林站、北京地铁 5 号线的宋家庄站、天通苑北站、北京地铁 1 号线的四惠东站、苹果园站等均采用站后折返形式。

具体是采用站前折返设计还是站后折返设计，需要根据施工和运营条件确定。

【任务实施】

依据基础理论知识，提出任务目标：城市轨道交通线路分类及设置。将学生按生源地进行分组，深入到企业调查，认知城市轨道交通线路，根据不同小组的展示成果，进行综合评价。

任务二　线路平面的认知

【任务描述】

本任务主要介绍线路平面的组成，各组成部分的设置，曲线附加阻力的计算，缓和曲线的设置原因、特点及长度，夹直线的定义及规定等相关理论知识，通过对理论知识的学习，辅以多媒体教学展示相关图片，使学生对线路平面有更好的认识。

【基础理论】

城市轨道交通线路在空间的位置是用它的中心线来表示的。线路中心线是两根钢轨间距离的中点连线（单轨交通为轨道梁的中心线）。

城市轨道交通线路中心线在水平面上的投影称为线路平面。它表明线路的直、曲变化状态。

一、线路平面的组成

线路平面由直线、圆曲线以及连接直线与圆曲线的缓和曲线组成。

在线路平面设计时，为缩短线路长度和改善运营条件，应尽可能地将线路设计为直线，并将直线作为线路走向的主要部分。但为了满足线路选线要求，适应地形变化（地面布置方式），避让障碍物（地面、地下、高架方式）等时，则应将线路设计为曲线。

二、各组成部分的设置

1. 圆曲线

线路在转向处所设的曲线通常为圆曲线。

（1）基本要素 圆曲线的基本要素有曲线半径 R、曲线转角 α、切线长 T 和曲线长 L 等，如图 1-19 所示。

在线路设计时，一般是先设计出 α 和 R，然后再按下列公式计算出 T 和 L，即

$$T = R\tan\frac{\alpha}{2}$$

$$L = \frac{\pi}{180}R\alpha$$

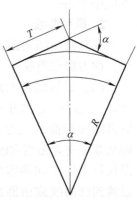

图 1-19 圆曲线基本要素

（2）圆曲线的半径 圆曲线半径的大小，反映了曲线弯曲度的大小。圆曲线半径越小，弯曲度越大。一般情况下，圆曲线半径越大，行车速度可以越高，但工程费用越高。

我国《地铁设计规范》规定圆曲线半径为 3000m、2500m、2000m、1500m、1200m、1000m、800m、700m、650m、600m、550m、500m、450m、400m、350m、300m、250m、200m、150m。特殊困难条件时，可设计为上述半径间 10m 整数倍的曲线半径。曲线半径宜按标准半径从大到小合理选用。实际工作中，最大半径一般不超过 3000m。

400m 以下的小半径圆曲线具有限制车速、养护比较困难、钢轨侧面磨耗严重及噪声大等缺点，特别是在城市轨道交通运量大、密度高的情况下，上述缺点更加突出。因此，小半径圆曲线应尽量少用，并应有一定限制。

轻轨尚无专用设计规范，其他类型的城市轨道交通相似工程的设计可参照我国《地铁设计规范》执行。

城市轨道交通线路平面圆曲线半径应根据车辆类型、地形条件、运行速度、环境要求等综合因素比选确定。《地铁设计规范》规定最小曲线半径标准见表1-1。

表1-1 最小曲线半径 （单位：m）

车型 线路	A型车		B型车	
	一般地段	困难地段	一般地段	困难地段
正线	350	300	300	250
出入线、联络线	250	150	200	150
车场线	150	—	150	—

城市轨道交通线路圆曲线半径：正线常用300m，困难地段不小于250m；联络线常用150m，车辆段根据作业情况及布局需要，还可适当取较小的值。

另外，单轨铁路（跨坐式）：正线 $R_{min}=60m$；其他线路 $R_{min}=30m$。

（3）圆曲线的长度 城市轨道交通线路圆曲线长度短，对改善条件、减小行车阻力和养护维修有利，但当圆曲线长度小于一节车辆的全轴距（两个转向架中心距离＋一个转向架固定轴距）时，车辆将同时跨越在三种不同的线形上，会危及行车安全、降低列车的稳定性和乘客的舒适度。

《地铁设计规范》规定，圆曲线最小长度：在正线、联络线及车辆基地出入线上 A 型车不宜小于25m，B 型车不宜小于20m，其他困难情况下不得小于一节车辆的全轴距；车场线不应小于3m。

2. 缓和曲线

在直线与圆曲线间设置的曲率半径变化的曲线，称为缓和曲线。

（1）设置缓和曲线的原因 由于离心力与列车运行速度平方成正比，与曲线半径成反比，所以直线段与曲线段之间离心力有一个突变过程，即从0突变为相当大的值。设置缓和曲线的原因是保证行车安全和乘客舒适，使线路平顺地由直线过渡到圆曲线或由圆曲线过渡到直线，以避免离心力的突然产生和消除，且满足曲线地段轨距加宽和外轨超高过渡的需要，如图1-20所示。

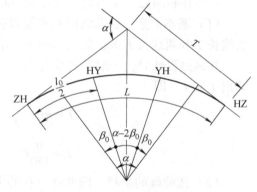

图1-20 线路曲线示意图

（2）缓和曲线的特点 从缓和曲线所衔接的直线一端起，它的曲率半径ρ由无穷大逐渐减小到它所衔接的圆曲线半径R。它可以使离心力逐渐增加或减小，不致造成列车强烈地横向摇摆，这对改善运营条件、保证行车安全和平顺都有很大的作用，如图1-21所示。

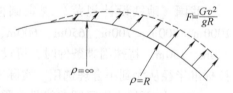

图1-21 离心力变化示意图

（3）缓和曲线的长度 我国《地铁设计规范》规定：在正线上，当曲线半径等于或小于3000m时，圆曲线与直线间应根据曲线半径、列车通过速度及曲线超高设置缓和曲线。缓和曲线长度不小于20m，不大于85m，具体可以参照表1-2的标准选用。

表 1-2　缓和曲线长度表　　　　　　　　　　　　（单位：m）

曲线半径/mR	设计速度 v/(km/h)													
	100	95	90	85	80	75	70	65	60	55	50	45	40	35	30
3000	30	25	20	—	—	—	—	—	—	—	—	—	—	—	—
2500	35	30	25	20	20	—	—	—	—	—	—	—	—	—	—
2000	40	35	30	25	20	20	—	—	—	—	—	—	—	—	—
1500	55	50	45	35	30	25	20	—	—	—	—	—	—	—	—
1200	70	60	50	40	35	30	25	20	20	—	—	—	—	—	—
1000	85	70	60	50	45	35	30	25	25	20	—	—	—	—	—
800	85	80	75	65	55	45	40	35	30	25	20	—	—	—	—
700	85	80	75	70	60	50	45	35	30	25	20	—	—	—	—
650	85	80	75	70	60	55	45	40	35	30	20	—	—	—	—
600	—	80	75	70	70	60	50	45	35	30	20	20	—	—	—
550	—	—	75	70	70	65	55	0.45	40	35	20	20	—	—	—
500	—	—	—	70	70	65	60	50	45	35	20	20	20	—	—
450	—	—	—	—	70	65	60	55	50	40	20	20	20	—	—
400	—	—	—	—	—	60	60	60	55	45	25	20	20	—	—
350	—	—	—	—	—	—	60	60	60	50	30	25	20	20	20
300	—	—	—	—	—	—	—	60	60	60	35	25	20	20	20
250	—	—	—	—	—	—	—	—	60	60	40	35	30	20	20
200	—	—	—	—	—	—	—	—	—	60	40	40	35	25	20
150	—	—	—	—	—	—	—	—	—	—	—	40	40	35	25

三、夹直线

两相邻曲线转向相同，称为同向曲线；转向相反则称为反向曲线。线路上两条相邻的曲线不应直接相连，而应在两条相邻的曲线间设置一定长度的直线，以保证列车运行平稳，这条直线称为夹直线，如图 1-22 所示。

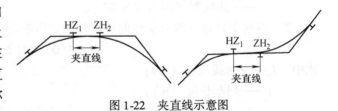

图 1-22　夹直线示意图

车辆运行在同向曲线上，因相邻曲线半径不同，超高高度不同，车体向内的倾斜度也不同；车辆运行在反向曲线上，因相邻曲线超高方向不同，车体时而向左倾斜，时而向右倾斜。这两种情况都会造成车体摇晃震动，为了保证运营安全，提供平稳的行车条件，线路不宜连续设置多个曲线，并在曲线之间必须保证足够长度的夹直线，夹直线长度越短，摇晃震动越剧烈。

《地铁设计规范》规定：

1）正线、联络线及车辆基地出入线上，两相邻曲线间，无超高的夹直线最小长度，应按表 1-3 确定，在困难情况下不得小于一节车辆的全轴距。

表1-3 夹直线最小长度　　　　　　　　　　　　　（单位：m）

正线、联络线、出入线	一般情况	$\lambda \geq 0.5v$	
		A 型车	B 型车
	困难时最小长度 λ	25	20

注：v——列车通过夹直线的运行速度（km/h）。

2）道岔缩短渡线，其曲线间夹直线可缩短为 10m。

四、曲线阻力

1. 基本阻力

基本阻力是指列车在空旷地段沿平、直轨道运行时所受到的阻力，包括车轴与轴承之间的摩擦阻力、轮轨之间的摩擦阻力以及钢轨接头对车轮的撞击阻力等。基本阻力在列车运行时总是存在的，列车在通过曲线时，除了克服基本阻力外，还需克服由于曲线而产生的附加阻力。

2. 曲线附加阻力

列车通过曲线时，由于惯性力的作用，外侧车轮轮缘紧压外轨，摩擦增加；又由于曲线外轨比内轨长，外轮在外轨上产生滑行等原因，运行在曲线上的列车所受到的阻力比其在直线上所受到的基本阻力大，两者之差即为曲线附加阻力。

3. 单位曲线附加阻力的计算

曲线附加阻力与列车重量之比，称为单位曲线附加阻力，用 w_r 表示。w_r 的大小通常采用经验公式来计算。

1）当列车全列均受到曲线附加阻力影响时，即 $L_r \geq l$，如图1-23a 所示。

$$w_r = \frac{600}{R}$$

式中　600——实验常数；
　　　R——曲线半径（m）；
　　　w_r——曲线附加阻力（N/kN）。

2）当列车只有一部分受到曲线附加阻力影响时，即 $L_r < l$，如图1-23b 所示。

$$w_r = (600/R)(L_r/l)$$

式中　L_r——曲线长度（m）；
　　　l——列车长度（m）。

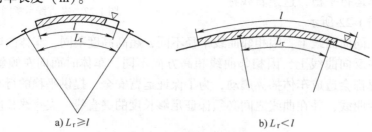

a) $L_r \geq l$　　　　b) $L_r < l$

图1-23　列车运行在曲线上

3）当列车同时运行在几个曲线时的 w_r，可分别按列车只有一部分受到曲线附加阻力影响时的计算方法，计算列车在各条曲线上所受到的曲线附加阻力，然后加总即可。即列车所受最大单位曲线附加阻力为

$$w_r = (600/R_1)(L_{r1}/l) + (600/R_2)(L_{r2}/l) + \cdots + (600/R_n)(L_{rn}/l)$$

综上所述，曲线附加阻力与曲线半径成反比，即曲线半径越大，曲线附加阻力越小，对行车越有利；而曲线半径越小，曲线附加阻力则越大，给运营工作带来的不利影响越大，但是线路适应地形、避让障碍物的能力越强。因此，在设计地铁线路时，必须根据地铁线路所允许的载客列车的最高运行速度，由大到小合理地选用曲线半径。

根据 $w_r = 600/R$ 可知，曲线半径越小，曲线附加阻力越大，还会给运营工作带来以下不利影响：

① 限制行车速度。从列车通过曲线的最大允许速度 $v_{\max} = \sqrt{\dfrac{R(h+\Delta h)}{11.8}}$ 可知，列车通过曲线的最大允许速度与曲线半径的平方根成正比。曲线半径越小，列车通过曲线的速度受到的限制越大。

② 增加轮轨磨耗。列车运行在曲线上时，由于内侧与外侧钢轨长度不等，使车辆的内轮与外轮在钢轨上产生相对纵向滑行，钢轨与轮缘磨耗增加。曲线半径越小，这种磨耗越严重。

③ 增加轨道设备。列车运行在曲线上时，为防止外轮对外轨挤压而引起的轨距扩大以及钢轨带动轨枕在道床上的横向移动，对小半径曲线地段的轨道应增加轨枕根数，加设轨距杆、轨撑。

④ 增加轨道养护维修费用。小半径曲线地段的轨距、水平、方向都极易发生变化，因此养护维修工作量较大，增加了养护维修费用。

五、线路平面图

用一定的比例尺（1∶2000 或 1∶10000）和规定的符号，把线路中心线及两侧的地形、地物投射到水平面上绘出的图称为线路平面图，如图1-24所示。在线路平面图上，应标明线路里程标和百米标以及曲线要素及起、终点里程。

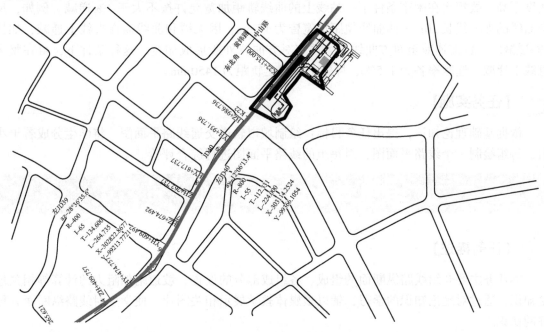

图1-24　线路平面示意图

【拓展提高】

曲线轨距加宽

城市轨道交通车辆在曲线轨道上行驶时，由于车辆固定轴距的影响，转向架前一轮对的外轮轮缘和后一轮对的内轮轮缘紧贴钢轨，致使行车阻力增大，轮轨磨耗加剧，如图1-25所示。

为使轨道交通车辆能顺利通过曲线，曲线地段轨距要适当加宽。

1）在加宽的曲线轨距与直线轨距之间，需要有一定的过渡段，使轨距递减均匀，保持较好的轨向。有缓和曲线时，轨距加宽应在整个缓和曲线内递减，使其与超高顺坡和正矢递减三者同步。虽缓和曲线较长，轨距递减率很小，亦不宜在缓和曲线内缩短递减范围。无缓和曲线时，则由圆曲线的始终点向直线上递减，在一般条件下，递减率不得大于1‰。

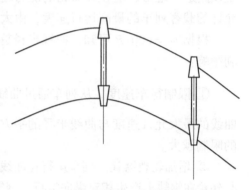

图1-25 车辆通过曲线运行状况

2）两曲线轨距加宽按1‰递减的终点，避免直接连接形成折线，应有直线段过渡，而过渡的直线段亦不宜太短，所以规定应不短于10m。

两曲线轨距加宽递减终点间的直线段不足10m时，如直线部分两轨距加宽相等，则直线部分保留相等的加宽度；如不相等，则直线部分从较大轨距加宽向较小轨距加宽均匀递减。

在站线上一些曲线半径较小，轨距有加宽，且缓和曲线较少，有的夹直线较短，但行车速度不高，故规定在困难条件下，站线上的曲线轨距加宽允许按不大于2‰递减。例如，反向曲线的夹直线长10m，两曲线轨距加宽皆为15mm，因无缓和曲线需在直线上递减，如按1‰递减时，皆需递减至对方曲线内，并在对方曲线外股形成加宽。这种条件下，可在整个直线上递减，递减率各为1.5‰，即整个直线上轨距为1450mm。

 【任务实施】

依据基础理论知识，提出任务目标：绘制城市轨道交通线路平面图。将学生分成若干小组，每组绘制一个线路平面图，对每组的线路平面图进行综合评价。

任务三 线路纵断面的认知

 【任务描述】

本任务主要介绍线路纵断面的组成、各组成部分的设置、坡道附加阻力的计算等相关理论知识，通过对理论知识的学习，辅以多媒体教学展示相关图片，使学生对线路纵断面有更好的认识。

【基础理论】

线路中心线纵向展直后在铅垂面上的投影称为线路纵断面（单轨交通以轨道梁中心线为准），它表明线路的坡度变化。

一、线路纵断面的组成

线路纵断面由平道、坡道及设在变坡点处的竖曲线组成。在线路纵断面设计时，为使线路平顺，线路的运营条件良好，应尽可能地设计为平道，平道是线路纵断面的基本组成部分。但因自然地貌的起伏变化，为便于选线及避让障碍物，减少工程量，降低工程造价，城市轨道交通线路的坡道是必不可少的。

二、各组成部分的设置

1. 坡道

坡道是由于选线、避让障碍物需要及适应运行需要而设置的路段。

坡道的特征用坡段长度和坡度来表示。

1）坡段长度为该坡段两个相邻变坡点之间的水平距离。其中变坡点指线路纵断面上坡度的变化点。在列车通过变坡点时要产生附加离心力和附加加速度，为使行车平稳，宜设计较长的坡段，但为了适应线路高程的变化，坡段也不能太长，否则将产生较大的工程量，给施工带来困难，因此应综合考虑，确定最短坡段长度。坡段长度不宜小于远期列车长度的1/3，使一列车范围内只有一个变坡点，避免变坡点附加力的叠加影响和附加力的频繁变化，以保证列车行车的平稳。同时应满足两相邻竖曲线间的夹直线长度不宜小于50m的要求，使竖曲线不互相重叠，并相隔一定距离，以利于线路维修养护和保持行车的平顺性。

2）坡度是一段坡道两端变坡点的高差 H 与水平距离 L 之比，用 i 表示，如图1-26所示。

$$i = H/L = \tan\alpha$$

式中　i——坡度值（‰）；

　　　α——坡道夹角；

　　　H——坡道高差（m）；

　　　L——坡道水平距离（m）。

根据地形的变化，可分为上坡、下坡和平道。上下坡是按列车运行方向来区分的，通常用"+"号表示上坡，用"-"号表示下坡，平道用"0"表示。

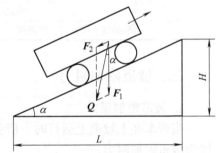

图1-26　坡道坡度及坡道附加阻力示意图

3）城市轨道交通线路的坡度在满足排水及标高控制要求的前提下应尽可能平缓，其坡度的取值规定如下：

① 正线最大坡度不宜大于30‰，困难地段可采用35‰，联络线、出入线的最大坡度不宜大于40‰（均不考虑各种坡度折减值）。

② 车站坡度。

a. 地下车站站台计算长度段线路坡度宜采用2‰，以防止车辆溜动，也便于站内线路排水；困难条件下不大于3‰。

b. 地面和高架桥上的车站宜设在平道上，以利于列车在车站停车平稳；困难地段坡度不大于3‰，便于停车和起动。

c. 车站站台计算长度段线路应设在一个坡道上，以简化设计、施工，也便于排水处理；有条件时车站宜设置在纵断面的凸形部位上，并设置合理的进、出站坡度，即进站上坡，出站下坡，这有利于节省列车制动和起动时的能耗。

③ 道岔宜设在坡度不大于5‰的坡道上，困难地段不大于10‰。

④ 折返线和停车线宜布置在面向车挡的下坡道上，隧道内的坡度宜为2‰，地面和高架线上的折返线、停车线，其坡度不宜大于1.5‰，以防止溜车，确保停车安全，同时又保证必要的最小排水坡度。

⑤ 车场线宜设在平道上，困难时库外线坡度不大于1.5‰，以防止溜车。

2. 竖曲线

线路纵断面上变坡点处所设的曲线称为竖曲线。

在线路纵断面上，若各坡段直接连接成折线，列车通过变坡点时，产生的车辆振动和局部竖向加速度增大，乘客舒适度降低。当相邻坡段坡度代数差过大时，车钩所承受的附加应力也会增大，而两车钩上下错移量就将过大，则可能发生断钩、脱钩等事故。因此，当两相邻坡道段或平道与坡道的坡度代数差等于或大于2‰时，必须在变坡点处用竖曲线把折线断面平顺地连接起来，以保证行车安全、平顺和乘客的舒适度。当坡度差小于2‰时，变坡点处的纵距很小，无须在基础平面做出圆弧，在后期施工、养护时，轨道扣件可自动将连接处顺为圆弧。

我国城市轨道交通线路通常采用圆曲线形竖曲线。地铁竖曲线半径应符合表1-4的规定。

表1-4　地铁竖曲线半径　　　　　　　　　　　　　（单位：m）

线　别		一般情况	困难情况
正线	区间	5000	2500
	车站端部	3000	2000
联络线、出入线、车场线		2000	

三、坡道附加阻力

1. 坡道附加阻力

当列车在上坡道上运行时，所受到的阻力比在平道上运行时所受到的阻力大，两者之差即为坡道附加阻力。

车辆在坡道上运行，重力分解为对轨道的正压力 F_1 与沿坡道的下滑力 F_2 两个分力，如图1-26所示，F_2 即为坡道的坡度引起的坡道附加阻力 W_i，上坡时，W_i 为正值；下坡时，W_i 为负值。

当 α 很小时，有 $\sin\alpha \approx \tan\alpha$，并取 $g = 10\text{m/s}^2$，因此

$$W_i = Q\sin\alpha \approx Q\tan\alpha (\text{kN}) = Q_i(\text{N})$$

式中　W_i——坡道附加阻力（kN）；

　　　Q——列车重力（kN）；

　　　α——坡道夹角。

2. 单位坡道附加阻力的计算

单位坡道附加阻力为坡道附加阻力与列车重量之比，用 w_i 表示，单位为 N/kN。

$$w_i = W_i/Q = Q_i/Q = \pm i$$

式中　i——坡度值。

由上式可知，列车在坡道上运行时所受单位坡道附加阻力（w_i）在数值上等于坡度值（i），即 i 越大，w_i 越大，对列车运行速度制约越大。

列车具有一定的长度，它在线路上运行时，会因坡道长度的不同而导致列车所受单位坡道附加阻力的大小不一样。

1）当坡段长度大于等于列车长度时，即 $L_i \geq l$ 时，列车能够整列运行在同一坡道段上，列车所受最大单位坡道附加阻力为

$$w_i = \pm i$$

2）当坡段长度小于列车长度时，即 $L_i < l$ 时，列车只有一部分能够在坡道段上运行，列车所受最大单位坡道附加阻力为

$$w_i = \pm i \frac{L_i}{l}$$

式中　L_i——坡段长度（m）；

　　　l——列车长度（m）。

3）列车同时跨多个坡道段时，列车所受最大单位坡道附加阻力为

$$w_i = \frac{\pm i_1 L_{i1} \pm i_2 L_{i2} \pm i_3 L_{i3} + \cdots + i_n L_{in}}{l}$$

3. 最大坡度

最大坡度即一条线路上出现的坡度的最大值。一条线路最大坡度的确定，必须考虑各类车辆在最大坡道上停车时的起动与防溜，同时考虑必要的安全系数。最大坡度是地铁主要技术标准之一，它的大小对一个区段甚至对整条地铁线路的运输能力都有影响。铁路线路中，用一台机车牵引规定重量的货物列车，以规定的计算速度等速运行时所能爬上的最大坡度称为限制坡度。城市轨道交通线路中几乎没有限制坡度，因为客运线路的牵引重量有限，不起限制作用；城市轨道交通线路关注的重点是可靠性及旅行速度。限制坡度越小，列车重量可以增加，运输能力越大，运营费用就越省；限制坡度定得过小时，就不容易适应地面的天然起伏，使工程量增大，造价提高。

四、合理纵断面设计

合理纵断面既有利于列车运行，提高效率，降低消耗，提高安全可靠性，又能降低施工量，减少施工难度，加快施工进度。由于部分城市轨道交通线路设置在地下隧道或高架结构上，又因车站与区间的埋深或高差不一样，在设计地下隧道线路纵断面时，需注意保持合理纵断面。

如图 1-27 所示，由于区间隧道轨面标高低于车站轨道面标高，因此列车在运行过程中处于出站下坡与进站上坡的有利状态，有利于列车起动加速与进站减速制动，与列车运行牵引要求相一致。合理纵断面使列车运行的电耗量下降，附加制动力减少，从而降低了运行成本及设备损耗。

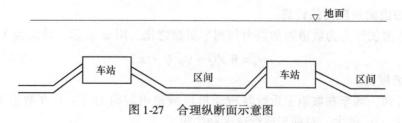

图 1-27 合理纵断面示意图

如图 1-28 所示,纵断面往往会出现在地下隧道且采用明挖法施工建设的系统中,由于片面强调减少挖掘土方,而未先明确列车运行特征及运营后的成本费用问题,以及受地质条件、地下结构等原因的影响,导致出现不合理纵断面。

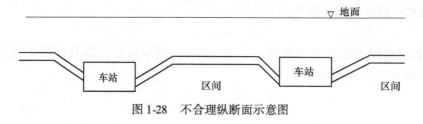

图 1-28 不合理纵断面示意图

五、线路纵断面图

线路纵断面图是用一定的比例尺(水平方向为 1∶10000,垂直方向为 1∶1000)和规定的符号,把平面图上的中心线展直后投射到铅垂面上,并注有线路平面和纵断面有关资料的图,如图 1-29 所示。

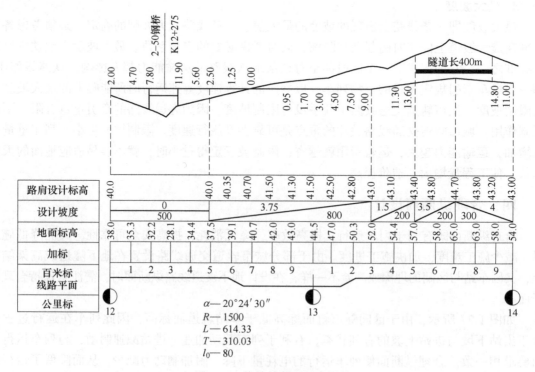

图 1-29 线路纵断面示意图

线路纵断面图由图和资料两部分内容组成。

1. 图部分

图的部分表示线路纵断面概貌和沿线主要建筑物特征。图中细实线为地面线，粗实线为设计线。设计线上方数字为路基填方高度（m），下方数字为路基挖方深度（m）。路基填挖高度等于地面标高与路肩设计标高之差。图上还用符号和数字注明各主要建筑的位置、类型和有关尺寸。

2. 资料部分

线路纵断面图的下部分为资料部分，是对线路的位置、高程、平面概况、地质概况等的说明。

（1）连续里程　一般以线路起点车站的旅客站房中心为零起算，在每一整公里处注明里程。

（2）线路平面　线路平面是表示线路直、曲变化的示意图。凸起部分表示右偏角曲线，凹下部分表示左偏角的曲线，凸起与凹下的斜线转折点依次为 ZH、HY、YH、HZ 点。在 ZH 和 HZ 点处注有距前百米标的距离。曲线要素应注于曲线内侧。两相邻曲线间的水平线为直线段。从纵断面上可以看出曲线所在处的坡度的情况。

（3）百米标及加标　在两公里标之间的整百米标处注百米标数。在百米标之间地形突变点应标注加标，其数字为距前百米标的距离。

（4）地面标高　在百米标和加标处标注地面标高。

（5）设计坡度　竖直线表示变坡点，两竖线间向上或向下的斜线、水平线分别表示上坡或下坡和平道。线上所注数字为坡度值（‰），线下所注数字为坡段长度（m）。

（6）路肩设计标高　在各变坡点、百米标、加标处标注上路肩设计标高，精度为 0.01m。

（7）工程地质特征　简明扼要填写沿线各路段重大不良地质现象、主要地层构造等情况。

【拓展提高】

换算坡度

如果在坡道上有曲线，列车在坡道上运行时所遇到的单位附加阻力应为单位曲线附加阻力与单位坡道附加阻力之和。由于曲线附加阻力无正负值，而坡道附加阻力有正、负之分，所以总的单位附加阻力为

$$w_{总} = w_r + w_i$$

式中　w_r——单位曲线附加阻力（N/kN）。

根据前述的 $w_i = \pm i$ 的对应关系，将总的单位附加阻力换算为坡度，则有

$$i_{换}‰ = (w_r + w_i)‰ = (i_r \pm i)‰$$

如此求得的坡度，称为换算坡度，又称加算坡度。由此可知，当坡道上有曲线时，列车上坡运行时坡道就显得更陡；而下坡运行时，坡道则显得缓了。

【例 1-1】　试按图 1-30 所示资料（列车长 800m），求列车运行在 BC 段的换算坡度。

【解】　列车上坡运行时的换算坡度为

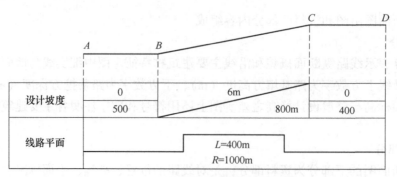

图 1-30 某区段纵断面示意图

$$i_{换}‰ = (w_r + w_i)‰ = \left(\frac{600}{1000} \times \frac{400}{800} + 6\right)‰ = 6.30‰$$

列车上坡运行时的换算坡度为

$$i_{换}‰ = (w_r + w_i)‰ = \left(\frac{600}{1000} \times \frac{400}{800} - 6\right)‰ = -5.70‰$$

所以，BC 段的换算坡度上坡时为 6.30‰，下坡时为 -5.70‰。

【任务实施】

依据基础理论知识，提出任务目标：绘制城市轨道交通线路纵断面。将学生分成若干小组，每组绘制一张线路纵断面图，对每组的线路纵断面图进行综合评价。

任务四 线路施工方法与选择

【任务描述】

本任务主要介绍城市轨道交通线路施工方法（明挖法、盖挖法、暗挖法）的施工技术等相关理论知识，通过对理论知识的学习，辅以多媒体教学展示相关图片，使学生对线路施工方法与选择有更好的认识。

【基础理论】

与公路、铁路等工程一样，城市轨道交通线路也有很多施工方法，根据不同的结构用途、水文地质条件、周边环境要求、安全风险分析、成本投入、工程规模等选择不同的施工方法，常见的有明挖法、盖挖法、浅埋暗挖法、盾构法和其他特殊施工方法等。

一、明挖法

明挖法是指挖开地面，由下向上开挖土石方至设计标高后，自基底由下向上顺作施工，完成隧道主体结构，最后回填基坑或恢复地面的施工方法。

明挖法的优点是施工技术简单、快速、经济、常被作为首选方案，在地面交通和环境允许的地方通常采用明挖法施工。但其缺点也是明显的，如阻断交通时间较长，噪声与振动等对环境的影响。明挖法施工属于深基坑工程技术。由于城市轨道工程一般位于建筑物密集的城区，因此，深基坑工程的主要技术难点在于对基坑周围原状的保护，防止地表沉降，减少对既有建筑物的影响。

明挖法又可分为敞口明挖和有围护结构的明挖。敞口明挖也称为无支护结构基坑明挖，适用于地面开阔，周围建筑物稀少，地质条件好，土质稳定且在基坑周围无较大荷载，对基坑周围的位移和沉降无严格要求的情况。一般采用大型土方机械施工和深井泵及轻型井点降水。而具有围护结构的明挖适用于施工场地狭窄，土质自立性较差，地层松软，地下水丰富，建筑物密集的地区。采用该方法施工时可以较好地控制基坑周围的变形和位移，同时可以满足基坑开挖深度大的要求。目前在我国地下铁道车站的修建中多采用有围护结构的基坑明挖方法，并取得了很好的经济效益。

明挖顺作法的施工步骤如图 1-31 所示。

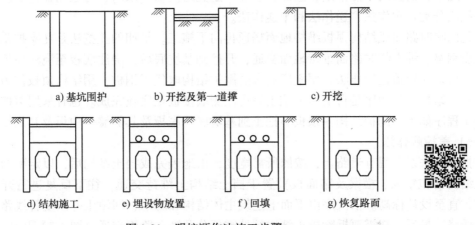

图 1-31 明挖顺作法施工步骤

明挖法施工中的基坑可以分为敞口放坡基坑和有围护结构的基坑两类，在这两类基坑施工中，又采用不同的围护基坑边坡稳定的技术措施和围护结构，见表 1-5。

表 1-5 明挖法基坑类型

明挖法基坑类型	敞口放坡基坑	边坡面不加支护的基坑
		喷混凝土面和锚杆护坡基坑
	有围护结构的基坑	工字钢桩围护基坑
		钢板桩围护基坑
		钢混凝土钻孔灌注桩围护
		人工挖孔桩围护基坑
		地下连续墙围护基坑
		土钉墙围护基坑
		深层搅拌桩围护基坑

在选择基坑类型时，应根据隧道所处位置、隧道埋深、工程地质和水文地质条件，因地制宜地确定。若基坑所处地面空旷，周围无建筑物或建筑物间距很大，地面有足够空地能满足施工需要，又不影响周围环境，则采用敞口放坡基坑施工。因为这种基坑施工简单、速度

快、噪声小、无须做围护结构。如果基坑很深、地质条件差、地下水位高，特别是处于城市繁华的市区，地面建筑物密集，交通繁忙，无足够空地满足施工需要，没有条件采用敞口放坡基坑时，则可采用有围护结构的基坑。

二、盖挖法

采用明挖法修建地铁车站，其最大的缺点是对城市交通及居民生活干扰较大，而在交通繁忙的地段修建地铁车站，尤其是修建有综合功能的车站，或需要严格控制基坑开挖引起的地面沉降时，则可采用盖挖法施工。

盖挖法是由地面向下开挖至一定深度后，将顶部封闭，其余的下部工程在封闭的顶盖下进行施工的方法，即先以临时路面或结构顶板维持地面畅通，再向下施工。主体结构可以顺作，也可以逆作。在城市繁忙地带修建地铁车站时，往往占用道路，影响交通。当地铁车站设在主干道上，而交通不能中断，且需要确保一定交通流量要求时，可选用盖挖法。

盖挖法分类：顺作法、逆作法和半逆作法。

即先以临时路面或结构顶板维持地面畅通再向下施工。早期的盖挖法是在支护基坑的钢桩上架设钢梁、铺设临时路面维持地面交通，开挖到基坑底后，浇注底板至浇注顶板的盖挖顺作法。后来使用盖挖逆作法，用刚度更大的围护结构取代了钢桩，用结构顶板作为路面系统和支承，结构施作顺序是自上而下挖土后浇注侧墙楼板至底板完成。也有采用盖挖半逆作法，施工程序如下：围护结构→顶板→挖土到基坑底→底板及其侧墙→中板及其侧墙。

（一）盖挖顺作法

盖挖顺作法系于现有道路上，按照所需宽度，由地表完成挡土结构后，以定型的预制标准覆盖结构（包括纵、横梁及路面板）置于挡土结构上维持交通，往下反复进行开挖和加设横撑，直至设计标高。依次序由下而上建筑主体结构和防水，回填土并恢复管线路或埋设新的管线路。最后，视需要拆除挡土结构的外露部分及恢复路面交通，图1-32所示。

盖挖顺作法主要依赖坚固的挡土结构，根据现场条件、地下水位高低、开挖深度以及周围建筑物的临近程度，可以选择钢筋混凝土钻（挖）孔桩灌注桩或地下连续墙。对于饱和的软弱地层，应以刚度大、止水性能好的地下连续墙为首选方案。随着施工技术的不断进步，工程质量和精度更易于掌握，故现在盖挖顺作法中的挡土结构常用作主体结构边墙体的一部分或全部。

如开挖宽度很大，为了缩短横撑的自由长度，防止横撑失稳，并承受横撑倾斜时产生的垂直分力以及行驶于覆盖结构上的车辆荷载和悬挂于覆盖结构下的管线重量，经常需要在修建覆盖结构的同时建造中间桩柱以支承横撑。中间桩柱可以是钢筋混凝土的钻（挖）孔灌注桩，也可以采用预制的打入桩（钢或钢筋混凝土的）。中间桩柱一般为临时性支承结构，在主体结构施工完成时将其拆除。为了增加中间桩柱的承载力和减少其入土深度，可以采用底部扩孔桩或挤扩桩。

定型的预制覆盖结构一般由型钢纵横梁和钢-混凝土复合路面板组成。路面板通常厚200mm、宽300~500mm、长1500~2000mm。为便于安装和拆卸，路面板上均有吊装孔。

（二）盖挖逆作法

如果开挖面较大、覆土较浅、周围沿线建筑物过于靠近，为尽量防止因开挖基坑而引起邻近建筑物的沉陷，或需及早恢复路面交通，但又缺乏定型覆盖结构，可采用盖挖逆作法施工。

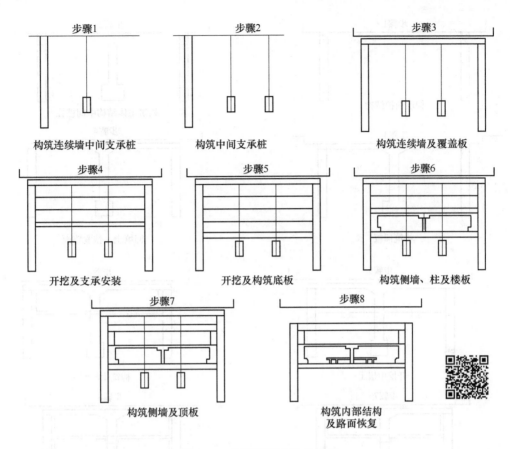

图 1-32　盖挖顺作法施工步骤

先在地表面向下做基坑的围护结构和中间桩柱，和盖挖顺作法一样，基坑围护结构多采用地下连续墙，或钻孔灌注桩，或人工挖孔桩。中间桩柱则多利用主体结构本身的中间立柱以降低工程造价。随后即可开挖表层土至主体结构顶板底面标高，利用未开挖的土体作为土模浇注顶板，它还可以作为一道强有力的横撑，以防止围护结构向基坑内变形，待回填土后将道路复原，恢复交通，以后的工作都是在顶板覆盖下进行，即自上而下逐层开挖并建造主体结构直至底板。在特别软弱的地层中，且临近地面建筑物时，除以顶楼板作为围护结构的横撑外，还需设置一定数量的临时横撑，并施加不小于横撑设计轴力 70%～80% 的预应力，如图 1-33 所示。

为了减小围护结构及中间桩柱的入土深度，可在做围护结构和中间桩柱之前，用暗挖法预先做好它们下面的底纵梁，以扩大承载面积。当然，这必须在工程地质条件允许暗挖施工时才可能实现，而且在开挖最下一层土和浇注底板前，由于围护结构和中间桩柱都无入土深度，必须采取措施，如设置横撑以增加稳定性。北京地铁天安门东站就是采用这种施工方法。

采用盖挖逆作法施工时，若采用单层墙和复合墙，结构的防水层较难做好。只有采用双层墙，即围护结构与主体结构墙体完全分离，无任何连接钢筋，才能在两者之间铺设完整的防水层。但需要特别注意中层楼板在施工过程因悬空而引起的稳定和强度问题，一般可在顶板和楼板之间设置吊杆予以解决。

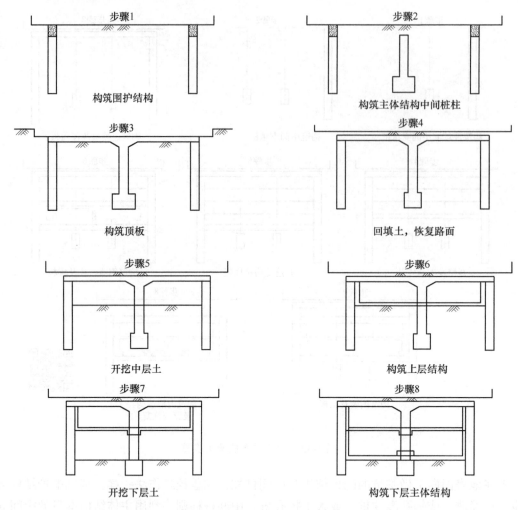

图 1-33 盖挖逆作法施工步骤

盖挖逆作法施工时，顶板一般都搭接在围护结构上，以增加顶板和围护结构之间的抗剪能力和便于铺设防水层。所以，需将围护结构外露部分凿除，或将围护结构仅做到顶板搭接处标高，其余高度用便于拆除的临时挡土结构进行围护。

（三）盖挖半逆作法

类似逆作法，其区别仅在于顶板完成及恢复路面后，向下挖土至设计标高后先修筑底板，再依次序向上逐层建筑侧墙、楼板。在半逆作法施工中，一般都必须设置横撑并施加预应力。

采用逆作法或半逆作法施工时都要注意混凝土施工缝的处理问题，由于它是在上部混凝土达到设计强度后再接着往下浇注的，而混凝土的收缩及析水，施工缝处不可避免地要出现 3~10mm 宽的缝隙，将对结构的强度耐久性和防水性产生不良影响。施工缝一般多在立柱上设 V 形接头，在内衬墙上设 L 形接头进行处理。

针对混凝土施工缝存在的上述问题，可采用直接法、注入法或充填法处理。

1) 直接法。在先浇混凝土的上面继续浇注，浇注口高出施工缝，利用混凝土的自重使其密实，对接缝处实行二次振捣，尽可能排除混凝土中的气体，增加其密实性。直接法是传统的施工方法，不易做到完全紧密接触。

2）注入法。

3）充填法。在下部混凝土浇注到适当高度，清除浮浆后再用无收缩或微膨胀的混凝土或砂浆充填。待充填的高度，用混凝土充填为 1.0m；用砂浆充填为 0.3m。根据试验结构，证明注入法和充填法能保证结构的整体性，在构件破坏前不会出现施工缝滑移破坏。

在逆作法和半逆作法施工中，如主体结构的中间立柱为钢筋混凝土柱，柱下基础为钢筋混凝土灌注桩时，需要解决好两者之间连接问题。一般是将钢管柱直接插入灌注桩的混凝土内 1.0m 左右，并在钢管柱底部均匀设置几个孔，以利于混凝土流动，同时也加强桩、柱之间连接。有时也可在钢管柱和灌注桩之间插入 H 型钢加以连接。

由上述可知，盖挖顺作法与明挖顺作法在施工顺序上和技术难度上差别不大，仅挖土和出土工作因受覆盖板的限制，无法使用大型机具，需采用特殊的小型、高效机具和精心组织施工。而盖挖逆作法和半逆作法与明挖顺作法相比，除施工顺序不同外，还具有以下特点：

1）对围护结构和中间桩柱的沉降量控制严格，以免对上部结构受力造成不良影响。

2）中间柱如为永久结构，则其安装就位困难，施工精度要求高。

3）为了保证不同时期施工构件相互之间的连接能达到预期的设计状态，必须将各种施工误差控制在较小的施工范围内，并有可靠的连接构造措施。

4）除在非常软弱的地层中，一般不需再设置临时横撑，不仅可省大量钢材，也为施工提供了方便。

5）由于是自上而下分层建筑主体结构，故可利用土模技术，可以节省大量模板和支架。

6）和盖挖顺作法一样，其挖土和出土往往会成为决定工程进度的关键程序。但同时又因为施工是在顶板和边墙保护下进行的，安全可靠，并不受外界气象条件的影响。

（四）盖挖法的其他特点

盖挖法除施工程序与一般方法不同外，还具有如下特点：

1）盖挖法的边墙既为结构的永久性边墙，又兼有基坑支护的双重作用，因而可简化施工程序，降低工程造价。另外，边墙用混凝土等刚性材料修筑，其变形量小，因而可靠近地面建筑物的基础施工，而不致对其产生影响。

2）采用盖挖法施工，占地宽度比一般明挖法小，且无振动和噪声。

3）盖挖法的顶盖一般均距地表面很近，这可缩短从破坏路面、修筑顶盖到恢复路面所需的时间，从而最大限度地减少对地面交通的干扰。对宽度较大的双跨或三跨结构尚可对顶盖进行横向分段施工，以利于地面交通。

4）盖挖法由于是自上而下修建，先修的顶盖成为基坑内的一道横撑，如为多层结构，则盖板均将起到支承的作用，从而可免去或减少施工时的水平支承系统。

5）此法是在松软地层中修建地下多层建筑物的最好方法。暗挖法由于其断面形状和工艺特征，除岩石地层外，难以修筑多层结构。普通明挖法如基坑开挖过深，支护亦困难，而盖挖法只要将边墙修筑至一定深度，便可自上而下逐层开挖，逐层建筑，使修筑地下多层结构比较容易实现。

三、浅埋暗挖法

暗挖法是在特定条件下，不挖开地面，全部在地下进行开挖和修筑衬砌结构的隧道施工方法。暗挖法主要包括：钻爆法、盾构法、掘进机法、浅埋暗挖法、顶管法、沉管法等。其中尤以浅埋暗挖法和盾构法应用较为广泛。

（一）浅埋暗挖法

浅埋暗挖法即松散地层的新奥法施工，新奥法是充分利用围岩的自承能力和开挖面的空间约束作用，采用锚杆和喷射混凝土为主要支护手段，对围岩进行加固，约束围岩的松弛和变形，并通过对围岩和支护的量测、监控，指导地下工程的设计施工。

浅埋暗挖法是针对埋置深度较浅、松散不稳定的上层和软弱破碎岩层提出来的，如深圳地铁间隧道大部分采用了浅埋暗挖法施工。

浅埋暗挖法主要适用于不宜明挖法施工的土质或软弱无胶结的砂、卵石等地段进行修建车站。这种方法是在开挖中采用多种辅助施工措施加固围岩，合理调动围岩的自承能力，开挖后及时支护，封闭成环，使其与围岩共同作业形成联合支护体系，有效抑制围岩的过大变形。

近年来，采用浅埋暗挖法施工的地下铁道工程已越来越多，它的优越性也越来越明显，目前它已经成为城市地下铁道施工采用的主要方法之一。

城市浅埋地下工程的特点主要是：覆土浅、地质条件差（多数是未固结的土砂、黏性土、粉细砂等）、自稳能力差、承载力小、变形快，特别是初期增长快，稍有不慎极易产生坍塌或过大的下沉，而且在地下工程附近往往有重要的地面建筑物或地下管网，给施工带来严格的要求等。浅埋暗挖法是以超前加固、处理软弱地层为前提，采用足够刚性的复合衬砌（由初期支护和二次衬砌及中间防水层所组成）为基本支护结构的一种用于软土地层近地表地下工程的暗挖施工方法。它以施工监测为手段，指导设计与施工，保证施工安全，控制地表沉降。在应用范围上，不仅可用于区间、大跨度渡线段、通风道、出入口和竖井的修建，而且可用于多跨、多层大型车站的修建；在结构形式上，不仅有圆拱曲墙、大跨度平拱直墙，还有平顶直墙等形式；在与其他施工方法的结合上，有浅埋暗挖法与盖挖法的结合，还有与半断面插刀盾构的结合。

1. 浅埋暗挖法的特点

（1）优点

1）适用于各种地质条件和地下水条件。

2）具有适合各种断面形式（单线、双线及多线、车站等）和变化断面（过渡段、多层断面等）的高度灵活性。

3）通过分部开挖和辅助施工方法，可以有效地控制地表下沉和坍塌。

4）与盾构法相比较，在较短的开挖地段使用，也很经济。

5）与明挖法相比较，可以极大地减轻对地面交通的干扰和对商业活动的影响，避免大量的拆迁。

6）从综合效益角度出发，是比较经济的一种施工方法。

7）拆迁占地少、不扰民、不干扰交通、节省大量拆迁投资。

8）简单易行，不需要多种专业设备，灵活方便，适用于不同地层、不同跨度、各种断面。

9）可以提供大量就业机会。

（2）缺点

1）速度缓慢。

2）喷射混凝土粉尘较多，工人劳动强度大，机械化程度不高。

3）高水位地层结构防水比较困难。

2. 浅埋暗挖法施工应贯彻的原则

（1）管超前　管超前是指采用超前管棚或小导管注浆防护，实际上就是采用超前支护的各种手段，提高掌子面的稳定性，防止围岩松弛和坍塌。

（2）严注浆　严注浆是指在导管超前支护后，立即进行压注水泥浆或其他化学浆液，填充围岩空隙，使隧道周围形成一个具有一定强度的壳体，以增强围岩的自稳能力。

（3）短开挖　短开挖是指一次注浆，多次开挖，即限制一次进尺的长度，减少对围岩的松弛。

（4）强支护　强支护是指在浅埋的松软地层中施工，初期支护必须十分牢固，具有较大的刚度，以控制开挖初期的变形。

（5）快封闭　快封闭是指在台阶法施工中，如上台阶过长时，变形增加较快，为及时控制围岩松弛，必须采用临时仰拱封闭，开挖一环，封闭一环，提高初期支护的承载能力。

（6）勤量测　勤量测是指对隧道施工过程进行经常性的量测，掌握施工动态，及时反馈。它是浅埋暗挖法施工成败的关键。

（二）盾构法

1. 盾构法施工步骤

盾构法是在盾构机刚壳体的保护下，依靠其前部的刀盘或挖掘机开挖地层，并在盾构机壳体内完成出渣、管片拼装、推进等作业。其主要施工步骤如下：

1）在盾构法隧道的起始端和终端建工作井或者利用车站的端头井。

2）盾构在起始工作井内安装就位。

3）依靠盾构千斤顶推力（作用在已拼装好的衬砌环和工作井后壁上）将盾构从起始工作井的墙壁开孔处推出。

4）盾构在地层中沿设计轴线推进，在推进的同时出土和安装管片。

5）及时向衬砌背后的空隙注浆，防止地层移动固定衬砌环的位置。

6）盾构进入终端工作井，在终端工作井内盾构可以被拆除，吊出工作井，也可在井内掉头，或穿越工作井（车站）继续推进第二条区间隧道。

盾构法施工易于管理，施工人员少，工作环境好，同时还具有衬砌精度高、衬砌质量可靠、防水性能好、地表沉降小、不影响城市交通等优点。但它也存在施工设备复杂、断面形式变化不灵活、盾构造型与地层条件密切相关等缺点。

2. 盾构法施工技术的优缺点

一般来讲，盾构掘进隧道不应也不能取代其他方法，但在不良的地层条件下做长距离掘土，对进尺有较高的要求和对地面沉陷又有严格的要求时，它相对其他方法在技术上更合理更经济。其主要的优点和缺点如下：

（1）优点

1）施工精度要求比较高，与普通土木工程不同，盾构施工中管片制作精度要求比较高，近似于机械制造工程，因为隧道断面是固定的，所以隧道轴线的误差和管片装配的精度要求也相对比较高。

2）可以根据隧道和地基情况具体设计、制造和改造盾构机，选用盾构机时需要根据隧道施工具体情况设计和制造盾构，完成阶段施工后，盾构机还可以根据下一阶段的施工需要进行改造，循环使用。

3）对工作人员较安全，工人劳动强度低，进度快。

4）对城市的正常功能及周围环境的影响很小。除在盾构竖井处需要一定的施工场地外，隧道沿线不需要施工场地，施工中没有噪声和振动，对周围环境没有干扰，地下水位可保持。

(2) 缺点

1）盾构的规划、设计、制造和组装时间长。

2）施工工艺复杂，熟练操作机器需要较长时间。

3）准备困难且费用高，只有长距离掘进时才较经济。

4）当地层条件变化时，原方案实施要承担较大风险。

5）盾构机是适合于某一特定区间的专用设备。盾构机必须根据施工隧道的断面大小、埋深条件、地基围岩的基本条件进行设计、制造或改造，断面如需变化，费用较高。

6）盾构施工是不可后退的，盾构施工一旦开始，盾构机就无法后退。因此，盾构施工的前期工作非常重要，一旦遇到障碍物或刀头磨损等问题只能通过实施辅助施工措施后，打开隔板上设置的出入孔进入压力舱进行处理。

【拓展提高】

一、盾构法介绍

1. 盾构法施工技术的原理

盾构机是一种用于隧道暗挖的施工机械，它具有金属外壳，壳内装有整机及辅助设备，在钢壳体的掩护下进行土体开挖、土渣排运、整机推进和管片安装等作业，从而使隧道一次成形。应用盾构机进行隧道掘进的方法称为盾构法。

盾构施工技术使用盾构机，一边控制开挖面及围岩不发生坍塌，一边进行隧道掘进、出渣，并在盾构机内拼装管片形成衬砌、实施壁后注浆，从而在不扰动围岩的基础上修筑隧道。目前，盾构施工技术能保证完成几十厘米至 10 多米的各种直径的地铁、铁路、公路隧道及水工隧洞的施工，还能使用双联、三联、四联盾构完成地铁车站等大型地下工程的施工。在各种地质和水文地质条件下可应用不同构造的盾构，尤其在含水不稳定地层中更适合采用盾构施工。盾构施工安全、快速，其施工进度约为 10m/d，但一次购买设备投资大。

盾构的基本原理是基于一圆柱形的钢组件沿隧洞轴线被向前推进的同时开挖土。该钢组件总在防护着开挖出的空间，直到初步或最终隧洞衬砌建成。盾构必须承受周围地层的压力，同时要防止地下水的侵入。

二、盾构法施工技术分类

考虑到盾构应用地区的地质、水文条件，要开挖的隧道形状和盾构设计时的各技术可能性，几乎每一台盾构机都是独特的。根据稳定开挖面的措施的不同，可将盾构施工技术分为不同的种类，如泥浆式盾构施工技术、土压平衡式盾构施工技术、气压盾构施工技术、敞开式盾构施工技术、组合式盾构施工技术等，以下分别做介绍。

1. 泥浆式盾构施工技术

泥浆式盾构由 Grauel 于 1912 年首次建造。泥浆式盾构包括了所有用加压泥浆支承工用面的盾构。用泥浆式盾构掘进隧道已被证明是一种具有低沉陷且安全的施工方法。泥浆盾构是在盾构正面与支承环前面装置隔板的密封舱中，由有适当压力的泥浆来支承开挖面，并由安装在正面的大刀盘切削土体，进土与泥水混合成泥浆后，通过泥浆泵和管道输送到隧道外的地面，由泥浆分离设备除掉土砂后，再通过管道把合格的泥浆送到工作面。反复循环地切割地层、推进并安装管片以形成隧道结构，它可以适用于各种松散地层，有无地下水均可，特别是地下水位较高的地层，上海、广州都有成功案例。泥浆式盾构的缺点是分离场和排出的膨胀土中包含有不可分离的细料，且盾构及与其配套的泥浆制造、分离设备造价高、占地面积大。

2. 土压平衡盾构施工技术

土压平衡盾构的前端设有一个全断面大刀，切削刀盘后是密封舱，在密封舱的下部装置长筒形螺旋输送机，输送机一头设有出入口。所谓土压平衡就是刀盘切削下来的土体和泥水充满密封舱，具有适当压力，与开挖面保持土体的相对平衡。20世纪70年代初日本就开始开发土压平衡式盾构施工技术，土压平衡式盾构用切割轮开挖的渣料作为支承介质。与其他工法相比，土压平衡式盾构可以不用辅助的支承介质，切割轮开挖出的材料可作为支承介质。该工法用旋转的刀盘开挖地层，挖下的渣料通过切割轮的开口被压入开挖腔，然后在开挖腔内与塑性土浆混合。推力由压力舱壁传递到土浆上，这样可以避免尚未受到控制的开挖地层进入开挖腔。当开挖腔内的土浆不再被当地的土压和水压固化时就达到平衡。这种方法可减少对土体的扰动，减小地面沉降，且不需要泥浆制备和分离设备，节约资金。现在已有加水、加泥、加泡沫剂稳定工作面的方法，可适用于黏性土、粉砂土等多种地层，上海、广州都有成功案例。这种盾构结构费用较低，施工方法方便，有广泛的发展前景。

3. 气压盾构施工技术

穿越饱和含水地层所采用的压缩气体防漏水的盾构称为气压盾构，气压盾构要设一个闸室来保证工作面与隧道隔离，以确保工作面的压力。工作人员进入工作室时，要通过闸室增压或减压，管片和其他材料进出也必经闸室。1886年Greathhead首次在盾构掘进隧道中引用了这种工法，该工法利用压缩空气使整个盾构都防止地下水的侵入，它可在游离水体下或地下水位下运作。其工作原理是利用压缩空气来平衡水压和土压。气压盾构的气压，容易对施工人员产生不良影响，长期在这种条件下工作容易得"气压病"，故应尽量减少采用这种方法。为了解决这些问题，又出现了用无压工作腔及全断面开挖的压缩空气式盾构和带有无压工作腔及部分断面开挖的压缩空气式盾构等。

4. 敞开式盾构施工技术

在隧道工作面无封闭压力补偿系统用以抵抗土压和地下水压力的隧道掘进机称为敞开式盾构。敞开式盾构用于无地下水地层或预先降低地下水位的地层。该工法由于工作面支承方式简单，其工艺相对简单，灵活性高，适于各种非黏性地基和黏性地基。在机器工艺方面其价格相对低，是一种短程掘进的经济方法，常用于较小断面的隧道开挖。根据开挖方法的不同，可将这类型盾构分为：手工盾构、部分断面开挖盾构、全断面开挖盾构。使用该工法较著名的工程为英国-法国的海底隧道。

5. 混合盾构施工技术

盾构是一种针对性很强的专用施工机械，每台盾构机都是针对某一种具体的地质水文条件而设计的。在地质条件复杂的情况下，采用常规盾构就无法完成施工，因此混合盾构施工技术应运而生。混合盾构是目前世界上最先进的盾构，适合于复杂多变的地层。混合盾构的特点是：在大刀盘上安装适合各种地层的多种刀具，其在辐条上安装刀头的方法和角度的不同使之能适应不同松散的土质，同时在大刀盘上还要安装能粉碎大石块和岩石的圆盘式切削刀头。典型的工程实例如广州地铁二号线工程。

6. 微型盾构施工技术

除了用于地铁、公路隧道等大中型盾构外，在市政供排水、电力、通信管道等的建设中，大量需要使用直径在 2～3m 的微型盾构。例如，北京、西安、天津和上海等城市老城区的上下水管网、煤气动力电缆、通信管道普遍老龄化，经常发生煤气漏气、自来水管爆裂、污水管腐蚀和渗漏等事故；而且老城区房屋密集，有许多风景名胜，不能随便开掘、降水、挖土、埋管，因此采用自动化程度高的微型盾构施工方法在旧市政管道的改造方面有很大的生命力。

微型盾构的种类和大中型盾构相似，但由于盾构尺寸较小，很多设备均需要小型化，因此在驱动方式等方面与大中型盾构有所区别。

目前，国外在这方面的研究较多，如日本钢管（NKK）在近几十年来接受的盾构机订货中，微型盾构就占到总数的 46%。在微型盾构施工方法与明挖法造价的比较方面，注意要考虑环境生态影响，考虑道路开挖、维修方面的费用，否则易得出不恰当的结论。

7. 长距离盾构施工技术

盾构施工方法一般适宜于长隧道施工，有资料显示：当隧道短于 750m 时采用盾构法被认为是不经济的。另外，在人口特别稠密的城市中心处，工程用地不易确保，地下结构物的存在也使得施工长度有增加趋势。在过江隧道、跨海隧道工程中也存在相似问题。

长距离盾构施工时对盾构机中刀盘、刀头及轴承止水带、盾尾止水带的耐久性均提出了较高的要求，所以要准确预测它们的损耗量以便在预先计划好的地点进行上述设备的检查、更换。在长距离施工中，出渣往往制约推进的速度，所以施工时可采用连续出渣设备以提高工作效率，其他材料也应采用自动化运输以提高施工效率。

在有些长距离施工的隧道中也采用了对接盾构隧道的方式，如东京湾海底隧道就采用了双向开挖技术，用两台盾构机双向开挖隧道，最后在地下连接成一条隧道。双向开挖隧道的水下连接是施工中的关键技术。曾预料，即使采用最先进的测量仪器，由两端向中心开挖的隧道的误差也可能达到 200mm，为此采用了钻孔探测法来纠正误差，在连接段采取土壤冻结技术来保证对接安全。

8. 双圆盾构隧道施工技术

双圆隧道（DOT）由双圆盾构推进而成，在外形上犹如一对连体的普通盾构（图 1-34），但在功能上却具有普通盾构不能比拟的优势。双圆盾构一次推进就能完成地铁上、下行线两条隧道，可有效地提高施工效率；同时，双圆隧道比普通隧道更少占用地下空间，在建筑物狭小的空间中穿越能力优于普通盾构隧道。双圆隧道在两条隧道相交处，每 1.5m 的距离就自然形成一个 48cm 的通道，使人员逃生和救助变得极为便利，隧道的安全性也大大提高。2002 年在上海地铁 M8 线中，首

图 1-34　M8 线双圆盾构机

次应用双圆盾构技术的地铁隧道获得了成功，所用盾构机的规格尺寸为 11.1m×6.52m。我国是继日本之后第二个掌握双圆盾构隧道施工技术的国家。

9. 球体盾构施工技术

该施工技术又称为直角方向连续掘进施工法，根据变换方法可分为纵、横连续掘进和横、横连续掘进两种（均只使用一台盾构机）。其中纵、横方向连续掘进施工是从地面开始连续沿直角方向进行竖井开挖和隧道掘进的施工方法，横、横方向连续掘进则指不需旋转竖井，在地面下朝直角方向进行连续掘进的施工法。

球体盾构在所使用的主盾构里设有内装次盾构的球体，在施工中必须慎重研究盾构自重、开挖反力、推进反力的平衡关系。尤其在采用纵、横掘进盾构进行竖井施工时，在进行方向改变的过程中，次盾构的球体需要旋转90°，此时极易发生涌水和涌砂现象，因此要充分考虑球体部的防水结构，以防止砂土及地下水流入隧道内。

使用球体盾构，可以在狭窄的施工场地上直接进行地下隧道的掘进，省去了构筑竖井所需要的场地、时间，因此采用球体盾构掘进可以缩短修筑工期，是一种应用前景广阔的新型盾构施工技术。

【任务实施】

依据基础理论知识，提出任务目标：城市轨道交通线路施工方法与选择。将学生按生源地分成若干个小组，分别深入到企业调查，得到一手资料，根据不同小组的展示成果，进行综合评价。

任务五　线路维护与检查

【任务描述】

本任务主要介绍线路维护与检查定义、线路不同状况的养护维修等相关理论知识，通过对理论知识的学习，辅以多媒体教学展示相关图片，使学生对线路养护维修与检查有更好的认识。

【基础理论】

一、线路维护

地铁线路在列车动力作用和自然侵蚀的影响下，不仅发生弹性变形（即荷载离去后线路仍恢复原状），而且容易产生永久变形。其中永久变形又可分为两类：一类是几何位置的改变，如线路爬行，方向不良，轨距扩大与缩小等；另一类是轨道各部件的磨损，如钢轨的磨耗等。永久变形的存在，不仅影响列车的高速、平稳运行，而且当这种变形日积月累，超过一定限度后，还将大大降低线路的强度和稳定性，严重威胁行车安全。

线路永久变形主要是列车与线路相互作用的结果。永久变形的发展同运量有着极为密切的关系，一般来说，每日通过的列车对数越多，永久变形的积累越快（在线路状况和设备条件相同的情况下）。

对于列车运行的安全和平稳，最不利的不在于出现的变形本身，而在于这些变形沿线路的不均匀发展。譬如，线路在一年之内的均匀沉落即使达到8~10mm，也不会对行车带来任何威胁。但是，在发生均匀沉落的同时，往往在线路较薄弱处，产生显著的局部沉陷，这就会影响行车的安全和平稳。

除机车车辆的作用外，风雨、冰雪、洪水以及温度变化等自然因素，对线路也有严重的影响。例如，风会将尘土吹入道床，使道床脏污；各种水的侵袭，如不及时采取防护措施，将使路基顶面土壤变软，而降低承载能力，引起翻浆冒泥等病害；在北方地区，到了冬季，土壤中的水分冻结将造成线路的不均匀隆起，线路积雪将增加列车的运行阻力。

由于受客观条件的限制，要制止不均匀变形的发生，困难很大。但可以把它控制在一定的范围内，以保证列车按规定的最高速度、安全、平稳和不间断地运行，这就是养路工作的基本任务。

为了有组织、按计划、合理地实施养路工作，我国地铁工务部门把养路工作划分为以下几个方面。

（一）线路维修

线路维修的主要任务是减缓永久变形的积累，经常保持线路设备完整和质量均衡，防止线路上一切不良现象的发生，及时发现，及时消除，以保证列车按规定速度安全、平稳和不间断地运行，并尽量延长线路设备的使用寿命。

线路维修分为综合维修、经常保养和临时补修。综合维修是按周期有计划地对线路进行综合性修理，其目的是改善轨道弹性，调整轨道几何尺寸，整修和更换设备零部件，使线路恢复完好的技术状态。经常保养是根据线路变化情况，在全年度和线路全长范围内，有计划有重点地养护，以保持线路质量经常处于均衡状态。临时补修主要是及时整修超过临时补修容许误差限度的轨道几何尺寸及其他不良处所，以保证行车平稳和安全。

（二）线路中修

线路中修是指在上次线路大修后，由于列车通过而逐渐积累下来的永久变形，造成不是线路维修所能消除的线路病害，在两次大修之间，所进行的一次线路修理。线路中修的周期，主要取决于轨枕底下10~15cm深度内道砟污脏的程度。线路中修的主要任务是加强道床，解决道床不清洁和厚度不足的问题，同时更换失效轨枕，整修更换伤损钢轨。通过中修，使线路质量基本上恢复到或接近原来的标准。地铁公司根据轨下基础种类决定是否安排中修，以及安排中修的内容。

（三）线路大修

线路大修的基本任务是：根据运输的需要及线路设备损耗规律，周期性地、有计划地对损耗部分更新和修理，恢复和提高设备强度，延长设备使用寿命，恢复和增强轨道承载能力。线路大修的目的是更新线路设备，消灭由于列车通过而积累下来的线路永久变形。由于运量增长，列车轴重增加，行车速度提高，以及科学技术的发展，原有设备不能满足运输需要时，则要用新型设备来替换原有的线路设备。经过大修后的线路质量，完全恢复原有设计标准或达到新的更高的标准，以保证线路适应不断增长的运输需要。线路大修的周期，主要取决于钢轨的使用期限。

线路维修与线路大中修有着密切关系，搞好线路维修就能延长线路大中修的周期，而良好地完成线路大中修，亦可减少线路维修的工作量。

线路大修分为两大类，即线路大修（或换轨大修）和单项大修。单项大修主要包括：

成段更换再用轨，焊接铺设无缝线路，成段更换新混凝土枕、再用混凝土枕或混凝土宽轨枕，成组更换道岔或岔枕，成段更换混凝土轨枕扣件，路基大修，道口大修及其他设备大修等。线路大修必须成段进行，并按设计施工。

线路大修的主要工作内容包括：

1）按设计校正和改善线路平纵面。

2）全面更换新钢轨及配件、钢轨伸缩调节器以及不合规定的护轮轨，更换绝缘接头及钢轨接续线。

3）更换失效的轨枕和扣件，补充轨枕配置根数，修理伤损轨枕，线路上的木枕地段应尽可能改铺混凝土枕。

4）破底清筛道床、补充道砟，改善道床断面，对道床和基床翻浆冒泥进行整治。

5）更换新道岔或新岔枕，如不需要更换时，应调整道岔并抽换岔枕，清筛道床时，包括长岔枕范围内的侧线。

6）安装轨道加强设备。

7）铲平或填补路肩，整修基面排水横沟，清理侧沟，清除路堑边坡弃土。

8）整修道口。

9）因本线大修引起的，需要抬高邻线上的道岔、道口，抬高桥梁，有砟桥上加高两侧挡砟墙。

10）补充、修理和刷新工务管理的线路标志、信号标志、钢轨纵向位移观测桩及备用钢轨架。

11）回收旧料，清理场地，设置常备材料。

二、线路设备检查

线路设备检查是线路维修工作的主要环节，它是获得线路设备状态信息，掌握线路设备变化规律，编制维修作业计划和分析设备病害的主要依据。

为了掌握线路状态，提高线路质量，及时地发现线路病害，研究其形成的原因和有计划地安排维修工作，必须对线路状态进行经常的检查。

根据线路设备变形的特点，线路设备检查分为静态检查和动态检测两种。静态检查与动态检测结合，才能较全面地掌握线路设备状态。

（一）线路检查制度

线路工长对管内正线线路、道岔，每月应检查两次，其他线每月检查一次。检查时对轨距、水平、三角坑应全面检查、记录；对轨向、高低及设备其他状态，应全面查看，重点记录，对伤损钢轨、夹板和焊缝应同时检查。

对线路严重病害地段和薄弱处所，应经常检查。

对无缝线路长轨条及钢轨伸缩调节器位移情况每月观测一次，5~8月及12月、1月每月观测两次，遇异常情况增加观测次数，填好所有观测记录。发现观测桩累计位移量大于10mm时（不含长轨条两端观测桩），应及时上报线路公司查明原因，采取相应措施。

线路工长对管内曲线正矢，每月至少应结合线路检查全面检查一次，并填好记录。对线路高低和直线轨向，用弦线重点检查，重点纪录。对普通线路爬行情况，每季度至少检查一次，爬行量大于20mm时，应安排计划整治。

线路队长对管内线路、道岔和无缝线路长轨条位移，每季度至少应检查一次，并做好记录，对线路严重病害地段和薄弱处所应加强检查。

线路公司经理（或主管副经理）每半年应有计划地检查线路、道岔和其他线路设备，并着重检查重点地段和薄弱环节。

（二）静态检查方法

除添乘列车检查线路质量和用轨道检查车检查线路质量外，线路检查制度规定的其他检查项目均为静态检查。

1. 检查人员和检查日期

由养路工长负责检查，并配备一名辅助人员。为了使检查准确和掌握设备变化规律，原则上不许变更检查人员，更不允许临时指派工长以外的人员负责检查。每月1~10日，15~20日为正线线路、道岔检查时间，半月一遍的检查间隔日期不少于10天，也不大于20天；其他线路每月检查一次。

2. 检查工具

使用经过定期鉴定的万能道尺检查轨距和水平，使用绝缘的支距尺检查道岔导曲线支距，携带统一编号的"线路检查记录簿"（表1-6）、"道岔检查记录簿"（表1-7），另备一把2m钢卷尺做其他项目的检查。

表1-6 线路检查记录簿

正线 __km 至 __km　站线 __股道　曲线半径 __m　超高 __mm　顺坡率 __%

检查日期	检查项目	钢轨编号					
		接头	中间	接头	中间	接头	中间
	轨距						
	水平、三角坑						
	轨向、高低及其他						
	临时补修日期及内容						

表1-7 道岔检查记录簿

站名　道岔编号　型号

检查日期	检查项目	转辙器部分				导曲线部分						辙叉部分						照查间隔	护背距离	支距
		前顺坡终端	尖轨尖端	尖轨中部	尖轨跟端	直线			导曲线			辙叉心前		辙叉心中		辙叉心后				
						直	曲	前	中	后	前	中	后	直	曲	直	曲	直	曲	直	曲
	轨距																			
	水平			×								×	×			×	×	×	×	
	轨向、高低及其他																			
	临时补修日期及内容																			

3. 检查部位

轨距、水平为定点检查部位。每节钢轨长 12.5m 及以下的线路，在接头和大腰处各检查一处；每节钢轨长 25m 的线路，每节钢轨检查四处，即接头处、大小腰处；无缝线路长钢轨每公里检查 160 处。普通单开道岔的轨距、水平、照查间隔和护背距离按规定的部位检查。前后高低和直线轨向由工长全面目测，凭经验判断是否超过临时补修的容许偏差，再用弦线确定。对无缝线路长钢轨位移情况，填入无缝线路长钢轨位移观测记录簿（表1-8）。对曲线正矢的检查按每 10m 一个桩点进行测量，检查结果填入曲线正矢检查记录簿（表1-9）。对道岔导曲线的支距的检查，按支距点标记的位置进行，把检查结果填入记录簿中。上述三项的检查应携带必要的弦线或支距尺，并增加一名检查人员。

表1-8 无缝线路长钢轨位移观测记录簿

线 行 __km+__ ~ __km+__ 锁定轨温 __℃

检查日期	检查时间	气温/℃	轨温/℃	左股/mm					右股/mm					原因分析
				始端轨缝	各观测点位移量			终端轨缝	始端轨缝	各观测点位移量			终端轨缝	
					1	2	3			1	2	3		

注：1. 在单线上各测点顺计算公里方向编号，在双线上各测点顺列车运行方向编号。
2. 顺编号方向分左右股。
3. 顺编号方向位移为"＋"号，逆编号方向位移为"－"号。

表1-9 曲线正矢检查记录簿

曲线位置 __km+__ ~ __km+__，曲线半径 __m
缓和曲线长 __m，曲线全长 __m
直缓点位置：__号测点 +__m
缓直点位置：__号测点 +__m

测点号	计算正矢	年 月 日			年 月 日			记事
		现场正矢	拨道量	拨后正矢	现场正矢	拨道量	拨后正矢	

同时，也要检查和发现其他影响行车平稳和安全的隐患，如伤损轨件是否有发展，是否有严重的不良轨缝地段，接头或护轨螺栓是否有折断，道床是否严重不足等。

4. 检查程序和要领

1）上道检查前先确认检查工具是否合格。万能道尺的轨距测量值应标准，水平正反两方向偏差不得大于 1mm，万能道尺和支距尺应绝缘良好。

2）由工长在规定的检查点测量轨距和水平，并按先轨距后水平的顺序读出与标准尺寸的偏差数。例如，+2，-3，即轨距+2mm，水平-3mm。轨距的加减号按如下办法确定：大于标准的误差用"+"号，小于标准的误差用"-"号；水平的加减号按如下办法确定：直线以左股为标准股，道岔以直上股为标准股，标准股高为正，反之为负；曲线以下股为标准股，对面股较标准股高出数值减去规定的外轨超高值为水平数。

3）记录人员经复诵核准后，记入记录簿中。并对轨距、水平、三角坑超限处所进行圈注，提示工长对超限处所进行分析，协助工长点撬，查清作业项目、确定作业位置、工作量及所需材料及规格，并记入记事栏中。其他项目由工长目测，并同时将临时补修工作数量及所需材料及规格记入记事栏中。

4）回到工区后，由记录人员把每公里线路、每组道岔的超限数量及最大超限值、临时补修工作项目和工作量、所需材料数量及规格汇总，交给工长，作为编制临时补修计划的依据。

（三）动态检查方法

线路的动态检查，主要是由轨道检查车来进行的。当前在我国推广使用的 GJ-3 型和 XGJ-3 型轨道检查车，是采用惯性基准原理，利用光电、陀螺、电子等新技术，用计算机处理各种检查数据，实现了检测与数据处理自动化。轨道检查车不但使检查结果真实可靠，而且还能对线路质量进行综合分析。随着检查次数的增多，可以逐步代替手工静态检查，并为安排维修计划提供依据。

1. 检查周期

鉴于各地铁公司正线里程不同，可参考现行的《铁路线路维修规则》规定，每月至少对管内正线检查一次。对状态较差的线路适当增加检查次数。随着行车速度的提高和新型现代化轨道检查车数量的增加，应根据运量和行车速度确定检查周期，逐步实现用动态检查代替静态检查，并用检查提供的分析数据安排维修计划。

2. 轨道检查车的检测项目

以当前广泛使用的 GJ-3 型轨道检查车为例，共有以下几种检测项目：

1）左右轨高低。
2）左右轨轨向。
3）轨距。
4）动态水平。
5）扭曲（三角坑，基长 2.5m）。
6）车体垂直加速度。
7）车体水平加速度。

此外，还可显示接头振动、曲线状态和地面标志等。

3. 轨道动态检查偏差值及扣分标准

各检查项目的动态偏差值反映了轨道动态的不平顺。按其不平顺的程度，参考铁路标准规定了各项偏差等级划分及扣分标准。

轨道动态检查偏差值分级档次及扣分标准见表 1-10。

表1-10 轨道动态检查偏差值分级档次及扣分标准

项目	（Ⅰ）作业验收	（Ⅱ）经常保养	（Ⅲ）临时补修
轨距/mm	+6，-3	+10，-6	+16，-10
高低/mm	6	10	16
轨向/mm	6	10	16
水平/mm	6	10	16
三角坑（基长2.5m）/mm	6	9	14
车体垂向加速度/g	0.08	0.12	0.16
车体横向加速度/g	0.06	0.09	0.15
接触轨轨距/mm	±8	±14	±20
接触轨水平/mm	±6	±12	±18
扣分数/处	1	5	100

注：1. 表中不平顺各种偏差限值为实际幅值的半峰值。
　　2. 高低、轨向不平顺按实际值评定。
　　3. 水平限值不含曲线上按规定设置的超高值及超高顺坡量。
　　4. 三角坑限值包含缓和曲线超高顺坡造成的扭曲量。
　　5. 固定型辙叉的有害空间部分不检查轨距、轨向，其他检查项目及检查标准与线路相同。
　　6. 扣分标准：Ⅰ级为作业验收标准，每处扣1分；Ⅱ级为经常保养标准，每处扣5分；Ⅲ级为临时补修标准，每处扣100分。
　　7. 质量评定：优良——每公里扣分在50分及以内；合格——每公里扣分在51～300分内；失格——每公里扣分在300分以上。

其中Ⅲ级超限标准为临时补修的动态管理值，凡超过Ⅲ级超限处所必须立即整修，以确保行车安全和平稳。

4. 轨道检查车检测资料及其应用

（1）轨检记录图纸　每公里走纸长度为400mm或500mm。各检测项目的纸上不平顺值按固定比例反映地面动态不平顺数值，可以在纸上确定超限等级和超限长度。超限长度以振幅超过一级超限的范围来计算，超限等级以最高的峰值至基线的距离确定。并可按图纸比例核对超限位置。

（2）公里小结报告　以每公里为单元，对各检测项目的各级超限处所和超限长度进行统计，并给出公里的扣分数，同时提供本公里检查时的行车速度。大部分轨道检查车还同时提供超限地点、不平顺数值和超限长度。

（3）Ⅲ级超限报告表　因为三级超限处所必须及时进行整修，以确保行车安全和平稳。所以，轨道检查车在检查完一个线路区段后，由计算机提供一份Ⅲ级超限报告表，对Ⅲ级超限处所按不同检测项目提供超限位置、最大峰值和超限长度，便于工区查对和整修。

（4）区段总结报告表　对线路检查完毕后，当日提供区段总结报告表，对该段、该线各检查项目各级超限个数、超限长度、扣分数和该项扣分占总扣分的百分比提供数据，见表1-11。

表 1-11 轨道区段总结表

_____年_____月_____日 线路公司名_____ 队名_____ 线名_____

项 目		Ⅰ级	Ⅱ级	Ⅲ级	扣 分 数	百 分 比
高低	个数	0	0	0	0	0.0
	长度/m	0	0	0		
轨向	个数	0	0	0	0	0.0
	长度/m	0	0	0		
轨距	个数	23	34	0	193	100.0
	长度/m	52	93	0		
水平	个数	0	0	0	0	0.0
	长度/m	0	0	0		
三角坑	个数	0	0	0	0	0.0
	长度/m	0	0	0		
垂直加速度		0	0	0	0	0.0
水平加速度		0	0	0	0	0.0
接触轨轨距（有三轨时）		0	0	0	0	0.0
接触轨水平（有三轨时）		0	0	0	0	0.0
Σ		23	34	0	193	

公里扣分数分段累计里程数及百分比			平均每公里超限处所		
0~50	51~300	>300	Ⅰ级	Ⅱ级	Ⅲ级
19（100.0%）	0（0.0%）	0（0.0%）	1.21	1.79	0.00

注：150~169km 平均每公里扣分数 10.2（实际检查公里：19km）。

（5）曲线摘要报告表 对每处曲线提供曲线头尾位置、曲线长度，在圆曲线内实测正矢、半径、超高、轨距加宽的平均值和驶出圆缓点的车速。可以和设备图表的资料核对，掌握现场曲线的变化情况，同时提供该曲线最大实测正矢处的位置（极限点），以及最大正矢数值、半径、超高，按未被平衡超高允许值 61mm 计算并给出此处的最高允许速度。

（6）轨道质量指数（TQI）表 传统的评分方法虽然简单，易于理解，也在一定程度上反映了轨道的质量状态，但是，这种方法只有超限峰值参与统计，其他大量的检测数据被舍弃，不可能准确地反映轨道的质量状态。

轨道质量指数是以 200m 的轨道区段作为单元，分别计算单元区段上左右轨高低、左右轨轨向、轨距、水平、三角坑等 7 项几何不平顺幅值的标准差，各单项几何不平顺幅值的标准差称为单项指数，将 7 个单项指数之和作为评价该单元区段轨道平顺性综合质量状态的指标，称为轨道质量指数。

将 200m 作为轨道质量指数的计算单元区段，目的是便于指导现场维修作业。每单元区段轨道质量指数的大小可以反映轨道技术状态的好坏。在相同运量、车速和轨道条件下，可以看出维修管理水平和作业质量的好坏。在同一单元区段积累和分析轨道质量指数，可以明显看出轨道改善或恶化的程度。

三、线路维修工作内容

线路维修工作的基本任务是：经常保持线路设备完整和质量均衡，使列车能以规定速度安全、平稳和不间断地运行，并尽量延长设备使用寿命。

地铁线路维修工作,应贯彻"预防为主,防治结合,修养并重"的原则。按线路设备技术状态的变化规律和程度,相应地进行综合维修、经常保养和临时补修,有效地预防和整治线路病害,有计划地补偿线路设备损耗,以取得较好的技术经济效益。

地铁线路维修按工作内容和目的,分为经常保养、临时补修和综合维修。

（一）经常保养

经常保养是根据线路变化情况,在全年度和线路全长范围内,有计划、有重点地养护,以保持线路质量经常处于均衡状态。对经常保养既没有周期规定,也没有遍数要求,而是根据线路变化情况,有计划、有重点地进行。在一年之中,除综合维修和临时补修以外,都属于经常保养时间。

1. 碎石道床线路、道岔经常保养的基本内容

1）根据轨道几何尺寸超过经常保养容许偏差管理值的状态,成段地整修线路。
2）整治道床翻浆冒泥,均匀道砟和整理道床。
3）更换和修理轨枕。
4）调整轨缝,锁定线路。
5）更换伤损钢轨,焊补、打磨钢轨和整治接头病害。
6）有计划地成段整修扣件,进行扣件或接头螺栓涂油。
7）进行无缝线路应力放散和断缝原位焊复或插入短轨焊复。
8）整修防沙、防雪设备和整治冻害。
9）整修道口,疏通排水设备,清除道床杂草和路肩杂草。
10）季节性工作、周期短于综合维修的单项工作和其他工作。

2. 整体道床线路、道岔经常保养的基本内容

1）根据线路水平要求做好垫道工作,经常保持扣件的正确位置,顶严、压紧、密贴。
2）改道、矫直钢轨硬弯,综合整治接头病害,加固焊接接头,调整超限轨缝。
3）更换失效联结零件。
4）整修整体道床。
① 整体道床纵、横裂纹的修补。
② 支承块挡肩脱落的修补。
③ 支承块松动、裂纹的整治；更换失效套管。
5）联结零件的清扫涂油,经常保持清洁无锈蚀,轨下垫层四周无污物。
6）加强曲线及道岔维修,整修和更换失效部件,有计划地对小半径曲线涂油（指外轨工作边涂油）。
7）整修线路标志（警冲标、曲线标、百米标、坡度标、线路中心标等）。
8）整修车挡。
9）无缝线路的监测和整修。
10）接触轨的保养与整修。
11）其他预防和整治病害工作。

（二）临时补修

临时补修主要是及时整修轨道几何尺寸超过临时补修容许偏差管理值及其他不良处所的临时性修理,以保证行车平稳和安全。

线路、道岔临时补修的主要内容如下：
1）整修轨道几何尺寸超过临时补修容许偏差管理值的处所。
2）更换重伤的钢轨和达到更换标准的伤损夹板，更换折断的接头螺栓和护轨螺栓。
3）调整严重不良轨缝。
4）进行无缝线路地段折断、重伤钢轨和重伤焊缝的处理。
5）疏通严重淤塞的排水设备，处理严重冲刷的路肩和道床。
6）整修严重不良的道口设备。
7）垫入和撤除冻害垫板。
8）紧急处理整体道床严重病害。
9）其他需要临时补修处理的工作。

（三）综合维修

综合维修是在两次线路大中修之间，根据线路变化规律和特点，以全面改善轨道弹性，调整轨道几何尺寸和更换、整修失效零部件为重点，按周期、有计划地对线路进行的综合修理，以恢复线路完好技术状态。

1. 碎石道床线路、道岔综合维修的基本内容

1）根据线路状态，适当起道。木枕地段，全面捣固；混凝土枕地段，撤除调高垫板，全面捣固或重点捣固，混凝土宽枕地段，垫砟与垫板相结合。
2）改道、拨道，调整线路、道岔各部分尺寸，全面拨正曲线。
3）清筛枕盒不洁道床和边坡土垄，处理道床翻浆冒泥，补充道砟和整理道床。
4）更换、方正和修理轨枕。
5）调整或整正轨缝，整修、更换和补充防爬设备，整治线路爬行，锁定线路、道岔。
6）矫直硬弯钢轨，焊补、打磨钢轨，综合整治钢轨接头病害。
7）整修、更换和补充联结零件，并有计划地涂油。
8）整修路肩，疏通排水设备，清除道床杂草和路肩杂草。
9）整修道口及其排水设备，修理、补充和刷新标志，收集旧料。
10）无缝线路的监测和整修。
11）接触轨的保养与整修（有接触轨的地铁线路）。
12）其他预防和整治病害工作。

2. 整体道床线路、道岔综合维修的基本内容

1）根据线路水平要求全面做好垫道工作，调整扣件位置，全面上紧扣件。
2）改道、矫直钢轨硬弯，全面整治接头病害，加固焊接接头，全面调整轨缝。
3）全面更换失效联结零件。
4）全面检修整体道床。
① 全面修补整体道床纵、横裂纹。
② 全面修补支承块脱落挡肩。
③ 全面整治支承块松动及裂纹；更换失效套管。
5）联结零件的清扫涂油，整理外观。
6）全面进行曲线及道岔维修、整修和更换失效部件。
7）全面检修线路标志（警冲标、曲线标、百米标、坡度标、线路中心标等）。

8）全面整修车挡。
9）进行无缝线路应力放散，整修无缝线路的位移观测桩。
10）接触轨的整修。

【拓展提高】

线路设备大修

线路设备大修是根据运输需要及线路设备损耗规律，周期性地、有计划地对损耗部分进行更新和修理，恢复和提高设备强度，延长设备使用寿命，增加轨道承载能力。

线路设备大修必须以正式批准的设计文件和施工计划为依据，大修作业不能影响列车运营（在停电时间内安排工作）。涉及其他设备变更，应先报方案，经地铁运营公司批准后再行编制。在安排大修工作时，要全面规划，突出重点，有步骤地解决线路、道岔、接触轨的薄弱环节，以适应地铁运输发展的需要。

大修前要做好调查研究工作，按工程项目日期，编制施工方案，其主要内容为：

1）设备现状、技术条件和技术标准。
2）按照工序编制施工进度。
3）劳动组织、机具使用、施工方法和技术作业过程。
4）施工的临时措施。
5）质量保证、安全制度及措施。

线路、接触轨大修（以百米计），分为换轨大修和不换轨大修，包括综合和单项大修，主要内容如下：

1）按设计校正，改善线路纵断面和平面。
2）全面更换新钢轨或成段（50m 以上）更换新钢轨。
3）全面更换连接零件、轨下垫层或成段（一个信号区段）更换连接零件、轨下垫层。
4）更换失效的轨枕和补足轨枕配置根数。
5）清筛道床，补充道砟，全起全捣，改善道床断面。
6）在线路上成段焊接钢轨接头，焊补钢轨和整修波浪形磨损。
7）整组更换道岔、岔枕，或进行道岔结构改造。
8）整组更换伸缩调节器。
9）整组更换防脱护轨。
10）成段整修整体道床或轨枕块。
11）车场设备改善。
12）成段（50m 以上）更换接触轨、防护板、托架，喷涂防腐防火漆。
13）更换道口及其两端设备。
14）更换线路标志。
15）整修路基及其排水和防护加固设备，加宽路基，整治翻浆冒泥及路基下沉。
16）加强或改善小半径曲线地段设备。
17）改造或安装防爬设备。
18）由于进行线路设备大修而影响其他设备变动时，由地铁运营公司协调有关单位统一安排，其费用列在线路设备大修的有关计划内。

【任务实施】

依据基础理论知识，提出任务目标：线路养护维修与检查。根据不同的作业任务，选择合适的工具，根据作业计划安排学生分组练习，按照验收标准对作业质量进行验收，最后教师检查。

任务六 线路标志的认知

【任务描述】

本任务主要介绍常见的线路标志等相关理论知识，通过对理论知识的学习，辅以多媒体教学展示相关图片，使学生对线路标志有更好的认识。

【基础理论】

城市轨道交通线路标志是城市轨道交通的组成部分之一，是用来表示线路状态和位置的一种标志设施，它完整地标明线路的平、纵断面的设计要素，为城市轨道交通线路技术状态提供了鲜明的测量、界定标记。线路标志设置在线路里程增加方向的右侧车辆限界以外，距钢轨头部外侧不小于2m处设置线路标志主要是供工务人员养护维修线路使用，同时也使司机能及时掌握线路的情况，做到安全行车。工作人员据此掌握线路技术状态的变化，十分方便；它既为列车运行的位置和地点起提示作用，也为列车运行（包括停放）起限制和警示作用，与列车运行信号共同对运营安全起着重要作用。

一、标面颜色、标志

1）考虑城市轨道交通位于城市、多为地下的特点，轨道交通标志标面的颜色选用红、黄、蓝、白和黑五种习惯用的基本色。根据需要，互相协调配合使用。

2）线路标志标面，一般选用白底黑字；行车标志标面除有特殊要求和规定外，一般标志选用蓝底白字；警示标志选用黄底黑字；禁止标志选用白底红字或全红色。

3）标面皆加涂反光材料，反光材料可选用Ⅰ级或Ⅱ级反光膜。

4）图案及字样均采用与反光材料相适应的油墨喷刷。

5）标志所用数字、汉字写法采用仿宋体或黑体。

6）标面有效数字的采用规定：

① 里程单位一般写至厘米，曲线半径、坡段等长度单位标写至米，超高单位标写至毫米。

② 坡度写至小数点后两位。例如，28.65‰表示坡度为千分之28.65。

7）立柱、柱墩混凝土表面应光洁平整，皆用白色涂料打底。

二、标志和标牌形式、材料

1. 形式

1）按几何形状分，标志和标牌形式有弯折形、平板形（圆形和长方形）、扁柱体形和圆柱体形等。

2）按安装方式分，标志和标牌形式有立柱式、埋入式、挂壁式、悬挂式等。

2. 材料

1）地下线路和高架线路标志一般采用铝合金板材（厚1.5mm）制作，地面线路标志一般用混凝土材料（厚度100～150mm）制作。

2）立柱采用钢管（直径60mm）或混凝土立柱。

三、标志和标牌安装

1）按各标志、标牌的功能和使用要求进行安装，必须牢固可靠。标志、标牌标面设计要求一致，安装方式不做强行规定，可根据安装地点现场实际情况，因地制宜地选用埋入式、挂壁式、悬挂式或其他形式。

① 弯折形标志设置于隧道边墙或桥梁栏杆上时，弯折棱向线路突出，均用直径为6mm的螺栓或膨胀管螺栓固定。

② 安装在隧道壁上的标志，可安装在电缆架的上方或下方等合适地点，应错开管片接缝和管片连接螺栓位置。

③ 安装在高架桥上的标志，必要时应设置单独支架，支架设计应结合高架桥护栏、电缆支架、声屏障等设置综合考虑。

④ 设置于线路路肩上的标志，标面与线路垂直，底边高出路基顶面20cm，埋入路基内50cm固定。

2）标志的金属件包括底板、构架和紧固件均需进行防锈处理，高架和地面线路宜采用不锈钢材质的螺栓。

四、常见的轨道标志

1. 线路标志

线路标志是用来表示状态和位置的一种标志。常见的线路标志有百米标、坡度标、曲线要素标、平面曲线始终点标、竖曲线始终点标、道岔编号标、站名标、桥号标、涵洞标、水位标等。

2. 信号标志

信号标志是对列车操作人员起指导作用的标志。常见的信号标志有限速标、停车位置标、警冲标等。

除警冲标外，其余标志均应安装在行车方向右侧司机易见的位置，不得相互遮挡，所有标志都不应侵入设备限界。

五、标志图例

部分标识、标志图例如图1-35～图1-42所示。

（1）公里标、半公里标　公里标、半公里标设在一条线路自起点计算每一整公里、半公里处，如图1-35所示。

（2）曲线标　曲线标设在曲线中点处，其面

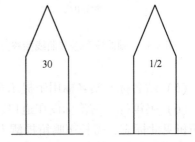

图1-35　公里标、半公里标

向线路的侧面标明曲线中心里程、半径大小、曲线和缓和曲线长度、外轨超高以及加宽值，如图 1-36 所示。

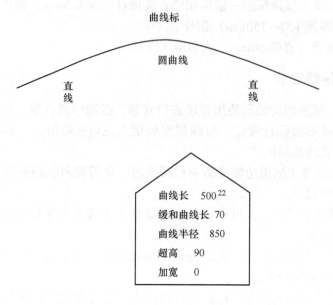

图 1-36　曲线标

（3）圆曲线和缓和曲线始终点标　圆曲线和缓和曲线始终点标设在直缓、缓圆、圆缓、缓直各点处，标明所向方向为直线、圆曲线或缓和曲线，如图 1-37 所示。

（4）坡度标　坡度标设在线路坡度的变坡点处，两侧各标明其所向方向的上、下坡度值及其长度，箭头表示上坡或下坡，箭尾处数字表示坡度，下面数字表示坡段长度，侧面标明变坡点里程，如图 1-38 所示。

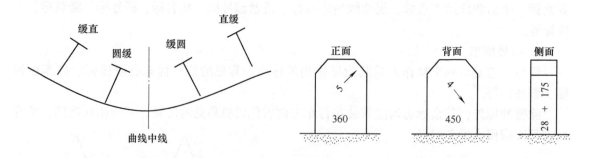

图 1-37　圆曲线和缓和曲线始终点标　　　　图 1-38　坡度标

（5）站名标　站名标用于提示司机前方车站名称，如图 1-39 所示。

（6）鸣笛标　鸣笛标设在道口、大桥、隧道及视线不良地点的前方 500～1000m 处。列车司机见此标志，需长声鸣笛提醒人们列车即将到达，如图 1-40 所示。

图 1-39　站名标示意图　　　　图 1-40　鸣笛标示意图

（7）警冲标　警冲标设在两汇合线路间距离为 4m 的中间，用来指示列车的停留位置，防止侧面冲撞，如图 1-41 所示。在线路曲线部分所设道岔附近的警冲标与线路中心线间的距离，应按限界的加宽增加。

（8）停车标　停车标指示列车的停车位置，如图 1-42 所示。

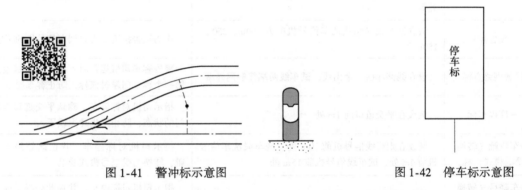

图 1-41　警冲标示意图　　　　图 1-42　停车标示意图

（9）桥梁标　桥梁标标明桥梁编号和中心里程，一般设于计算里程方向线路的右侧桥头前。

【拓展提高】

一、"限速标""解除限速标"的设置

1. "限速标""解除限速标"的设置目的

因城轨交通行车均为自动控制，正常运行的列车均按运行图行驶，可不必设置"限速标""解除限速标"。但限速值是车辆选型及运营速度的基础，能够满足远期最小发车间隔及全线最短运营时间的最高运行速度，且在特殊情况下，如列车故障需人工驾驶时需要设置。因此，应依据线路及轨道结构工况，设置"限速标""解除限速标"。"限速标""解除限速标"迎行车方向的一侧应绘制限速值，便于司机瞭望。

2. "限速标""解除限速标"设置原则

1）超过运行图所定速度即为超速行驶，需要设置"限速标""解除限速标"。基本上对所有曲线均需设置。随着远期发车间隔的缩短，列车运行速度也会相应提高，就要求限速值

根据运行速度的变化而变化。

2）超过《地铁设计规范》缓和曲线长度中所列的适应速度，即为超速行驶，需要设置"限速标""解除限速标"。由于列车行驶速度是基于该适应速度基础上的，所以对全线小半经曲线均需设置。

3）轨道施工时所设超高，再考虑容许的欠超高相应提高的速度，超过上述速度，即为超速行驶，需要设置"限速标""解除限速标"。约占曲线数量的35%需设置。

二、车厂内信号标志

车厂内的信号标志装设在列车运行方向右侧，特殊情况装设在左侧。车厂内各种信号标志及其功能见表1-12。

表1-12 各种信号标志及其功能

信号标志	设置位置	功能
警冲标	设于两汇合线路线间距为4m的中间	指示列车或调车停车位置
停车位置标	装设在试车线尽端式调车信号机前方50m处、牵出线调车信号机前120m处、材料装卸线车挡前10m处等	指示司机对标停车
预告标	设在试车线尽端式调车信号机前方350m、250m、150m处	作为预告接近尽端式调车信号机的标志
接触网终点标	设在线路库前、牵出线、试车线两端接触网终端	警告客车司机运行时不准客车司机室后第一个客室门越过该标，防止客车脱弓
一度停车标	装设在平交道口前1m处	指示司机对标停车，确认平交道口与库门的状态，防止发生冲突或压入
停车收靴（转换受电模式）标	装设在走行线信号机前10m处、洗车线洗车信号机前4m处、试车线信号机前15m处	指示司机对标停车，并在此处停车收靴，转换为受电弓模式受电
停车降弓（转换受电模式）标	装设在走行线信号机前8m处	指示司机对标停车，并在此处降下受电弓，转换为集电靴模式受电
停车降弓标	装设在不落轮镟修线库前，于平交道口前1m处，与接触网终点标齐平	指示司机进入该线路的客车需降弓
3km/h限速标	装设在牵出线、洗车线、速线路，越过该标时须限速3km/h运行	提示司机前方将进入尽头线或设备要求限速线路，越过该标时需限速3km/h运行
50km/h限速标	装设在试车线距停车位置标300m处，两端各安装一块	指示司机驾驶机车车辆在试车线运行时，越过此标时速度不能高于50km/h，如在此标处速度仍为50km/h时，需施加全制动停车
停车位置转换模式标	装设于转换轨信号机前10m处	指示司机在此处停车转换驾驶模式

三、轨道交通沿线设立的"直""曲""缓""圆""竖"标志

很多轨道交通爱好者都喜欢扒车门，即在驾驶室后面，隔着窗户看司机开车，而有的朋友则喜欢坐在客室内的座位上向外瞭望，观察线路情况。那么我们在线路沿途看到的"直""曲""缓""圆""竖"标志分别代表什么呢？

"直"字标：呈正方形，外边框为白色，内部有蓝底白字"直"。这个标志代表直线，直线占一条线路的绝大部分。

"曲"字标：呈正方形，外边框为白色，内部有蓝底白字"曲"。这个标志代表曲线，曲线是为了满足线路选线要求，适应地形变化（地面布置方式），避让障碍物（地面、地下、高架方式）而必然出现的部分。

"缓"字标：呈正方形，外边框为白色，内部有蓝底白字"缓"。这个标志代表直线与缓和曲线的分界点，过此标，列车便驶入缓和曲线。缓和曲线设置在直线与圆曲线之间，为防止列车突然获得离心力造成蛇形摆动，需要一段缓和曲线作为过渡，使离心力的获得有一个渐变的过程，以保证列车的行车安全。

"圆"字标：呈正方形，外边框为白色，内部有蓝底白字"圆"。这个标志代表缓和曲线与圆曲线的分界点，过此标，列车驶入圆曲线。圆曲线是实现线路转弯、转向功能的主体部分。

"竖"字标：呈正方形，外边框为白色，内部有蓝底白字"竖"。前面四个标志都是线路在水平平面上的概念，而"竖"字标是垂直剖面上的概念。一条线路不仅要转弯，还会上坡、下坡，那么这时，线路会在纵向平面出现一个曲线，这就是竖曲线。为避免列车在两个相邻坡道或平道与坡道之间由于坡度差异较大而产生列车运行不顺，应在变坡点设置竖曲线，并设立"竖"字标。

【任务实施】

依据基础理论知识，提出任务目标：认知城市轨道交通线路标志。将学生按生源地进行分组，深入到企业调查，认知城市轨道线路标志，根据不同小组的展示成果，进行综合评价。

【复习思考题】

一、填空题

1. 城市轨道交通线路按其与地面位置的关系可分为（   ）、（   ）和（   ）。
2. 城市轨道交通线路按其在运营中的地位和作用可分为（   ）、（   ）和（   ）。
3. 辅助线包括（   ）、（   ）、（   ）、（   ）、（   ）和（   ）。
4. 正线包括（   ）和（   ）。
5. 安全线的有效长一般不少于（   ）m。
6. 列车折返方式，根据折返线位置可以分为（   ）和（   ）。
7. 线路平面的组成要素是（   ）、（   ）和（   ）。
8. 《地铁设计规范》规定，正线及辅助线的圆曲线最小长度，A型车不宜小于（   ）m、B型车不宜小于（   ）m，其他困难情况下不得小于一节车辆的全轴距。
9. 《地铁设计规范》规定，城市轨道交通线路的缓和曲线长度为（   ）m，即不短于一节车辆全轴距长。
10. 线路纵断面的组成要素是（   ）、（   ）和（   ）。
11. 正线的最大坡度不宜超过（   ）。
12. 线路施工的方法主要有（   ）、（   ）和（   ）。
13. 线路维修分为（   ）、（   ）和（   ）。

二、判断题

1. 按照线路铺设方式划分,城市轻轨交通与地铁交通可以分为地下线、地面线、高架线。（   ）
2. 城市轨道线路经过中心城区时,只能以地下隧道为主。（   ）
3. 城市轨道交通列车的折返方式有环线折返、尽端线折返、渡线折返。（   ）
4. 圆曲线半径越小,弯曲度越大,行车速度越高。（   ）
5. 城市轨道交通列车运行与铁路列车运行一样,一般采用左侧行车制。（   ）
6. 线路纵断面表明了线路的直、曲变化状态。（   ）
7. 曲线半径越大,曲线附加阻力越小,对行车越有利。（   ）
8. 警冲标是一种线路标志。（   ）

三、简答题

1. 城市轨道交通线路的特点有哪些？
2. 地面线路的优缺点有哪些？
3. 城市轨道交通折返线的布置形式有几种？
4. 什么是缓和曲线？特点是什么？
5. 小半径曲线运行给城轨交通运营工作带来哪些影响？
6. 单位坡道附加阻力如何计算？
7. 明挖法的施工步骤是什么？
8. 线路维护的方法有哪些？
9. 线路维护的主要任务是什么？
10. 常见的线路标志与信号标志有哪些？

四、画图题

用图形表示折返线的各种形式。

项目二 路基及桥隧建筑物

【教学目标】

掌握路基的基本作用与重要性；掌握路基的组成；掌握路基本体的组成与作用；了解路基的设计原则；了解路基排水工程与支挡建筑物的作用；了解路基防护加固；掌握路基的分类；掌握路堤式和路堑式路基的基本结构；了解路基的病害成因和整治原则；掌握桥隧建筑物的种类。

【知识要点】

1. 路基的基本定义与作用。
2. 路基的组成。
3. 路基本体的组成和各部分的作用。
4. 路基支挡建筑物的作用及适用范围。
5. 路基的防护加固方法。
6. 路基的横断面形式。
7. 路堤式路基和路堑式路基的基本结构。
8. 站场排水的基本方式。
9. 路基常见病害。
10. 桥隧建筑物。

【能力目标】

1. 能够对路基结构组成有一定的认识。
2. 能够明确路基设计过程中需要注意的基本原则。
3. 能够对路基横断面形式进行区分并判断适用范围。
4. 能够简要绘制路堤式路基和路堑式路基结构图。
5. 能够区分路基常见病害并提出整治方案。

【重点掌握】

1. 路基本体组成与作用。
2. 路基的横断面形式。
3. 路基的防护与加固。
4. 路堤式路基和路堑式路基结构。
5. 路基常见病害。

任务一　路基设计

【任务描述】

本任务主要介绍路基的基本定义、作用与结构，路基设计的基本原则以及路基排水工程和支挡建筑物等知识。通过对知识的学习，辅以多媒体教学展示相关图片，使学生对路基设计有较全面的认识。

【基础理论】

路基是为满足轨道铺设和运营条件而修建的土工结构物，是由开挖或填筑而形成的直接支承轨道的结构，也称为线路下部基础。

路基是轨道的基础，是线路的重要组成部分。它直接承受轨道及列车的静荷载和动荷载，并将荷载向地基深处传递扩散。路基的质量情况对于整个线路质量和行车安全有很大影响。

路基工程具有以下特点：①路基主要是由松散的土石材料构成的。②路基可能暴露在大自然之中，路基处在各种复杂的、变化的自然条件之中，如气候、降雨、地质等条件，因而它时刻受到这些自然条件的侵袭和破坏。同时又由于路基的材料主要是土石填筑，土石属于松散体，所以路基对自然条件的变化是非常敏感的，路基对自然环境的抵抗能力差。③路基同时受轨道静荷载和列车动荷载的作用。由于路基要承受轨道或者轨道和列车的负荷，在重力的作用下，路基容易产生累积变形，土的强度降低，更容易体现疲劳的特性。

根据路基的特点，为使路基正常工作，路基应满足如下要求：①路基必须填筑坚实，基床应强化处理，并经常保持干燥、稳定和完好状态，并尽可能保证路基面的平顺，使列车能在允许的弹性变形范围内，平稳安全运行。②路基面应有足够的宽度，符合轨道铺设、附属构筑物设置和线路养护维修作业的要求。在路基面上方应有足以保证行车安全和便于线路维修养护的安全空间，同时，路基两侧应留有足够宽度的用地，以保证路基稳定，满足维修检查通道、栅栏设置及绿化带建设的需要。③路基的设计和施工应满足技术经济要求。路基修筑的经济效益不仅指设计施工的投资，而且包括日后的维修养护费用。同时，还要根据国家建设政策考虑少占农田，便利工农生产，便利人民生活。例如，结合当地水文条件，综合考虑水利规划；结合当地气候和劳动条件，合理安排工期；根据地形、建筑材料条件制定土石方调配计划等。路基修筑是一项系统工程，要求技术上合理、经济上合算、建筑周期短，并与有关工程相协调。④路基在设计时，还应该注意路基的地质，这点尤其重要。如果在线路设计初期未查清地质条件或设计施工不妥而导致路基失稳，这种路基是坚决不能使用的。如某软土地基上填筑的路堤，只填到2~3m就连同地基一起滑动，其影响范围纵横向均接近百余米，这种尚未建成已破坏的路基当然不能使用。如果由于基底土体压缩性大以及填筑不密实，预留沉落量不足，必然导致路基面下沉，所以应正确估算总下沉量及设法减小运营期的下沉量。

一、路基工程的组成

为了保证路基正常工作，路基工程主要由三部分建筑物组成：

1. 路基本体

路基本体是直接铺设轨道结构并承受列车荷载的部分，主要有路堤、路堑等，它是路基工程中的主体建筑物。

2. 路基防护和加固建筑物

路基防护和加固建筑物是路基的附属建筑物，如挡土墙、护坡等。

3. 路基排水设备

排水设备也属于路基的附属建筑物，如排除地面水的排水沟、侧沟、天沟和排除地下水的排水槽、渗水暗沟、渗水隧洞等。

二、路基本体

垂直于线路中心线的路基断面，称为路基横断面。

路基主要有路堤和路堑两种形式，地铁和轻轨的路基以路堤更为常见。

路堤是以填方方式构成的，铺设轨道的路基面高于天然地面，主要由路基面、边坡、护道和取土坑（或排水沟）组成，如图 2-1 所示。路堤用同一种填料填筑，以免产生不均匀下沉，当不得不采用不同材料填筑时，应防止接触面形成滑动面或在路堤内形成水囊。路堑是以挖方方式构成的，铺设轨道的路基面低于天然地面，路堑由路基面、侧沟、边坡、隔带、弃土堆和天沟组成，如图 2-2 所示。

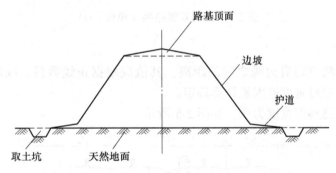

图 2-1　路堤横断面简图

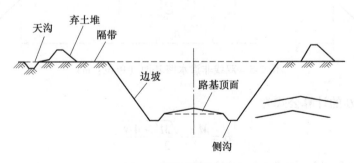

图 2-2　路堑横断面简图

（一）路基面

路基面也称为路基顶面，即铺设轨道的工作面，由直接在其上面铺设轨道的部分及路肩组成，在路堑中为堑体开挖后形成的构造面。

1. 路基面形状

路基面形状做成有横向排水坡的拱状，称为路拱，以利于排除雨水，避免路基面处积水使土浸湿软化，造成病害。路拱的形状为三角形，由路基中心线向两侧设 4% 的人字排水坡。单线路拱高 0.15m，双线路拱高 0.2m，底宽等于路基面宽度 B，如图 2-3、图 2-4 所示。

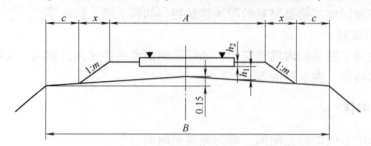

图 2-3 区间单线路拱（单位：m）

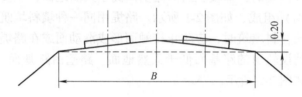

图 2-4 区间双线路拱（单位：m）

2. 路基面宽度

路基面宽度为两侧路肩边缘之间的距离，其值应根据正线数目、线间距、轨道结构尺寸、路基面形状、路肩宽度等因素计算确定。

以双线非渗水路基面宽度为例，如图 2-5 所示。

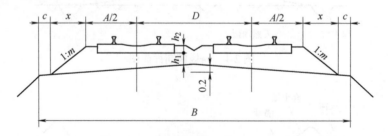

图 2-5 双线非渗水路基面（单位：m）

路基面宽度 B 的计算公式为

$$B = \frac{M \pm \sqrt{M^2 - 4N}}{2}$$

式中 $M = D + A + 2c + 2m(0.2 + h_1 + h_2)$；

$N = m(0.4D + 0.8c - 0.6)$；

B——路基面宽度；

D——双线的线间距；

A——道床顶面宽度；

c——路肩宽度；

m——道床边坡坡率；

h_1——路基中心的钢轨处轨枕下的道床宽度；

h_2——轨枕埋入道床的深度。

《地铁设计规范》规定：区间曲线地段的路基面宽度，应在曲线外侧加宽，单线应在曲线外侧，双线应在外股曲线外侧，按表2-1的数值加宽。

表2-1 曲线地段路基面加宽值

曲线半径 R/m	路基面加宽值/m
$R \leqslant 600$	0.5
$600 < R \leqslant 800$	0.4
$800 < R \leqslant 1000$	0.3
$1000 < R \leqslant 2000$	0.2
$2000 < R \leqslant 5000$	0.1

3. 路肩

路基顶面两侧，道床覆盖以外的部分称为路肩。其作用是增强路基的稳定性，保护路基受力的中心部分，防止道砟滚落至路基面外，保持路基面的横向排水，供养护维修人员行走、避车、放置养护机具，供防洪抢险临时堆放砂石料，供埋设各种标志、通信信号、电力给水设备等。因此，路肩必须在考虑了施工误差、高路堤的沉落与自然剥蚀等因素以后，保持必要的宽度。《地铁设计规范》规定：当路肩埋有设备时，路堤及路堑的路肩宽度均不得小于0.6m，无埋设设备时不得小于0.4m。

由于受地下水影响容易引起基床翻浆冒泥等病害，因此路基路肩高程应高出线路通过地段的最高地下水位和最高地面积水水位，应另加上毛细水强烈上升高度和有害冻胀深度或蒸发强烈影响深度，再加0.5m。

若采取降低地下水位、设毛细水隔断层等措施，路肩高程可不受上述限制。

（二）边坡及护道

1. 边坡

路基两侧的边线称为路基边坡。边坡常修筑成单坡形、折线形或阶梯形，每一坡段坡面的斜率以边坡上下两点间的高差与水平距离之比表示，当高差为1单位长时，水平距离折算为m单位长，则斜率为$1:m$。在路基工程中，以$1:m$方式表示的斜率称为坡度。地铁地面线路一般为低路堤，其边坡坡度一般取$1:1.5$。边坡与地面的交点，在路堤中称为坡脚，在路堑中称为堑顶。

2. 护道

路堤坡脚与排水沟或取土坑边缘之间的部分称为护道，以保护路堤坡脚免受排水沟或取土坑中水流的冲刷而危及路堤边坡的稳定性。护道表面应平顺，其宽度不小于1.0m，并有2%~4%的向外排水坡。

（三）侧沟

侧沟位于路基顶面两侧，用以排泄路堑边坡和路基顶面上流下来的地面水，其横断面呈梯形，沟深一般不小于0.6m，沟底宽度不小于0.4m，两侧边坡为$1:1$~$1:1.5$，沟底纵向坡度不小于2%。

(四) 隔带与弃土堆

隔带指堑顶边缘至弃土堆坡脚的地带,其宽度一般为2~5m。设置隔带可以减少弃土堆对边坡的压力,有利于边坡稳定。

弃土堆指开挖路堑时堆放在隔带外的弃土。弃土堆于迎水一侧,可以阻挡地面水流入路堑。弃土堆的高度一般不超过3m,内、外侧边坡均不应陡于1:1.5,弃土堆顶部应做成向外的横向坡,其坡度不小于2%。

(五) 基床

基床是指路基上部受列车动荷载作用和水文气候变化影响较大的土层,其状态直接影响列车运行的平稳和速度的提高。

路基基床由表层与底层组成,表层厚度不应小于0.5m,底层厚度不应小于1.5m。

高度小于基床厚度的低路堤,基床表层厚度范围内天然地基的土质及其天然密实度应符合基床表层的要求。基床底层厚度范围内天然地基的静力触探比贯入阻力P_s值不得小于1.2MPa或天然地基基本承载力不小于0.15MPa,否则应进行换填、改良或加固处理。

路堑基床表层的土质及天然密实度应满足基床表层的要求,基床底层厚度范围内天然地基的静力触探比贯入阻力P_s值不得小于1.0MPa或天然地基基本承载力不小于0.12MPa,否则应进行换填、改良或加固处理。

(六) 基底

路堤下地基内承受路堤及轨道、列车等荷载作用的部分称为路堤基底。在路堑中,因为路基是在地基内以开挖方式构成的,所以路堑的基底为路堑边坡土体内和路堑路基面以下的地基内产生应力变化的部分。基底的稳固对路基本体以及轨道的稳定性都至关重要。因此,在软弱基底上修筑路堤时,必须对基底进行处理,以免危及行车安全与正常运营。

三、路基防护和加固建筑物

路基防护和加固建筑物是指为使路基本体及路基周围土体稳定而修建的建筑物,主要包括:路基边坡的防护、挡土墙、抗滑(锚固)桩等。路基防护和加固建筑物工程的好坏,直接关系着路基和边坡的稳定,影响到行车安全。因此,做好路基防护和加固建筑物工程显得十分重要。

对受自然因素作用易产生损坏的路基边坡坡面,应根据边坡的土质、边坡坡度与高度,水文地质条件等,选用适宜的防护措施。

一般地段,在适宜植物生长的土质边坡上应优先选用植物防护,如采用种草、铺草皮、种植灌木等方式。沿河地段路堤的坡面防护工程常采用修建挡土墙干砌片石护坡,混凝土护坡和防护林等措施。

路基在下列情况下修筑支挡建筑物,如图2-6所示。

1) 路基位于陡坡地段或风化的路堑边坡地段。
2) 为避免大量挖方及降低边坡高度的路堑地段。
3) 为了节约用地,少占农用和城市用地的地段。

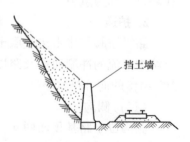

图2-6 挡土墙

4）为了保护重要的建筑物和生态环境等重要的地段。

四、路基排水设备

为防止地面水和地下水对路基的冲刷、浸蚀，要修建排泄或拦截建筑物，使地面水和地下水水位降低或能顺畅流走，保持路基经常处于干燥、坚固和稳定状态。

路基范围内的地下水，往往给路基的稳定性带来很大危害。例如，对于一般的黏性土及泥质岩石的路堑，由于地下水的存在，增加了路基土体中的含水量，在列车荷载及其他外力作用下，产生路基病害或严重变形；地下水浸湿基床土，将引起翻浆冒泥、冻胀等基床病害；地下水在边坡中的活动，可引起地表土滑动等边坡变形。因此路基上应设有一套完整的排水设备，且排水设施应布置合理，当与桥梁、隧道、车站等排水设施衔接时，应保证排水畅通。其中地面排水设备有排水沟、侧沟、天沟及缓流井等；地下排水设施主要类型有深排水沟、排水槽、渗沟、渗井及渗管等。

1. 排水沟

排水沟位于路堤护道外侧，当地面较平坦时，设于路堤两侧；当地面较陡时，应设于迎水一侧。路基排水沟的断面需按流量及用地情况确定，并确保边坡稳定。排水沟断面形式一般采用梯形，一般靠路基一侧坡度为 1∶1.5，另一侧为 1∶1。一般可采用底宽 0.4m，深度 0.6m 的梯形断面。干旱少雨地区深度可减至 0.4m。

2. 天沟

天沟位于路堑堑顶弃土堆外侧，用以排截堑顶上方流向路堑的地表水。天沟与堑顶边缘的距离应不小于 5m。天沟的横断面与侧沟相同，一般采用宽 0.4m，深 0.6m 的梯形断面，天沟的两侧坡度根据土质条件可取为 1∶1～1∶1.5。

3. 渗沟

路线所经地段遇有潜水、层间水、路堑顶部出现地下水，以及地下水位较高而影响路基或路堑边坡稳定时，可采用渗透的方式将地下水汇集于沟内，并通过沟底通道将水排放到指定地点，这种地下水排除设施称为渗沟，渗沟的结构图如图 2-7 所示。

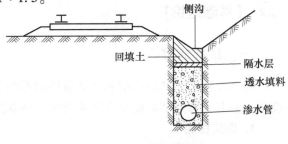

图 2-7 渗沟结构图

渗沟具有疏干表层土体、增加边坡稳定性、截断及引排地下水、降低地下水位、防止土壤中的细颗粒被冲蚀等作用。

4. 排水槽

排水槽是一种兼排地面水和地下水的设备，侧壁有渗水孔，侧壁外最好填一层反滤层。排水槽通常采用矩形断面，底宽为 0.6～1.0m，浆砌片石砌筑。

【拓展提高】

路基沉降

路基沉降是指道路的基础由于受到外界力或是自身的重力作用而下沉的现象。轨道的累积下沉使轨面平顺状态逐渐恶化，不仅影响列车的高速、平稳运行，而且当下沉变形积累到一定程度时，将大大降低和削弱轨道结构的强度和稳定性，危及行车安全。随着列车运行速度的提高和重载铁路的发展，这一问题将更为严重。

对有砟轨道路基而言，一般其工后沉降不应大于20cm，路桥过渡段不应大于10cm，沉降速率不应大于5cm/年；对无砟轨道路基而言，一般其工后不均匀沉降量，不应超过扣件允许的调高量，路桥或路隧交界处差异沉降不应大于1cm，过渡段沉降造成的路基和桥梁或隧道的折角不应大于1/1000。减少地基沉降的方法主要分两种，一种是对天然地基土体进行土质改良，包括排水结固法、强夯法、原位压实法和换填法等；另一种是将软土地基形成复合地基，如水泥土桩复合地基、低强度桩复合地基等。

【任务实施】

依据理论知识，提出任务目标：让学生自行查阅相关资料，深入了解更多的路基设计相关标准，认识路基设计以及施工的过程，并分组讨论，最后根据成果进行学生互评与教师综合评价。

任务二　路基病害及其整治

【任务描述】

本任务主要介绍路基的主要病害及整治与预防措施等知识。通过对知识的学习，辅以多媒体教学展示相关图片，使学生对路基病害有较全面的认识。

【基础理论】

一、路基病害

路基在列车荷载的作用和自然条件的影响下，不可避免地会引起路基土壤力学性质发生变化。路基病害类型主要有：翻浆冒泥、路基冻胀、滑坡等类型。

1. 翻浆冒泥

土质路基顶面因道床污染及排水不良，在列车反复振动作用下形成泥浆向上翻冒现象，称为翻浆冒泥（图2-8）。此病害不仅会使轨道下沉和变形，还会由于道床的空隙被泥浆填充，晴天干燥时，泥浆与石砟粘结在一起使道床板结，造成道床的弹性下降，雨天潮湿时，

图2-8　翻浆冒泥

泥浆与石砟混在一起会降低路基的承载力，在列车动力作用下造成道砟陷入路基面，引起轨面坑洼，导致列车运行的不平稳，甚至会危及行车安全。翻浆冒泥的整治办法是排除地表水，降低地下水位，彻底清筛道床，加铺砂垫床或更换路基顶面土壤等。

2. 路基冻胀

路基冻胀是严寒地区线路上，由于路基排水不良和地下水浸蚀，在严寒季节发生的路基顶面不均匀隆起的现象。冻胀使轨道出现高低不平，将严重危及行车安全。路基冻胀的整治办法是排除地表水和降低地下水位，更换土质，改良土质或将炉渣覆盖在路基基床表层作保温材料。

3. 滑坡

滑坡是指在一定的地形地质条件下，由于地表水的大量侵入或地下水的作用，土体或岩体在重力的作用下，沿某一层面或软弱带做整体缓慢或急速滑动的现象。滑坡的综合防治办法为拦截地下水、排除地表水和修建支挡建筑。

4. 边坡塌方

边坡塌方发生的主要原因有：土质太软易塌陷；挖土放坡系数太小；地下有软弱土层或流砂及地下水，护壁或支撑不足以支撑土的压力。

二、路基防护与整治

路基的整治应贯彻"预防为主、综合治理"的原则，首先弄清发生病害的原因，经过综合分析，因地制宜采取整治的措施。

【拓展提高】

路基病害的主要成因及整治方式

1. 翻浆冒泥

基床翻浆冒泥是路基本体变形而引起的病害。一般发生在基床为黏土类的路基地段，排水不良的路堑和站场比较多见。基床排水不良承载力不足或受水浸承载力进一步下降的土质基床在列车荷载反复作用下，将逐渐形成基床翻浆冒泥的病害。水若源于降雨，翻浆冒泥表现为季节性，即雨季发生，旱季不发生；水若源于地下水，则翻浆冒泥表现为常年性，但雨季比较严重。主要整治方式为疏通或修建防渗侧沟、天沟、排水沟等地表排水系统；修建堵截、导引、降低地下水位的盲沟、截水沟、侧沟、下渗沟等排除地下水或降低地下水位的排水系统。以消除或减小地表水和地下水对路基基床的侵害，使基床土经常保持疏干状态。

2. 路基冻胀

冻害发生在寒冷地区，如路基土为透水性较差的细粒土，当含水量较高或路基面积水，在冻结过程中，土中水重新分布和聚集形成冰块，又引起不均匀的冻胀现象。冻胀是由于路基下部的水向上集聚并冻结成冰所致的，过大的冻胀可使柔性路面鼓包、开裂，使刚性路面错缝、折断，冻胀是翻浆过程的一个阶段，同时也是一种单独的路基病害。

常用的整治措施有：修建减少路基基床含水量的排水设施；挖除冻害地段的基床土，换填无冻胀或冻胀很小的碎石、河沙、砂类土等；在基床表层铺设保温层，改善基床温度环境，使表层下的基床土不冻结或减小冻结深度；人工盐化基床土。选择上述措施时，应注意总体效果，考虑相互配合，以期达到根除冻害的目的。

3. 滑坡和边坡塌方

位于河流岸边、河滩或水库岸边的路基，因常年或季节性受水流冲刷、波浪和渗流的作用，往往造成路基冲空、边坡滑坍等病害。防护工程分直接防护和间接防护两类。直接防护是对路基本体加固，以抵御水流的冲刷；间接防护是借导流或挑流工程，改变水流性质，间接达到避免或减轻水流对路基冲刷的目的。直接防护有铺草皮护坡、抛石护坡、片石护坡、石笼护坡；间接防护主要有修建挑水坝、顺坝、潜坝和防水林带等方式。

【任务实施】

根据所学知识，提出任务目标：分组安排学生调查不同土质气候下的路基常见病害有哪些，并研究其成因，最终给出整治与预防措施。根据不同小组的展示成果，最终给出综合评价。

任务三　桥隧建筑物的认知

【任务描述】

本任务主要介绍桥梁、隧道和涵洞的相关知识。通过对知识的学习，辅以多媒体教学展示相关图片，使学生对桥隧建筑物有较全面的认识。

【基础理论】

城市轨道交通系统进入城区后，随着城市地势的变化或城区建筑群的不同，或从空中走，形成高架桥梁；或进入地下，形成隧道。桥隧建筑物包括桥梁、隧道、涵洞等。

一、桥梁

桥梁是城市永久性建筑的一部分，结构寿命应按 50 年以上考虑，因而桥梁可以作为城市景观的一部分，与城市的其他建筑相协调。高架桥上应考虑管线设置或通过要求，并设有紧急进出通道，防止列车倾覆的安全措施，应设有防水、排水措施，在必要地段设置防噪屏障。高架线路的区间桥跨结构宜采用工厂预制的钢筋混凝土或预应力混凝土梁，当梁的跨度大于 30m 时，可采用后张预应力混凝土梁或钢梁。高架车站可采用钢筋混凝土框架结构，站内行车轨道部分的桥跨结构应与站台部分的梁板分开。同一条线路各高架车站的结构应力求统一。城市轨道交通高架桥一般比较长且平，宽度较窄，单线为 5m，双线为 9.5m，其对于基础沉降、桥墩刚度及桥梁工艺造型要求较高。

高架桥一般有以下三种结构形式：
(1) 槽形梁结构　跨度 $L=10m$、20m、30m、35m，建筑高度为 0.35～0.5m。
(2) 脊梁结构　跨度 $L=25m$、30m、35m、40m，建筑高度为 0.5～0.6m。
(3) 超低高度板结构　$L=10m$，建筑高度为 0.44～0.8m；$L=15m$，建筑高度为 0.54～1.00m；$L=20m$，建筑高度为 0.66～1.40m。

城市轨道交通高架桥梁主要由桥面、梁、墩台、基础等组成。

1. 梁

目前，在城市轨道交通高架桥上应用较多的梁的形式有预应力混凝土槽形梁、预应力混凝土板梁和预应力混凝土 T 梁等几种。预应力混凝土槽形梁是一种下承式桥梁，由车道板、主梁和端横梁三部分组成。

2. 墩台与基础

高架桥的墩台除具有足够的强度和稳定性以承受荷载外，还需要考虑美观，使其与城市环境和谐、匀称、协调，一般有以下几种形式：

（1）T 形墩　T 形墩自重小，节省材料、减少占地面积，具有较大的强度和刚度，其与上部结构的轮廓线过度平顺，受力合理。

（2）双柱墩　双柱墩体积小，透空空间大，稳定性好，结构轻巧，所适用的上部结构较灵活。

（3）Y 形墩　Y 形墩与 T 形墩一样，体积小、材料少、占地少、外观简洁、桥下透空空间大，但其结构相对来说较复杂，施工比较麻烦。

桥梁基础形式有扩大基础和桩基础。扩大基础适用于岩石及持力层较浅的地基，桩基础适用于砂质及软土地基。

二、隧道

隧道是修建在底层内的建筑物。在城市轨道交通中占有较大比重的应当数地下铁道。地下铁道由于在地下运行，对地面上的其他交通工具无干扰，其运输能力不受气候影响，也避免了地面轻轨和高架交通所产生的噪声对城市的污染，在战争期间还可作为民用防空设备，所以地下铁道的优点非常明显，但是地下铁道造价昂贵，应充分进行技术经济比较后，分区段确定线路方案。

（一）区间隧道的特点

地铁的地下线路铺设在隧道中，连接两个地铁车站之间的隧道称为区间隧道。区间隧道的走向和埋深，受工程地质和水文地质条件、地面和地下环境、施工方法等因素制约，直接关系造价的高低和施工的难易。

地铁区间隧道结构包括行车隧道、渡线、折返线、地下存车线、联络线及其他附属建筑物。

区间隧道的开挖大多沿闹市区的街道下面，开挖必然引起地面沉降，如何控制地面沉降量，不至影响既有建筑物的安全，是城市地下铁道施工所面临的一大课题。

（二）区间隧道的断面形式

1. 浅埋式地下铁道

浅埋式地下铁道一般采用矩形断面。

2. 深埋式地下铁道

深埋式地下铁道根据施工方式不同，可以设计为矩形断面（如地下连续墙施工方法），也可以设计为圆形断面（如地下盾构掘进施工法）和椭圆形断面。

三、涵洞

涵洞是设在路堤下部的填土中，用以通过水流或行人的一种建筑物。

按照建筑材料的不同，涵洞有石涵、混凝土涵、钢筋混凝土涵、铁涵等。涵洞的断面有矩形、圆形、拱形等不同形式。涵洞的孔径一般为 0.75~6.0m。

涵洞主要由洞身（由若干管节组成）、基础、端墙和翼墙所组成。管节埋在路基之中，具有一定的纵向坡度（从进口向出口），以便排水。端墙和翼墙的作用是便于水流进出涵洞，同时还可以保护路堤边坡，使它不受水流的冲刷。

【复习思考题】

一、填空题

1. 路基工程主要由（　　　　）、（　　　　）和（　　　　）组成。
2. 路堤路基本体由（　　　　）、（　　　　）、（　　　　）及（　　　　）组成。
3. （　　　　　　　　　　　）称为路基顶面。
4. （　　　　　　　　　　　）称为路拱。
5. 路基顶面中，（　　　　）覆盖以外的部分称为路肩。
6. 路基（　　　　　　）称为路基边坡。
7. 当路肩埋有设备时，路堤及路堑的路肩宽度均不得小于（　　）m，无埋设设备时路肩宽度不得小于（　　　）m。
8. 路基横断面形式主要有：（　　　　）和（　　　　　　）。
9. 路基病害类型主要有：（　　　　）、（　　　　）、（　　　　）和（　　　　）四种类型。

二、简答题

1. 路基的基本作用是什么？
2. 什么是路基本体？
3. 什么是基床？什么是基底？
4. 路基面宽度如何确定？
5. 什么情况下修建支挡建筑物？
6. 路基排水工程主要包括哪些？
7. 什么是路基横断面？
8. 什么是路肩？路肩的作用是什么？
9. 边坡是如何规定的？
10. 护道的作用是什么？
11. 路基有哪些常见的防护加固方式？
12. 路基有哪几种常见病害？如何防治各种路基病害？

项目三

轨 道 结 构

【教学目标】

培养学生对轨道结构在城市轨道交通系统中的重要性认知；熟悉轨道结构的特点和组成，为城市轨道交通的运输安全打下坚实基础；培养学生认真、细致、严谨的工作作风。

【知识要点】

1. 轨道结构的作用及组成。
2. 钢轨的作用、类型、结构及铺设方法。
3. 轨枕的作用、类型及铺设数量规定。
4. 接头联结零件的作用、组成；接头类型及钢轨接头联结形式。
5. 中间联结零件的作用、主要参数、类型及选型标准。
6. 道床的作用及类型。
7. 道岔的作用、种类及组成；道床几何要素及中心线表示法。
8. 无缝线路的类型、结构及铺设方法。

【能力目标】

会识别轨道结构的组成部分和形式。

【重点掌握】

轨道结构各组成部分的功能、组成、类型及铺设方法。

任务一　钢轨的认知

【任务描述】

本任务主要介绍了钢轨的作用、类型、标准长度及铺设方法相关理论知识，通过对理论知识的学习，辅以多媒体课件教学，使学生对钢轨有全面的认知，较早对城市轨道交通行业有直观的认识。

【基础理论】

轨道结构是城市轨道交通线路的主要设备,是城市轨道交通系统的重要组成部分。轨道结构是列车运行的基础,是用来引导列车的运行方向,直接承受列车巨大压力的部分,并将列车的巨大压力通过车轮首先作用在钢轨顶面,再依次传给轨枕、道床和路基或桥隧建筑物。

轨道结构应保证列车在规定的最大载重和最高速度运行时,具有足够的强度、稳定性、耐久性、平顺性,并具有正确的几何形位,以确保列车按照规定的最高速度安全、平稳、快速不间断地运行并保证乘客的舒适度。

城市轨道交通列车轴重轻,行车密度大,运营时间长,维修时间短,因此,城市轨道交通线路和一般铁路相比,又有所不同。其轨道结构除了要求具有足够的强度、稳定性和耐久性等基本特征外,还提出了以下要求:

1) 具有适当的弹性,使列车运行时所引起的振动和噪声控制在容许的范围内。
2) 具有一定的绝缘性能,以减小杂散电流对周围金属构件的电腐蚀。
3) 能够适应维修时间短的特点,养护工作量要小,零部件使用寿命长。
4) 尽量选用轨道结构零件的标准品种,以降低工程造价和养护费用。

轨道结构一般由钢轨、轨枕、联结零件、道床、道岔和其他附属设备组成,如图 3-1 所示。随着列车牵引形式和轮轨形式的变化,还出现了磁浮结构、橡胶轮轨结构和单轨结构等轨道结构形式。

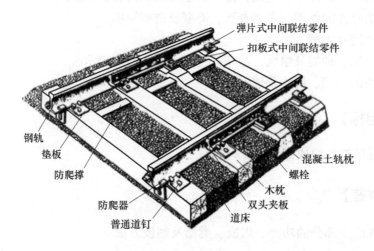

图 3-1 轨道结构的基本组成

一、钢轨的功能及基本要求

1. 功能

钢轨与列车车轮直接接触,钢轨质量的好坏直接影响行车的安全性和稳定性。为了使线路能按照设计速度保证列车运行,钢轨必须具备以下功能:

1) 钢轨引导列车运行的方向,为车轮提供连续、平顺和较小摩擦阻力的滚动轨面。

2）钢轨直接承受来自车轮的巨大垂向压力，并以分散的形式传递到扣件、轨枕、道床等轨下结构。钢轨除了承受车轮的巨大垂向压力外，还需承受横向水平力和纵向水平力。

3）在电气化线路或自动闭塞区段，钢轨还可兼作轨道电路之用，为轨道电路提供导体。

2. 基本要求

为发挥这些功能，对钢轨提出了以下基本要求：

（1）足够的强度、韧性和耐磨性　钢轨是作为一根支承在弹性基础上的无限长梁进行工作的。它主要承受轮载作用下的弯曲应力，但它也必须有能力承担轮轨接触应力，以及轨腰与轨头或轨底连接处可能产生的局部应力和温度变化作用下的温度应力。在这些力的作用下，钢轨产生压缩、伸长、弯曲、扭转、磨耗等复杂的变形。为使列车能够安全、平稳和不间断地运行，钢轨必须保证在轮载和轨温变化作用下，应力和变形均不超过规定的限制，这就要求钢轨具有足够的强度、韧性和耐磨性。

（2）钢轨顶面足够光滑　对列车来说，车轮与钢轨顶面之间的摩擦阻力太大会使行车阻力增加，这就要求钢轨有一个光滑的滚动表面，而列车依靠其车轮与钢轨顶面之间的摩擦作用牵引列车前进，则要求钢轨顶面具有一定的粗糙度，以使车轮与钢轨之间产生足够的摩擦力。从这一矛盾的主要方面出发，钢轨应仍维持其光滑的表面，必要时，可用向轨面撒砂的方法提高车轮与钢轨之间的黏着力。

（3）较高的疲劳强度和冲击韧性　钢轨长期在列车重复荷载作用下，随着轴重增加和钢轨重型化，轨头部分的疲劳伤损成为钢轨损伤的主要形式之一。为防止轨头内侧剥离及由此可能引起的钢轨横向折断，钢轨应具有良好的疲劳强度和冲击韧性。

（4）具有一定的弹性　钢轨依靠其刚度抵抗轮载作用下的弹性弯曲，这就要求钢轨具有足够的刚度，但为了减轻车轮对钢轨的动力冲击作用，防止列车走行部分及钢轨的折损，又要求钢轨具有必要的弹性。

（5）良好的焊接性　随着无缝线路的大范围应用，要求钢轨具有良好的焊接性。

二、钢轨的结构

通常可以把钢轨视为弹性地基上的连续梁，作用于其上的力主要为垂直力，其结果是使钢轨挠曲，而抵抗挠曲的最佳断面为工字形。因此，一般将钢轨断面设计成工字形，由轨头、轨腰和轨底三部分组成。钢轨断面如图3-2所示。

钢轨断面设计应满足以下要求：

1. 轨头

轨头是直接和车轮接触的部分，应具有抵抗压溃和耐磨的能力，故轨头宜大而厚。轨头应具有足够的表面面积，并具有与车轮踏面相适应的外形，可使由车轮传来的压力集中于钢轨中心轴；同时具备耐磨的性能，使其上面滚动的车轮踏面和钢轨顶面磨耗均匀。轨头顶面应轧制成隆起的圆弧形，使

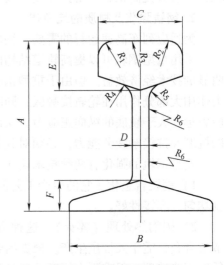

图 3-2　钢轨断面示意图

由车轮传来的压力集中于钢轨中心轴。钢轨被车轮长期滚压后,顶面形成近似200~300mm半径的圆弧。

2. 轨腰

轨腰主要承受剪力,必须具有足够的厚度和高度,具有较大的承载能力和抗弯能力。轨腰的两侧常为曲线,有利于传递车轮对钢轨的冲击动力作用和减少钢轨因冷却而产生的残余应力。轨腰与轨头及轨底的连接,必须保证夹板能有足够的支承面。

3. 轨底

轨底的主要作用是分布压力及保持稳定,因此设计时必须使轨底有足够的宽度和厚度,并具有必要的刚度和抗腐蚀能力。

三、钢轨材质和力学性能

1. 钢的化学成分和力学性能

钢的化学成分主要为铁,还含有少量的碳、锰、硅、磷、硫等元素。

碳对钢轨的性质影响最大。如果钢轨的含碳量提高,其抗拉强度、耐磨性及硬度都迅速增加。但含碳量过高,会使钢轨的伸长率、断面收缩率和冲击韧性显著下降。因此,一般钢轨中碳的质量分数不超过0.82%。

锰可以提高钢轨的强度和韧性,去除有害的氧化铁和硫夹杂物,其质量分数一般为0.6%~1.0%。锰的质量分数超过1.2%的钢称为中锰钢,其耐磨性较好。

硅易与氧化合,故能去除钢中气泡,增加密度,使钢制密实细致。在碳钢中,硅的质量分数一般为0.15%~0.3%。若提高钢轨的含硅量,也能提高钢轨的耐磨性能。

磷与硫在钢中均属有害成分。磷过多(超过0.1%),会使钢轨具有冷脆性,在冬季严寒地区,易突然断裂。硫不溶于铁,不论含量多少均生成硫化铁,在985℃时,呈晶态结晶析出。这种晶体性脆易溶,使金属在800~1200℃时发脆,在钢轨轧制或热加工过程中容易出现大量废品。所以钢轨中磷、硫的含量必须严格加以控制。

另外,在钢轨的化学成分中适当增加铬、镍、钼、铌、钒、钛和铜等元素,制成合金钢轨,可有效提高钢轨的抗拉强度和疲劳强度,以及耐磨性和耐腐蚀性。

2. 钢轨强化及材质的纯净化

为适应列车高速运行的需要,钢轨要重型化、强韧化及纯净化。

采用重型钢轨可以提高轨道结构的承载能力,延长钢轨疲劳寿命和线路大修周期,具有明显的技术经济效益。但由于重型钢轨的刚度大,相应弯曲变形较小,列车车轮对钢轨的动力作用大部分作用在轮轨接触区,同时由于重型钢轨扭转中心接近轨底,轨头产生的纵向正应力远远大于轨底的纵向正应力,从而加速了重型钢轨轨头病害的发展。为了增加重型钢轨的抗磨及抗接触疲劳能力,必须对其材质,尤其是轨头部分进行强化。

重型钢轨的强化有两种技术路线:

1)钢轨合金化。它的生产工艺简单,投资少,能源消耗少,钢轨整体被强化,表层强度均匀,焊接性好。

2)碳钢热处理(淬火)。这种方法也可获得同样的高强度和表面硬度,同时韧性好,节省合金,适于大批量生产。根据冶金学原理及我国冶金工业生产实践:如不改变钢种,单凭碳钢热处理,很难再大幅度地提高强度,唯有微合金与热处理相结合,两者相辅相成,才可得到既有更高强度，并有相应韧性、硬度和焊接性的优质钢轨。

钢轨热处理对材质纯净度的要求比普通钢轨更高，如果不提高钢轨的纯净度，钢轨重型化及强韧化的优势也不能更好地发挥。因此，材质纯净化是重型化和强韧化的基础。例如，钢轨中非金属夹杂、钢轨金属薄弱区的存在等，都是钢轨产生疲劳伤损的根源，以这些疲劳源为中心形成核伤，便会危及行车安全。

钢轨重型化、强韧化和纯净化应当有机地统一，只有统筹协调三者的关系，才能获得最佳综合技术经济效益。

四、钢轨类型

钢轨类型通常按照每延米大致重量来划分，我国现行主要钢轨类型有38kg/m、43kg/m、50kg/m、60kg/m、75kg/m等，记为P38、P43、P50、P60、P75等。其中60kg/m及其以上类型的钢轨为重型钢轨，50kg/m及其以下类型的钢轨为轻型钢轨。

相对于轻型钢轨，重型钢轨的稳定性能更好，养护维修的工作量更少，而且还能增加回流断面，减少杂散电流，具有一定的优势。有关资料介绍，从技术性能上分析，60kg/m钢轨与50kg/m钢轨相比，重量增加不多，但是允许通过的总重量可增加50%。所以国内外城市轨道交通有选用重型钢轨的趋势。

城市轨道交通在经济条件允许时，无论地面线、地下线或高架线，运营正线都宜选用重型钢轨。对车场线来说，由于主要供空车运行且运行速度又低，考虑到经济性，选用50kg/m或43kg/m钢轨均是可行的。《地铁设计规范》规定：正线及配线钢轨宜选用60kg/m钢轨，车场线宜选用50kg/m钢轨。

道岔是轨道的薄弱环节，其钢轨强度不应低于一般轨道的标准，《地铁设计规范》规定：正线上的道岔钢轨类型应与相邻区间的钢轨类型一致，并且不得低于相邻区间钢轨的强度等级及材质要求。

表3-1列出了60kg/m钢轨与50kg/m钢轨的性能比较。

表 3-1　60kg/m 钢轨与 50kg/m 钢轨的性能比较

性能指标	与50kg/m钢轨比较
钢轨抗弯强度	34%
弯曲应力	-28%
使用年限	50%~200%
疲劳破坏造成的更换率	-83.3%
列车冲击振动	-10%

不同类型钢轨横断面的各部分尺寸不同，钢轨主要形式尺寸见表3-2。

表 3-2　钢轨主要形式尺寸

钢轨类型/(kg/m)	75	60	50	43	38
钢轨高度 A/mm	192	176	152	140	134
轨底宽度 B/mm	150	150	132	114	114
轨头宽度 C/mm	75	73	70	70	68
轨腰厚度 D/mm	20	16.5	15.5	15.5	13.0

（续）

钢轨类型/(kg/m)	75	60	50	43	38
轨头高度 E/mm	55.3	48.5	42	42	39
轨底厚度 F/mm	32.3	30.5	27	27	24
轨头侧坡	1:20	1:20	—	—	—
$R_1 - R_2 - R_3$/mm	15-80-500	13-80-300	13-300-∞	13-300-∞	13-300-∞
$R_4 - R_5$/mm	7-17	8-25	5-12	5-12	7-7
R_6/mm	450	400	350	350	350

在钢轨的主要形式尺寸中，钢轨高度、轨头宽度、轨腰厚度以及轨底宽度是钢轨断面的主要参数。为使钢轨轧制冷却均匀，要求轨头、轨腰及轨底的面积分配比例合适。为了保证有足够的惯性矩及断面系数来承受竖直的轮载动力作用，钢轨高度应尽可能大些。但钢轨越高，其在横向水平力作用下的稳定性越差。所以，要求钢轨高度和轨底宽度间应有一个适当的比例，一般要求钢轨高度与轨底宽度之比为 1.15~1.20。

五、钢轨长度

我国标准钢轨的长度为 12.5m 和 25m。世界各国的钢轨尺寸有长有短，目前由于高速重载铁路都采用无缝线路，钢轨尺寸越短，钢轨焊接接头越多，所以世界各国都在大力发展长钢轨。

在曲线轨道中，内股钢轨比外股钢轨短，若内外两股钢轨铺同样长度的标准轨，则内股钢轨的接头势必较外股的接头超前，不能满足钢轨接头对接的要求。当然，由于线路上曲线半径和长度不一，难以使曲线上每个接头均正好相对，因此，允许内外两股钢轨接头有少量相错。在正线及到发线上，相错量不大于 40mm 加所用缩短轨缩短量的一半；在其他站线、次要线和使用非标准长度钢轨的线路上，容许再增加 20mm。为了使内外钢轨接头尽量对接，必须在内股钢轨的适当位置铺设厂制标准缩短轨。25m 钢轨的标准缩短轨有 24.96m、24.92m 和 24.84m 三种。12.5m 钢轨的标准缩短轨有 12.46m、12.42m 和 12.38m 三种。为了维修管理方便，同一曲线地段一般宜使用同一种标准缩短轨。

六、钢轨铺设

正线地段和半径为 250m 及其以上的曲线地段，应铺设无缝线路。高架线路上的无缝线路需要做特殊设计。在曲线半径小于 300m 的地段，要铺设耐磨长钢轨，以减少磨损和接头振动。由于车轮踏面与钢轨顶面主要接触部分是 1/20 斜坡，为了使钢轨轴心受力，钢轨亦要设置向内倾斜的轨底坡。《地铁设计规范》规定地下线路轨底坡为 1/40。

七、钢轨伤损及合理使用

1. 钢轨伤损

钢轨伤损是指钢轨在使用过程中发生钢轨折断、钢轨裂纹以及其他影响和限制钢轨使用性能的伤损。钢轨在极其复杂的环境下运行，不可避免地会产生各种伤损。其伤损的原因，既有钢轨在冶炼过程中出现的缺陷，也有在运输、使用过程中出现的破损。钢轨损伤对运输安全有很大的威胁，因此，及时发现钢轨伤损并积极采取措施，保证线路行车安全，对工务部门是极为重要的。

有下列三种情况之一者为钢轨折断：①钢轨全断面至少断成两部分；②裂纹贯通整个钢轨头部断面或底部断面；③钢轨顶面上有长大于50mm，深大于10mm的掉块。钢轨折断直接威胁行车安全，应及时更换。

除钢轨折断之外，钢轨部分材料发生分离，形成裂纹。

为便于统计和分析钢轨伤损，需对钢轨伤损进行分类。根据伤损在钢轨断面上的位置、伤损外貌及伤损原因等分为9类32种伤损，常见的有钢轨磨耗、钢轨接触疲劳伤损及轨头核伤、轨腰螺栓孔裂纹等。下面介绍几种常见的钢轨伤损情况。

(1) 钢轨磨耗　钢轨磨耗主要是指钢轨的侧面磨耗和波形磨耗。垂直磨耗随着轴重和通过总重的增加而增大，一般情况下是正常的。但是，轨道几何形位设置不当，会使垂直磨耗速率加快，这是要防止的，可通过调整轨道几何尺寸解决

1) 侧面磨耗。侧面磨耗是目前曲线钢轨伤损的主要类型之一，主要发生在小半径曲线的外股钢轨上。列车在曲线上运行时，轮轨的摩擦与滑动是造成外轨侧磨的根本原因。列车通过小半径曲线时，通常会出现轮轨两点接触的情况，这时发生的侧磨最大。改善列车通过曲线的条件，如采用磨耗型车轮踏面、径向转向架等，均会降低侧磨的速率。近年来，在我国提速线路中，直线钢轨出现左右股交替侧磨，形成周期性轨道不平顺，称为直线钢轨不均匀侧磨。它的出现会导致提速列车剧烈摇晃，影响行车安全。从工务角度来讲，应改善钢轨材质，采用耐磨钢轨，加强养护维修，设置合理的轨距、外轨超高及轨底坡，增加线路的弹性，在钢轨侧面适当涂油等。这些方法都可减小钢轨侧面磨耗。

2) 波形磨耗。波形磨耗是指钢轨顶面出现的波状不均匀磨耗，如图3-3所示。按其波长分为短波（或称波纹形磨耗）和长波（或称波浪形磨耗）两种。波长约为50~100mm，波幅为0.1~0.4mm的周期性不平顺为短波；波长在100mm以上，3000mm以下，波幅在2mm以内的周期性不平顺为长波。

图3-3　钢轨波形磨耗示意图

波形磨耗会引起较高的轮轨动力作用，加速列车及轨道部件的损坏，增加养护维修费用；此外列车的剧烈振动，会使乘客有不适感，严重时还会威胁行车安全；波形磨耗也是轮轨噪声的来源。列车速度较高的线路上，主要发生波纹形磨耗，且主要出现在直线和制动地段；在车速较低的重载运输线上，主要发生波浪形磨耗，且一般出现在曲线地段。

影响钢轨波形磨耗发生的因素很多，涉及钢轨材质、线路及列车条件等多个方面。目前，关于波形磨耗成因的理论有数十种，大致可分为两类：动力类成因理论和非动力类成因理论。总的来说，动力作用是钢轨波形磨耗形成的外因，钢轨材质的性能是波形磨耗形成的内因。解决钢轨波形磨耗问题，目前还没有有效的办法，现阶段主要依靠钢轨机械打磨来消除波形磨耗。

钢轨头部允许磨耗限度主要由强度和构造条件确定。即当钢轨磨耗达到允许限度时，一是还能保证钢轨具有足够的强度和抗弯刚度；二是应保证在最不利情况下车轮轮缘不碰撞接

头夹板。钢轨按头部磨耗程度的不同，分为轻伤和重伤两类。

（2）钢轨接触疲劳伤损　钢轨接触疲劳伤损的形成主要是由于金属接触疲劳强度不足和车轮的重复作用，导致钢轨顶面金属冷作硬化，最终形成接触疲劳伤损。其形式有接触疲劳裂纹和轨头剥离等。列车速度及轴重的提高、钢轨材质及轨型的不适应等状况，将加速钢轨接触疲劳伤损的发生和发展。

（3）轨头核伤　轨头核伤是最危险的一种钢轨伤损形式。钢轨在列车作用下会突然断裂，严重影响行车安全。轨头核伤产生的主要原因是轨头内部存在微小裂纹或缺陷（如非金属夹杂物及白点等），在重复动荷载作用下，在钢轨走行面以下的轨头内部出现极为复杂的应力组合，使细小裂纹成核，然后向轨头四周发展，直到核伤周围的钢料不能提供足够的抵抗，钢轨在毫无预兆的情况下猝然折断。所以钢轨内部材质的缺陷是形成核伤的内因，而外部荷载的作用是外因。核伤的发展与运量、轴重及行车速度、线路平面状态有关。为确保行车安全，要定期进行钢轨探伤检查。如图3-4所示为轨头核伤。

图3-4　轨头核伤示意图

（4）轨腰螺栓孔裂纹　钢轨端部轨腰钻孔后，强度削弱，螺栓孔周围产生较高的局部应力，在列车冲击荷载的作用下，螺栓孔裂纹开始产生和发展。螺栓孔裂纹主要来自钻孔时产生的微小裂纹，而养护不当又促进了裂纹的形成和发展。钢轨接头养护维修的状态，对螺栓孔应力的影响极大，特别是高低错牙、轨端低塌、鞍形磨耗及道床板结的影响更大。为防止螺栓孔周边应力集中，可采取将螺栓孔周边镗光的措施。

减缓钢轨伤损的措施有：净化轨钢，控制杂物的形态；采用淬火钢轨，发展优质重轨；改进钢轨力学性能；改革旧轨再用制度，合理使用钢轨；钢轨打磨；按钢轨材质分类铺轨等。

2. 钢轨的合理使用

钢轨是线路的重要组成部分之一，在《铁路工务主要技术装备政策》（原铁道部于[1995]76号文发布）中，除明确指出钢轨的发展方向是重型化、强韧化和纯净化外，对合理使用钢轨也有明确规定。规定指出：应根据钢轨综合经济效益分析，确定钢轨合理的使用周期，实行钢轨分级使用制度，并积极做好旧轨的整修工作。

（1）钢轨的分级使用　钢轨分级使用包含两个方面的含义：钢轨的二次或多次使用和钢轨在一次使用中的合理倒换使用。

钢轨的二次使用是指钢轨在繁忙线路上运营以后经过旧轨整修，再把它铺设到运量小的线路上再次使用，可以延长钢轨的使用寿命和提高钢轨的使用效率。重型旧轨的多次使用，可使整个非繁忙线路的设备得到显著加强。旧轨整修通常分为3类：综合整修轨、一般整修轨和焊接再用长轨条。现代钢轨的高质量、耐久性和可靠性，为钢轨的多次再用提供了可能性。钢轨设备的运营制度应是阶梯式的，钢轨随着其承载能力的减弱而逐步换到运量较小的区段上使用。

钢轨在一次使用中的倒换使用是钢轨合理使用的另一个方面。由于不同的轨道结构，钢轨伤损的速率也是不一样的，钢轨寿命的长短差别很大，在同一区段线路上将曲线轨道上下股钢轨倒换使用或直线与曲线钢轨倒换使用，是延长钢轨使用寿命的另一措施。

(2) 钢轨整修技术　钢轨整修分厂内钢轨修理和现场钢轨修理。厂内钢轨修理的主要作业内容有机械清洗、除锈、钢轨矫直、钢轨全长探伤、钢轨接触面修整、钢轨焊接、钢轨截锯及钻孔等。现场钢轨修理则主要是对钢轨接头病害的整修，有磨修和焊补两种作业方式。磨修即采用砂轮打磨机消除钢轨轨面不均匀磨耗或焊补掉块、剥离等缺陷后的打磨顺平。随着打磨列车的出现，磨修成为整治钢轨接头病害的主要手段，对于大范围的钢轨表面修理则采用打磨列车作业。当轨面不均匀磨耗、掉块、擦伤等病害接近或大于1mm时，应以钢轨的焊补作业为主。

(3) 钢轨打磨　钢轨打磨技术最初用于消除钢轨波形磨耗、车轮擦伤及接头处的鞍形磨耗。随着钢轨打磨技术的应用发展，钢轨打磨列车应运而生，钢轨打磨也从最初的钢轨修理转向钢轨保养，现在已发展成为一种多功能的现代化的养路技术。根据钢轨打磨的目的及磨削量，钢轨打磨可分为预防性打磨、修理性打磨和钢轨断面打磨3类。

1) 修理性打磨。修理性打磨主要用来消除钢轨的波形磨耗、车轮擦伤及轨面裂纹等，钢轨的一次磨削量大，钢轨打磨周期较长。

2) 预防性打磨。预防性打磨近年来已发展成为控制钢轨接触疲劳的技术。它力图控制钢轨表面接触疲劳的发展，钢轨打磨周期较短，以便在钢轨表面裂纹萌生时就予以消除。与修理性打磨相比，它可在钢轨上道后马上进行，也可在钢轨表面萌生疲劳伤损时立即进行，如果打磨时机选择恰当，可大大减缓钢轨伤损的发展，延长钢轨使用寿命。

3) 钢轨断面打磨。钢轨断面打磨是通过钢轨打磨改变钢轨的轨头形状，以改善轮轨接触状态，从而最终达到控制病害发生和发展的一种钢轨打磨方式，主要有曲线地段钢轨的不对称打磨。通过断面打磨可以起到控制钢轨侧磨、改善轮轨横向力的作用。但一种特定的打磨断面方式只适合某一类线路条件，不同的线路条件需要不同的打磨断面方式，不存在一种适合所有问题的钢轨打磨断面形式。

【拓展提高】

轨道电路

1. 轨道电路的作用

轨道电路是由钢轨线路和钢轨绝缘构成的电路。轨道电路的作用是①监督列车的占用状态，反映线路的空闲状况，为开放信号、建立进路或构成闭塞提供依据；②传递行车信息，决定通过信号机的显示或决定列车运行的目标速度，从而控制列车运行。

2. 轨道电路的组成

轨道电路是以一段轨道的两根钢轨为导体组成的电气回路，这一段轨道称为一个区段，即轨道电路区段（也简称轨道区段）。轨道电路主要由送电端、钢轨和受电端三部分组成。

(1) 导体　两根钢轨是传输轨道电流的导体。

(2) 钢轨绝缘　钢轨绝缘安装在相邻两个轨道电路衔接处，以保证相邻轨道电路在电气上的可靠隔离。

(3) 送电设备　轨道电路的送电设备可以是电源，用于向轨道电路供电，也可以是能够发送一定信息的电子设备，通过轨道电路向列车传递行车信息。

(4) 受电设备　轨道电路的受电设备可以是轨道继电器，用于反映轨道电路范围内有无列车、车辆占用和钢轨是否完整；或者当轨道电路中包含有控制信息时，轨道电路的受电设备也可以是能够接收并鉴别电流特性的电子设备，能够根据接收到的不同特性的电流，令有关继电器动作。

(5) 限流电阻　限流电阻是一个可调电阻器，连接在轨道电路电源端，用来调整轨道电路的电压。

3. 轨道电路的基本原理

1) 轨道电路是以线路轨道作为导体，两端加以机械绝缘，接上送电和受电设备构成的电路，如图3-5所示。

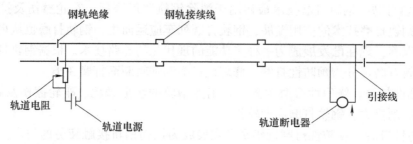

图3-5　轨道电路

2) 轨道电路的两端分别设有送电端和轨道继电器，当继电器中有电流时，继电器吸起，继电器前接点和中接点闭合；当继电器没有电流时，继电器落下，后接点和中接点闭合。

3) 当轨道电路设备完好，又没有列车、车辆占用时，轨道电流从电源正极经钢轨、轨道继电器线圈回到负极而构成回路，继电器处于吸起状态，表示轨道区段内无车占用。

4) 当轨道区段内有列车、车辆占用时，因为车辆的轮对电阻比轨道继电器线圈电阻小得多，所以轨道电路被轮对分路，这时流经继电器线圈的电流很小，不足以使衔铁保持吸起，继电器失磁落下，表示该区段有车占用。

5) 当轨道区段内发生断轨或断线等故障时，流经继电器线圈的电流中断，使继电器失磁落下。

4. 轨道电路的基本工作状态

轨道电路的基本工作状态有调整、分路和断轨三种。

(1) 调整状态　轨道完整和空闲，轨道继电器正常工作时的状态称为轨道电路的调整状态。调整状态的最不利条件是：电源电压最低、钢轨阻抗最大、道砟漏泄电阻最小。

(2) 分路状态　当轨道电路区段内有车时，轨道继电器应被分路而释放，这种状态称为轨道电路的分路状态。分路状态的最不利条件是：电源电压最高、钢轨阻抗最小、道砟漏泄电阻最大、列车分路电阻也最大。

(3) 断轨状态　当轨道电路的钢轨在某处折断时，轨道电路通过大地构成回路，接收端设备还有一定的电流流过，为确保安全，接收设备应不处于工作状态，这种状态称为轨道电路的断轨状态。断轨状态的最不利条件是：电源电压最高、钢轨阻抗最小以及临界断轨地点和临界道床电阻最大。

5. 轨道电路的分类

(1) 按传输电流特性分　按传输电流特性不同，轨道电路可分为工频连续式轨道电路和音频轨道电路。

工频连续式轨道电路中传送连续的交流电流。这种轨道电路的唯一功能是监督轨道的占用与否，不能传送更多信息。

音频轨道电路又分为模拟式轨道电路和数字编码式轨道电路两种。模拟式音频轨道电路采用调幅或调频方式，用低频调制载频，除监督轨道的占用外，还可以传输较多信息，主要传输列车运行前方三个或四个闭塞分区的占用与否的信息；数字编码式音频轨道电路采用数字调频方式，但它采用的不是单一低频调制频率，而是一个若干比特的一群调制频率，根据编码去调制载频，编码包含速度码、线路坡度码、闭塞分区长度码、纠错码等，可以传输更多的信息。

城市轨道交通正线上采用音频轨道电路。

（2）按绝缘性质分　按照绝缘性质不同，轨道电路可分为绝缘轨道电路和无绝缘轨道电路。

有绝缘轨道电路用钢轨绝缘（机械绝缘节）将本轨道电路与相邻的轨道电路相互电气隔离。一般轨道电路常指有绝缘轨道电路。

无绝缘轨道电路在其分界处不设钢轨绝缘，而采用电气隔离的方法予以隔离。电气隔离式又称为谐振式，利用谐振槽路，采用不同的信号频率，谐振回路对不同频率呈现不同阻抗，来实现相邻轨道电路间的电气隔离。城市轨道交通正线上采用无绝缘轨道电路。

（3）按使用处所分　按使用处所不同，轨道电路分为区间轨道电路和车辆段轨道电路。

区间轨道电路主要用于正线，不仅要监督各闭塞分区是否空闲，而且还要传输有关的行车信息。一般来说，区间要求轨道电路传输距离较长，要满足闭塞分区长度的要求，轨道电路的构成也比较复杂。

车辆段轨道电路，用于段内各区段，一般只有监督本区段是否空闲的功能，不能发送其他信息。

（4）按轨道电路内是否包含道岔分类　按轨道电路内是否包含道岔，轨道电路分为无岔区段轨道电路和道岔区段轨道电路。

无岔区段轨道电路内钢轨线路无分支，构成较简单，一般用于检车线、停车线以及尽端调车信号机前方接近区段、两差置调车信号机之间的区段。

在道岔区段，钢轨线路有分支，道岔区段的轨道电路就称为分支轨道电路或分歧轨道电路。在道岔区段，道岔处钢轨和杆件要增加绝缘，还要增加道岔连接线和跳线。当分支超过一定长度时，还必须设多个受电端。

【任务实施】

依据基础理论知识，提出任务目标：地铁公司钢轨的类型调查。将学生按照生源地进行分组，每组同学深入地铁公司进行调查，认知本地铁公司钢轨的类型，根据不同小组的调查报告，进行综合评价。

任务二　轨枕的认知

【任务描述】

本任务主要介绍了轨枕的作用、类型等相关理论知识，通过对理论知识的学习，辅以多媒体课件教学，使学生对轨枕有全面的认知，通过任务实施阶段，调查各地铁公司轨枕类型，并进行比较。

【基础理论】

一、轨枕功能及特点

轨枕是轨下基础的主要部件之一，主要作用是支承钢轨，承受来自钢轨传来的竖向垂直力、横向和纵向的水平力，并弹性地传布于道床，有效地保持轨道的几何形位，特别是轨距和方向。因此，轨枕应具有一定的坚固性、弹性、耐久性、足够的刚度和承受面积，能便于固定钢轨，具有抵抗纵向和横向位移的能力，还要具有造价低廉，制作简单，铺设和养护方便等特点。

二、轨枕类型

轨枕根据不同的分类方式可分为不同的类型。

1. 按材质分

按材质分，轨枕可分为木枕、混凝土枕和钢枕。

（1）木枕　木枕又称为枕木，是铁路上最早采用而且直到现在为止依然采用的一种轨枕，如图3-6所示。木枕断面一般为矩形，标准长度为2.5m。木枕的主要优点是弹性好，可缓和列车的动力冲击作用；有较好的绝缘性能；与钢轨连接比较简单；结构简单，制造容易，重量轻，运输、铺设、养护、更换方便等。

图3-6　木枕示意图

木枕的主要缺点是要消耗大量的木材，而且易腐朽、磨损，使用寿命较短（一般只有15~20年左右）；养护维修工作量大，需要经常更换，每年制作轨枕所消耗的优质木材数量惊人；随着木材资源的严重缺乏，价格也比较昂贵；由于木材种类和部位的不同，其强度、弹性不完全一致，在列车作用下会形成轨道不平顺，增大轮轨动力作用。所以现在在城市轨道交通领域木枕已不多见。

（2）混凝土枕　在我国主要线路上，除部分小半径曲线上还存在木枕外，绝大部分线路已铺设混凝土枕，如图3-7所示。

混凝土枕按配筋方式分有普通钢筋混凝土枕和预应力钢筋混凝土枕两种。普通钢筋混凝土枕制作简单，但耗钢量大，抗弯能力很差，容易产生裂缝，现已被预应力钢筋混凝土枕所代替。预应力钢筋混凝土枕由于预先施加预应力，因此耗钢量小，且不易开裂，使用寿命

图 3-7 混凝土枕示意图

长。我国主要采用整体式预应力混凝土枕，简称混凝土枕（PC 枕）。混凝土枕按其结构形式可分为整体式、组合式和短枕式。整体式轨枕整体性强，稳定性好，制作简单，是线路上广泛使用的一种形式；组合式轨枕由两个钢筋混凝土块组合而成，整体性不如整体式轨枕，但钢杆承受正负弯矩的能力比较强；短枕式轨枕主要用在整体道床上。

混凝土轨枕长度与轨枕受力状态有关。根据不同支承情况，通过对不同轨枕长度进行计算表明，长轨枕可以减小中间断面负弯矩，但轨下断面上正弯矩将增大，两者互相矛盾，一般应以轨下断面正弯矩与枕中断面负弯矩保持一定比例来确定轨枕的合理长度。混凝土枕长度一般在 2.3~2.7m 之间，我国Ⅰ、Ⅱ型枕长度均为 2.5m。有关试验结果表明，增加轨枕长度有以下优点：可减小枕中断面外荷载弯矩，以提高轨枕结构强度；提高纵、横向稳定性和整体刚度，改善道床和路基的工作状况，对无缝线路的铺设极为有利；提高了道床的纵、横向阻力，可适当减少轨枕配置数量。我国新设计的Ⅲ型轨枕长度有 2.5m 和 2.56m 两种。

混凝土枕的高度在其全长上是不一致的，轨下部分高些，中间部分矮些。这是因为轨下断面通常在荷载作用下产生正弯矩，而中间断面则在荷载作用下产生负弯矩。混凝土枕采用直线配筋，且各断面上的配筋均相同，所以配筋的中心线处于轨下部分的应在断面形心之下，而在中间部分的则应在断面形心之上。这样对混凝土施加的预压应力形成有利的偏心距，使混凝土的拉应力不超过允许限度，防止混凝土枕裂缝的形成和扩展。

混凝土枕的主要优点是不受气候、腐蚀的影响，有利于提高轨道的强度；使用寿命长，可以降低轨道的养护维修费用；具有较强的横向和纵向阻力，稳定性好；铺设高弹性垫层可以保证轨道弹性均匀；加上材料来源广泛，所以得到了广泛的应用。缺点是质量大，刚度大，更换困难，与木枕线路相比其轨底挠度较平顺，故轨道动力坡度小。当列车通过不平顺的混凝土枕线路时，轨道附加动力增大，故对轨下部件的弹性提出了更高的要求，以提高线路抗振能力。

（3）钢枕（图 3-8） 在铁路发展史上，钢枕已有近 100 多年的历史了，几乎和混凝土枕的年龄相当。自铁路诞生以来，木枕一直是传统的轨枕，早已被人们所熟悉，并且一直沿用到现在。随着水泥工业的发展，而后又出现了混凝土枕。至于钢枕，人们对它还了解甚少，比较陌生。20

图 3-8 钢枕

世纪 30 年代至今，钢铁的消耗量剧增、价格成倍增长等，迫使钢枕难以同木枕、混凝土枕相竞争，钢枕的发展停滞下来。

2. 按构造及铺设方法分

按构造及铺设方法分，轨枕可分为横向轨枕、纵向轨枕、短轨枕和宽轨枕。

横向轨枕与钢轨垂直间隔铺设，是一种最常用的轨枕，如图 3-9 所示；纵向轨枕沿钢轨方向铺设，一般仅用于特殊需要的地段，如图 3-10 所示；短轨枕是在左右两股钢轨下分开铺设，常用于混凝土整体道床，如图 3-11 所示；宽轨枕底面积比横向轨枕大，减少了对道床的压力和道床的永久变形，如图 3-12 所示。预应力混凝土宽枕长度与普通混凝土枕长度相同，宽度约为混凝土枕的 2 倍，其制造工艺基本上与混凝土枕相同。由于混凝土宽枕宽度较大，直接铺设在预先压实的道床面上，在制造中对其厚度的控制比较严格。混凝土宽枕在道床上是密排铺设，每千米铺 1760 块，每块轨枕上安装一对扣件，由钢轨传来的力处于宽枕轴线的对称位置。由于支承面积大，道床应力及振动加速度较小，在道床压实稳定的前提下，线路变形小，轨道结构得到加强；维修工作量减小，一般为混凝土轨枕线路的 1/4～1/2；宽枕间的缝隙经封闭后，可以防止雨水、脏物侵入道床，从而有效地保持道床的整洁，延长道床清筛周期；外观整洁，便于清扫，适合在长大隧道内铺设使用。

图 3-9　横向轨枕

图 3-10　纵向轨枕

图 3-11　短轨枕

图 3-12　宽轨枕

3. 按使用目的分

按使用目的分，轨枕可分为用于一般区间线路的普通轨枕、用于道岔的岔枕和用于桥梁上的桥枕。

岔枕是用在道岔上的专用轨枕，如图 3-13 所示。道岔处要引导列车从一股道转入另一股道，导致此处的轨枕受力状况与产生的应力会跟普通线路上的轨枕情况不同。因此，岔枕的结构与一般轨枕的结构也不同。在我国铁路上，岔枕以使用木枕为主，近年来设计和铺设了混凝土岔枕和钢岔枕。木岔枕断面和普通木枕基本相同，长度分为12级，其中最短的为2.60m，最长的为4.80m，级差为0.20m，采用螺纹道钉与垫板连接。钢筋混凝土岔枕最长为4.90m，级差为0.10m。混凝土岔枕与Ⅲ型混凝土枕具有相当的有效支承面积，采用无挡肩形式，岔枕顶面平直，岔枕中还预埋有塑料套管，依靠扣件摩擦及旋入套管中的道钉承受横向荷载。为了

图3-13 岔枕

不让转换设备占用轨枕空间，适应大型养路机械设备的需要，提速道岔中还设计并采用了钢岔枕。钢岔枕内腔应满足电务转换设备的安装要求，同时考虑允许尖轨或心轨 -15mm ~ +15mm的伸缩量。钢岔枕外宽要控制，以保证与相邻岔枕间形成足够的捣固空间。钢岔枕自身还应有足够的刚度，在轮载作用下尽可能减小挠度，保证为上部构件及转换设备提供良好的支承条件。

钢岔枕与垫板、外锁闭设备间设有绝缘部件。钢岔枕底部焊有不规则条块，增大与道床间的摩擦系数。

为使道岔的轨下基础具有均匀的刚性，岔枕的间距应尽可能保持一致。转辙器和辙叉范围内的岔枕间距，通常采用（0.9 ~ 1）区间线路的枕木间距。设置转辙杆的一孔，其间距应适当增大。道岔钢轨接头处的岔枕间距应与区间线路同类型钢轨接头处轨枕间距保持一致，并使轨缝位于间距的中心。

铺设在单开道岔转辙器及连接部分的岔枕，均应与道岔的直股方向垂直。辙叉部分的岔枕，应与辙叉角的角平分线垂直，从辙叉趾前第二根岔枕开始，逐渐由垂直角平分线方向转到垂直于直股的方向。

桥枕就是在桥面上铺设轨道时所用的枕木。由于要安放护轮轨，因此桥枕上有多处预留的孔洞，和普通枕木外观上有差别。

三、轨枕类型选择

城市轨道交通正线隧道内线路一般采用短轨枕或无轨枕的整体钢筋混凝土道床，车场线采用普通钢筋预应力混凝土轨枕，在道岔范围内少数区段可以采用木枕。

目前，我国混凝土枕统一为三个级别：Ⅰ型、Ⅱ型和Ⅲ型预应力混凝土轨枕。城市轨道交通地面线路使用最广泛的是 S-2 型预应力混凝土轨枕。

在整体道床线路上，根据其特点，分别采用混凝土短枕、混凝土长枕和混凝土支承块。

隧道内的整体道床路段一般采用预应力钢筋混凝土长枕，高架线路宜采用新型轨下基础，这种新型的轨枕结构不同于传统的道砟道床上铺设的轨枕，而是以混凝土道床为主的构造形式，采用承轨台、支承块整体式道床。

此外，还有一种新型弹性轨枕。高速线路对轨道的高平顺性、高稳定性、高可靠性、高耐久性的要求越来越严格。有砟轨道在长期的高速列车荷载反复作用下已达到承载能力的极

限,表现为碎石道床的破坏不断加剧,由于行车密度大,可用的维修时间越来越少。为此,不得不采取铺设重型钢轨和重型轨枕来强化有砟轨道的技术对策。这虽然可以改善有砟轨道状态的持久均衡性,有利于高速行车和既有线路提速的实施,但另一方面,轨道刚度也会随之增大,不利于轮轨动态相互作用关系,仅靠低刚度轨下胶垫来缓和高速轮轨动力冲击作用是远远不够的。为了解决轨道弹性问题,出现了以降低轨道刚度、提高轨道弹性和降低轨道振动、噪声为主要目的的弹性轨枕轨道结构。弹性轨枕轨道是指在轨枕底部设置弹性垫层以提高轨道弹性的轨枕,有些在轨枕侧面也设置弹性垫层,根据其使用目的的不同,分有砟道床用弹性轨枕和无砟轨道用弹性轨枕。

四、轨枕间距

轨枕间距也是轨道设计中的重要参数之一。轨枕间距与每千米配置的轨枕根数有关,而轨枕每千米铺设的轨枕数与运量、列车速度、列车轴重及钢轨、轨枕类型有关。一般每千米 1440~1840 根。对于运量大、速度高的线路,轨枕应该布置得密一些,减小道床、路基面、钢轨以及轨枕的应力和振动。

对于一般线路,轨枕应该布置得相对稀疏些。最终目的是在最经济的条件下,使轨道具有足够的强度和稳定性。但在一些特殊地区段,如半径大于等于 400m 的曲线地段,轨枕应该布置得密一些,以减小道床、路基面、钢轨以及轨枕的应力和振动,同时使线路轨距、轨向易于保持,每千米铺设短枕 1680 根。坡度大于 12‰ 的下坡地段和长度等于或大于 300m 的隧道内线路应适当增加轨枕的铺设数量。但轨枕也不能布置得太密,太密则不经济,而且净距过小,也会在一定程度上影响捣固质量。具体铺设数量应符合《地铁设计规范》的规定,见表 3-3。

表 3-3 轨枕类型和配置数量标准

	五年内年计划通过总重(Mt)	$W_年 \geq 25$	$25 > W_年 \geq 15$	$W_年 < 15$
轨枕配置数量 /(根/km)	木枕	1840	1760~1840	1680~1760
	Ⅱ型混凝土枕	1840	1760	1680~1760
	Ⅲ型混凝土枕 无缝线路	1667		
	Ⅲ型混凝土枕 普通线路	1680		
	混凝土宽枕	1760	1760	1760

【拓展提高】

一、木枕的防腐处理

木枕的使用寿命短,其失效原因很多,主要有腐朽、机械磨损和开裂。木枕腐朽是生物作用的过程,而机械磨损和开裂则是列车反复作用和时干时湿的结果,这三者是互为因果的。木枕一旦腐朽,强度就会降低,同时又会加剧机械磨损和开裂的发展。相反,木枕一旦出现机械磨损和开裂,木质受到损伤,就为加速腐朽提供了有利条件。为延长木枕使用寿命,应对这三者进行综合治理。

木枕的防腐处理是延长其使用寿命的最有效措施。木枕常用的防腐剂有水溶性防腐剂和油类防腐剂两类，其中以油类防腐剂为主要类型，木枕防腐处理按规定的工艺流程，在一个密封蒸制罐中进行。

木枕除进行防腐处理外，还应采取措施，防止机械磨损及开裂的出现。为了减少机械磨损，木枕上必须铺设垫板，并预钻道钉孔。为防止木枕开裂，必须严格控制木枕的含水量，并改善其干燥工艺。一旦出现裂缝，应根据裂缝大小，分别采取补救措施，如用防腐浆膏掺以麻筋填塞，或加钉（C形钉、S形钉、组钉板）及用铁丝捆扎，使裂缝愈合。

二、我国混凝土枕现状

我国城市轨道交通线路使用的混凝土枕，随着轨道设计荷载（轴重、速度、通过总重）的增加，轨枕断面的设计承载弯矩也有所增大。在设计中，主要采用提高混凝土等级，增加预应力和断面高度等措施。目前使用的Ⅰ型轨枕和Ⅱ型轨枕，其外形尺寸完全相同。

1. Ⅰ型轨枕

Ⅰ型轨枕的承载能力是按轴重 21t、最高速度 85km/h、铺设密度 1840 根/km 设计的。随着国民经济和铁路运输的发展，我国列车牵引动力已经发生了很大变化，Ⅰ型混凝土枕已不能适应这些外部条件的变化，破损加剧，寿命缩短。因此，在我国正线线路上Ⅰ型轨枕正逐步被淘汰。

2. Ⅱ型轨枕

Ⅱ型轨枕是根据重载线路承受荷载大、重复次数多的特点，采用疲劳可靠性进行设计的。设计标准是按年运量 60Mt，轴重机车 25t，货车 23t，最高行车速度 120km/h，铺设 60kg/m 钢轨。与Ⅰ型轨枕相比，轨下断面正弯矩的计算承载能力提高 13%～25%，中间断面正弯矩提高约 8.8%，中间断面负弯矩提高 14%～41%。

Ⅱ型轨枕是目前我国轨枕中强度较高的类型，是主型轨枕，基本上能适用于次重型、重型轨道。Ⅱ型轨枕的不足是安全储备还不够大，对提高轨道的整体稳定性能力还不足。现场使用情况调查表明，在重型、次重型轨道上使用的轨枕，在某些区段出现轨中顶面横向裂纹、沿螺栓孔纵向裂纹、枕端龟纹、侧面纵向水平裂纹、挡肩斜裂等，轨枕年失效下道率平均约为 12%。由此可知，Ⅱ型轨枕难以适应重型和特重型轨道的承载条件。为满足轨道结构强度的要求，又研制了Ⅲ型轨枕。

【任务实施】

依据基础理论知识，提出任务目标：地铁公司轨枕类型调查。将学生按照生源地进行分组，每组同学深入地铁公司进行调查，认知本地铁公司轨枕的类型，根据不同小组的调查报告，进行综合评价。

任务三　接头联结零件的认知

【任务描述】

本任务主要介绍了接头联结零件的作用、组成、接头类型以及接头连接形式等相关理论知识，通过对理论知识的学习，辅以多媒体课件教学，使学生对接头联结零件有全面的认知，通过任务实施阶段，调查各地铁公司接头联结零件有何区别，并进行比较。

【基础理论】

钢轨与钢轨之间的联结，称为钢轨接头。接头处轮轨动力作用大，相应的养护维修工作量大，因此，钢轨接头是轨道结构的薄弱环节之一。

一、钢轨接头的联结形式

钢轨接头按左右两股钢轨接头位置可划分为对接和错接两种。对接是指两根钢轨的接头恰好彼此相对，这样就可以避免错接时列车通过时左右摇摆。正线钢轨接头应采用对接，可减少列车对钢轨的冲击次数，改善运营条件，受力条件好，又便于维修。曲线内股的接头较外股钢轨的接头超前，曲线内股钢轨应采用厂制缩短轨调整钢轨接头位置，与曲线外股标准长度钢轨配合使用，以保证内、外股钢轨的接头相错量符合规定。辅助线和车场线半径等于或小于200m的曲线地段钢轨接头采用对接，曲线易产生支嘴，故应采用错接，错接距离不应小于3m，也就是大于车辆的固定轴距。

钢轨接头按其与轨枕的位置分为悬接和垫接。悬接是指钢轨接头正好处于两根轨枕之间，这种形式弹性较好；垫接是指钢轨接头位于轨枕上。目前我国线路均采用悬接又对接的形式，这种形式可减少列车对钢轨的冲击次数，改善运营条件，受力条件较好，又便于维修。

二、钢轨接头的类型

钢轨接头按其连接方式，可分为普通接头、冻结接头、异形接头、导电接头、绝缘接头和减振接头。

1. 普通接头

普通线路钢轨与钢轨之间用夹板连接，称为普通接头。普通钢轨接头示意图如图3-14所示。

2. 冻结接头

冻结接头是指采用夹板与高强螺栓联结钢轨，使轨端密贴或预留小轨缝，将钢轨锁定阻止其伸缩的一种接头形式。目前，国内外采用的钢轨接头冻结方式主要有普通冻结接头和新型冻结接头。

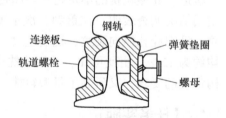

图3-14 普通钢轨接头示意图

（1）普通冻结接头 普通冻结接头是先在钢轨螺栓孔内插入月牙形垫片，再用高强度螺栓将接头夹板与钢轨夹紧，强制两根钢轨的轨端密贴，使轨缝不再发生变化，即使接头部分有构件实现冻结，也不能产生任何位移。目前，这种接头已在高架无缝线路中应用。

（2）新型冻结接头 近年来，出现了采用施必牢防松机构、哈克紧固件等联结形式的钢轨接头联结及MG接头等新型钢轨冻结接头。与普通冻结接头不同的是，新型冻结接头主要依靠高强螺栓联结提供钢轨与夹板间足够的摩擦阻力，阻止钢轨与夹板间的伸缩，要求钢轨接头螺栓强度高，并具有一定的防松功能。在钢轨接头联结中运用新型冻结接头技术，可以有效地冻结钢轨接头，减少接头病害，冻结后的线路可以比照普通无缝线路进行管理。

3. 异形接头

不同类型的两根钢轨互连时，应使用异形接头，如图 3-15 所示。异形接头使用的是异形夹板，异形夹板的两端，分别与不同形钢轨断面相吻合，且应使两钢轨作用边及顶面相互对齐。异形钢轨的联结，除使用异形夹板外，在接头轨枕上还应铺设异形垫板。但异形接头强度低、轨头断面突变，顶面和侧面不易平顺，对行车和维修不利。故不同类型的钢轨应采用异形钢轨连接。例如，将 60kg/m 轨一端轧制成 50kg/m 轨的断面，用该异形轨作过渡，衔接 60kg/m 轨线路和 50kg/m 轨线路。

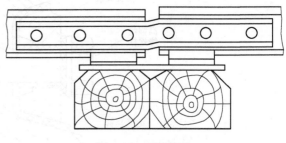

图 3-15　异形接头

4. 导电接头

在自动闭塞区段及电力牵引区段的钢轨接头处，为了传导信号电流或作为牵引电流的回路，应采用导电接头。钢轨接头处的轨间导电装置为两根直径 5mm 左右的镀锌铁丝，铁丝两端插入截头锥形的镀铅插销中，插销则插入轨腰上的圆孔中，如图 3-16 所示。

图 3-16　导电接头

5. 绝缘接头

在自动闭塞分区两端的钢轨接头处，为保证轨道电流不能从这一闭塞分区传到另一闭塞分区，应采用钢轨绝缘接头，如图 3-17 所示。绝缘接头设于轨道电路区段两端的钢轨接头处，它的作用是保证相邻轨道电路的电气隔离。在夹板与螺栓间、钢轨螺栓孔四周及两根钢轨的接缝处，均使用绝缘材料隔断电流。绝缘接头除夹板与螺栓外，用于绝缘的零件有绝缘套管、绝缘垫圈、绝缘垫层等。

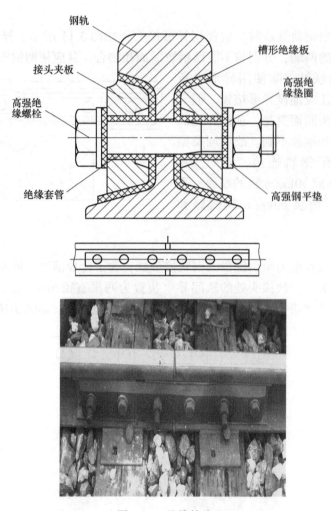

图 3-17 绝缘接头

6. 减振接头

减振接头又称为承越式接头，是指在钢轨接头处线路外侧夹板中间部分加高至与钢轨头部持平，当车轮通过轨缝时，减振夹板的顶面与钢轨顶面同时接触车轮，减振夹板的刚度大，可减小车轮通过轨缝的折角和台阶，减缓车轮的冲击振动，使车轮能平顺过渡，达到减振的效果。

三、接头联结零件

联结零件包括接头联结零件和中间联结零件两大类。这里仅介绍接头联结零件，中间联结零件详细见任务四。

接头处设置的零件称为接头联结零件。接头联结零件的作用是把钢轨连接起来，使钢轨接头部分具有与钢轨一样的整体性，以抵抗弯曲和移位，并满足热胀冷缩的要求。在城市轨道交通中已基本采用了无缝线路结构，接头联结零件的数量大大减少，但在无缝线路的缓冲区、轨道电路的绝缘区、有道岔的线路区段中，接头联结零件还是不能缺少的。

接头联结零件由夹板（鱼尾板）、螺栓、螺母和弹簧垫圈等组成。

夹板是用来夹紧钢轨的。夹板是承受弯矩、传递纵向力、阻止钢轨伸缩的重要部件，要求有一定的垂直和水平刚度及足够的强度。夹板的形式很多，在我国的线路上曾经使用的有平板式、角式、吊板式及双头式。目前，我国标准钢轨采用斜坡支承双头对称型夹板（简称双头式夹板）。这种夹板的优点是在竖直荷载作用下具有较大的抵抗弯曲和横向位移的能力。夹板上下两面的斜坡能楔入轨腰空间，但又不贴住轨腰，当夹板稍有磨耗连接松弛时，可以重新拧紧螺栓，保持钢轨连接牢固。

螺栓、螺母是用来夹紧夹板和钢轨的配件，螺栓宜采用高强度碳钢制成，并加以热处理，以提高螺栓的紧固力和耐磨、耐蚀性能。垫圈是为了防止螺栓松动而配置的部件，分圆形和矩形两种。在无缝线路收缩区的钢轨接头处应加设高强度平垫圈。连接两根钢轨时先用两块夹板夹住钢轨，然后用螺栓拧紧，如图 3-18 所示。每一个夹板上有 6 个螺栓孔，圆形孔和长圆孔两种孔形相间布置。用螺栓将其拧紧，螺栓孔的孔径略大于螺栓直径。依靠钢轨螺栓孔孔径与螺栓直径之差，以及夹板螺栓孔孔径与螺栓直径之差，可以得到所需要的预留轨缝。每块夹板都要用 6 枚螺栓拧紧，且为防止车轮在接头部位脱轨时，车轮轮缘将所有的螺栓剪断，为了维持线路的连续，螺栓帽的位置在钢轨的内外侧相互交错。

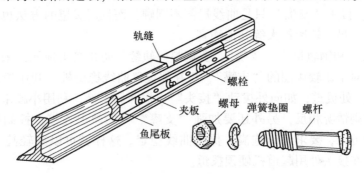

图 3-18　接头联结零件示意图

四、接头轨缝

普通线路上铺设的钢轨一般为标准长度的钢轨，并将其逐根连接。在钢轨接头处预留适当的缝隙，这一缝隙称之为轨缝。普通线路为适应钢轨的热胀冷缩，施工时应在钢轨接头处预留轨缝，其基本原则是：当轨温达到当地最高轨温时，轨缝≥0，轨端不受挤压力，以防止温度压力太大而胀轨跑道；当轨温达到当地最低轨温时，轨缝≤构造轨缝（构造轨缝指受钢轨、夹板及螺栓尺寸限制，在构造上能实现的轨端最大缝隙值），轨端不受剪力，以防止接头螺栓拉弯或拉断。

铺轨时预留轨缝大小，应满足锁定后的轨道在接头阻力和道床阻力挟制下，钢轨有足够的伸缩空间以放散部分温度应力。铺轨时，预留轨缝（冻结接头除外）应按下式计算：

$$a_0 = 0.0118(t_z - t_0)L + a_g/2$$

式中　a_0——更换钢轨或调整轨缝时的预留轨缝（mm）；

　　　t_z——更换钢轨或调整轨缝地区的中间温度（℃）。

　　　t_0——更换钢轨或调整轨缝时的轨温；

L——钢轨长度（m）；

a_g——构造轨缝，取 18mm。

t_z 的计算式为

$$t_z = (t_{max} + t_{min})/2$$

式中 t_{max}、t_{min}——当地历史最高和最低轨温。

最高、最低轨温差不大于85℃的地区，在按上式计算以后，可根据具体情况将轨缝值减小 1～2mm。最高、最低轨温差大于100℃的地区，铺设25m轨应个别设计。

【拓展提高】

曲线产生"鹅头"和"支嘴"

曲线产生"鹅头"是由于拨道方法不当所造成的，此外，曲线的头尾没有固定，标桩的位置发生位移，把曲线拨成直线，直线拨成曲线，这样都有可能造成曲线始终点出现"鹅头"。

轨端钢轨产生硬弯；夹板变形有侧弯；接头处道钉或扣件松弛失效，横向阻力减弱；预留轨缝不够，最高轨温时造成两轨端相顶受力；道床不足，曲线接头夹板螺栓松动等都会造成接头"支嘴"。接头"支嘴"只是曲线局部不圆顺，而且用拨道的方法也很难保持住，可能还会造成接头空吊，轨距扩大等其他病害。

曲线"鹅头"和钢轨接头"支嘴"，要调整好轨缝，防止接头顶死，采取接头夹板里外口互换的原则。对于比较顽固的"支嘴"，可在那设置曲线稳定桩。利用拨道整治接头"支嘴"，在"支头"处拨道，如向外拨动"接头"可拨两侧小腰，利用小腰来带动接头向外移动，向里拨动时则情况相反，另外还要加强"支嘴"处的轨道连接，控制好轨道发生横向位移，加宽上股道床，要求道砟饱满，保持曲线稳定。这样就可以减轻甚至消除"支嘴"，切记过程中不能在接头处用起道机硬顶拨道。

消除曲线"鹅头"，可在全面测量正矢前，先拨好曲线两端直线方向，用简易计算方法消除"鹅头"。然后测量正矢，进行拨道。对于缓和曲线要按照规定计算正矢，并将直缓、缓圆、圆缓、缓直点固定在正确位置上。曲线拨道时必须按照计算好的数值正确作业，防止为了减少工作量，盲目进行调整，任意改变计划正矢。在拨道过程中从曲线两端开始拨，逐渐到曲线中点汇合，可以有效避免产生的误差赶向一头。

【任务实施】

依据基础理论知识，提出任务目标：地铁公司接头联结零件调查。将学生按照生源地进行分组，每组同学深入地铁公司进行调查，认知本地铁公司接头联结零件，根据不同小组的调查报告，进行综合评价。

任务四　中间联结零件的认知

【任务描述】

本任务主要介绍了中间联结零件的作用、组成、性能、主要参数、类型以及选型等相关理论知识，通过对理论知识的学习，辅以多媒体课件教学，使学生对中间联结零件有全面的认知，通过任务实施阶段，调查各地铁公司中间联结零件有何区别，并进行比较。

【基础理论】

中间联结零件也称为轨枕扣件，它是联结钢轨与轨枕或其他轨下基础的零件。扣件是轨道结构的重要部件，将钢轨和轨枕（等轨下基础）牢固联结，能保持钢轨在轨枕等轨下基础上的正确位置，防止钢轨不必要的横向和纵向移动。防止钢轨倾覆，还能提供适当的弹性，起到缓冲和减振的作用，并将钢轨承受的力传给轨枕或道床承轨台。因此，扣件要求有足够的强度、弹性和耐久性，能够长期有效地保持钢轨和轨枕的可靠联结，阻止钢轨相对于轨枕之间的移动。

扣件结构应力求简单，造价低，便于安装和拆卸，具有足够的强度和扣压力，适量的弹性和轨距、水平调整量，还要有良好的绝缘、防腐性能。进入21世纪以来，随着我国城轨线路的高速发展，大量新型扣件也不断出现。

一、扣件性能

在城市轨道交通系统中，列车的运行速度高、密度大、加减速频率大，对扣件的技术要求就更高。所以城市轨道交通系统线路上扣件应具有以下主要性能。

1. 轨距保持能力强

扣件系统应保持由钢轨和混凝土轨枕（混凝土轨道板）组成的轨道框架几何特征稳定，即保持轨距稳定，防止轨距变化，同时增强轨道框架的弯曲和扭转刚度，以保证轨道框架的稳定性。

2. 零部件和维修量少

城市轨道交通线路轨道维修维护只能在很短的时间内进行，因而要求扣件系统的零部件少和养护维修量少。这就要求扣件各个部分的强度要足够大，在使用周期内零部件不出现疲劳伤损和显著的残余变形；当扣件出现少量的磨损和残余变形时，扣件阻力不致变化巨大，扣件螺栓无须经常维护。总之，要求扣件具有优良的性能。

3. 良好的减振弹性

城市轨道交通大部分穿行于城市繁华地段，对减振降噪的环保要求很高，扣件必须具有良好的减振降噪的性能，衰减轨道振动，降低噪声传播。

4. 防爬阻力大

扣件系统还要求防止钢轨相对于轨枕的纵向位移，即防止钢轨爬行。扣件必须具有足够的扣压力并且扣压力的衰减小，才能防止钢轨爬行。桥上的轨道结构还要考虑无缝线路的铺设要求，线路的纵向阻力如果过大，将会相应增加线路传递到桥梁墩台的纵向力和钢轨本身的应力；如果纵向阻力过小，就可能导致钢轨爬行或者在冬季温度过低时钢轨断裂，裂缝过大而影响行车安全。

5. 良好的绝缘性能

城市轨道交通线路对扣件的绝缘性能要求比一般线路更高，一方面是走行轨作为供电回路的要求，另一方面是信号的要求。扣件的绝缘性能不好，长时间之后，除了导致大量电流泄露、浪费电能外，还会因为杂散电流的存在腐蚀结构钢筋和市政管线。

二、扣件主要性能参数

城市轨道交通线路扣件的主要性能参数必须考虑相关工程的情况，即线路铺设方式、线路技术参数、行车速度、车辆轴重和钢轨类型等。扣件的主要性能参数有：扣压力、防爬阻力、节点刚度、绝缘性能、耐久性能、轨距及水平调整性能等。

1. 扣压力和防爬阻力

扣件的扣压力和防爬阻力是一对共生参数，静态防爬阻力等于扣压力乘以综合摩擦系数。扣件的扣压力的大小是确保钢轨稳定的关键，当列车制动时，钢轨不发生永久位移。在城市轨道交通系统内，一般轴重 160kN，速度不超过 100km/h，对扣件的要求不是很高。理论计算和实践得出：单一扣件的扣压力在 68kN 是可以满足要求的。需要注意的是，并不是扣压力越大越好，过大的扣压力会导致轨下弹性垫层的初始压缩量过大，损失减振弹性。

2. 节点刚度

扣件的节点刚度是考查扣件弹性的指标，它包括动刚度值、静刚度值和动静比，均需要通过室内试验确定。扣件垂向静刚度值是取扣件压缩变形曲线某一段的割线斜率来确定的，一般取 2040kN/mm 比较合适。动刚度值是扣件的重要指标，是表面扣件在动荷载作用下的弹性，即减振性能。扣件动静比应控制在 1.4 以下为好。

3. 绝缘性能

在城市轨道交通设计中，供电、信号等专业对钢轨扣件的绝缘性能都会提出具体要求。扣件中的单个绝缘部件常态绝缘电阻可以达到 $10^8\Omega$ 以上，能够满足对扣件的绝缘要求。

4. 耐久性能

扣件的耐久性能是通过疲劳试验来验证的，验证扣件抵抗重复荷载的性能，我国通常是取小半径曲线上的扣件所受的最大荷载来进行试验。设计扣件时，要依据城市轨道交通实测小半径 200m 曲线地段扣件所受的力，并参照国内外同类扣件的设计荷载。要求组装扣件疲劳荷载一般取竖向 50kN，横向 30kN，能承受 300 万次疲劳荷载的循环试验，各部件不损坏。

5. 轨距及水平调整性能

考虑到城市景观和运营维修的方便，城市轨道交通地下线路、高架线路多采用整体道床，在施工、运营中结构均会有施工误差，产生不均匀的沉降。同时，也会因轮轨互相作用使轨距及水平发生变化而超限。

轨距调整量主要是解决施工误差和钢轨侧磨导致轨距超限的问题，故要求负的调整量要大。考虑城市轨道交通工务大修周期长，日常维修条件差，要求扣件的轨距调整量比铁路的大，整体道床扣件轨距调整量一般可设计为（-12 ~ +8）mm。

结构的沉降绝大部分是在结构设计时考虑并采取措施，但少量的变化仍需要通过钢轨扣件来调整。就目前的结构及轨道施工技术，对地下线路要求扣件有 20 ~ 30mm 的水平调整量。水平调整量的大小与地质情况密切相关，在不良的地质条件下，需要扣件有大的水平调整量。对于高架线，要求钢轨扣件有 30 ~ 40mm 的水平调整量，主要解决由于相邻桥墩的沉降差落值及梁的收缩徐变而引起的梁面上拱。

三、扣件分类及选型

1. 扣件分类

扣件按其形式可分为弹条式扣件和弹片式扣件;按其紧固形式可分为有螺栓紧固方式和无螺栓紧固方式;按其系统与基础联结方式可分为锚入螺栓式、预埋套管式和T型螺栓式;按其结构与道床的联结方式分为不分开式扣件和分开式弹性扣件;按混凝土枕有无挡肩分为有挡肩扣件和无挡肩扣件;按轨枕的类型分为木枕扣件和混凝土枕扣件。

2. 扣件选型

扣件的选型要结合扣件的强度、扣压力和耐久性。高架桥无砟、无枕的轨道上,扣件还要求有一定的弹性,保持轨距和较大轨距水平调整量,以适应预应力梁的徐变和桥墩的不均匀沉降,满足减振、降噪、绝缘的要求。扣件的结构力求简单,尽量标准化,通用性好,造价低。对于扣件的铁质部件要进行防腐处理。不同道床形式的扣件,应符合表3-4的规定。

表3-4 扣件选型

道床类型	扣件方式	扣件	与轨枕联结方式
一般整体道床	弹性分开式	有螺栓弹条、无螺栓弹条	在轨枕预埋套管
高架桥上整体道床	弹性分开式	有螺栓弹条、小阻力	在轨枕预埋套管
混凝土枕碎石道床	弹性不分开式	有螺栓弹条、无螺栓弹条	轨枕内预埋螺栓或铁座
木枕碎石道床	弹性分开式	有螺栓弹条、无螺栓弹条	采用螺纹道钉
车场库内整体道床、检查坑	弹性分开式	有螺栓弹条、无螺栓弹条	在轨枕或立柱内预埋套管

四、常用扣件

近十多年来城市轨道交通所采用的各种扣件大致可分为传统系列和无砟轨道扣件。这里选取几种常用扣件做简单介绍。

1. 传统系列扣件

传统系列扣件用于采用碎石道床的地面线路和车场线路。

(1)木枕扣件 木枕扣件通常应用于站场P50轨木枕线路,木枕扣件包括道钉、扣板、垫板及弹性垫层。垫板为钢轨与木枕间插入的钢板,它可将钢轨传来的压力传递给较大的木枕支承面,减少对木枕的压力,从而有效地防止轨底切入木枕的支承面而引起的机械磨损,延长木枕的使用寿命。同时,垫板的双肩抵住轨底侧面,可以使钢轨两侧道钉共同起抵抗横向力的作用,确保轨距稳定和防止钢轨向外侧倾斜。垫板上设有向线路中心倾斜的坡度,使钢轨形成1:40的轨底坡,以保持钢轨中部受力。

扣件方式主要有分开式和不分开式两种,如图3-19和图3-20所示。分开式扣件分开分别扣紧,即将钢轨与扣板,垫板与木枕分别单独扣紧,由于零件多,更换麻烦,已经很少应用。不分开式扣件是木枕上使用最广泛的一种扣件,用道钉把钢轨、铁垫板与木枕一起扣紧,零件少,安装方便,但容易受振动影响,道钉浮起,降低扣压力。木枕扣件的缺点是扣压力不足,也易于松动。

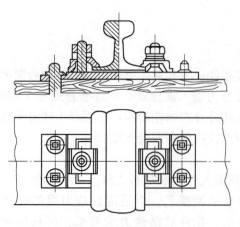

图 3-19　分开式扣件

图 3-20　不分开式扣件

（2）混凝土枕扣件　我国混凝土枕扣件，在初期主要使用扣板式和拱形弹片式两种，目前主要为弹性扣件。拱形弹片式扣件由于拱形弹片强度低，扣压力小，易引起变形甚至折断，目前已被淘汰。混凝土枕由于质量大、刚度大的特点，对扣件性能要求较高，对其扣压力、弹性和可调性均有较严格要求。

1）扣板式扣件由螺纹道钉、螺母、平垫圈、弹簧垫圈、铁座、扣板及垫片等组成，如图 3-21 所示。为适应不同钢轨类型和轨距的需要，分别设计 5 种不同规格的扣板，每块扣板上下两面的尺寸不同，可以翻转使用，这样就有 10 个不同尺寸号码。采用不同号码的扣板，可以满足不同钢轨类型及轨距的需要。

用硫黄锚固法把螺旋道钉固定在轨枕上预留的孔内。在锚固好的螺纹道钉上安装一块刚

图 3-21　扣板式扣件

性扣板，通过平垫圈和弹簧垫圈拧紧螺母后扣住钢轨。扣板的一端压紧钢轨底部顶面，同时，顶住轨底侧面，以保持必要的轨距和传递横向推力于铁座及混凝土枕挡肩。在铁座与挡肩之间设绝缘缓冲挡肩垫片，以减缓横向推力的冲击作用，防止混凝土枕挡肩损坏，并起绝缘的作用。

扣板式扣件零件简单，调整轨距比较方便，但弹性扣压力较低，在使用过程中容易松动，用于 50kg/m 及以下钢轨的线路上。

2）弹条式扣件是最传统的混凝土扣件，分为Ⅰ型、Ⅱ型和Ⅲ型，应用最广泛的是Ⅰ型弹条扣件，如图 3-22 所示。

Ⅰ型弹条扣件由弹条、螺旋道钉、轨距挡板、挡板座及弹性橡胶垫板组成：① 弹条用来弹性地扣压钢轨，应具有足够的扣压力及强度。弹条有 A、B 两种型号，其中 A 型弹条较长，单个弹条扣压力为 8kN，弹程 9mm；B 型弹条单个弹条扣压力为 9kN，弹程 8mm，轨下胶垫的静刚度为 90~120kN/mm。对于 50kg/m 钢轨除 14 号接头轨距挡板安装 B 型弹条外，其余均安装 A 型弹条。60kg/m 钢轨则一律安装 B 型弹条。② 轨距挡板用来调整轨距和传递钢轨承受的横向水平力，轨距挡板中间有长圆孔，其大小是一定的，但孔中心位置有两种，

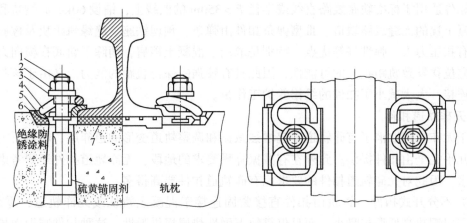

图 3-22　Ⅰ型弹条扣件
1—螺旋道钉　2—螺母　3—平垫圈　4—弹条　5—轨距挡板　6—挡板座

相应就有两个号码。50kg/m、60kg/m 钢轨各有两个号码分别为 20 号、14 号和 10 号、6 号。③ 挡板座用来支承轨距挡板，保持和调整轨距并将轨距挡板承受的横向水平力传递至轨枕的挡肩上，它应具有足够的强度。此外，还应具有一定的绝缘性能以防止漏电。挡板座两斜面的厚度不同，可调换使用，也可起到调整轨距的作用。50kg/m 钢轨就有 2-4 和 0-6 两种号码，而 60kg/m 钢轨只有 2-4 一种号码。不同号码的挡板与挡板座配合使用，就可用来调整轨距。④ 橡胶垫板是缓冲轮轨间的振动冲击作用和提供垂直弹性的主要零件，垫板的弹性靠压缩变形而获得。

随着高速、重载铁路运输的发展，Ⅰ型弹条扣件已显能力不足，主要表现在以下几个方面：

① 弹条的扣压力不足和弹程偏小。弹条的扣压力和弹程的乘积，是衡量弹条性能优劣的重要指标，直接影响弹条扣压力的稳定性和防松能力。弹条有效扣压力的减小，致使防松能力降低。

② 弹条设计安全强度储备不足，不能适应重载需要，弹条损坏较多。

③ 在曲线地段，当弹条松动时扣件沿混凝土枕挡肩上滑，引起挡肩破损和轨距扩大。

近几年又研制成功适用于重载、高速线路上的Ⅱ、Ⅲ型弹条扣件。

Ⅱ型弹条扣件除采用新材料重新设计外，其余部件与Ⅰ型弹条扣件通用。Ⅱ型弹条扣件具有扣压力大、强度安全储备大、残余变形小等优点，适用于Ⅱ型和Ⅲ型混凝土枕的 60kg/m 钢轨线路。

Ⅲ型弹条扣件（图 3-23）为无螺栓无挡肩扣件，适合于重载大运量、高密度的运输条件。Ⅲ

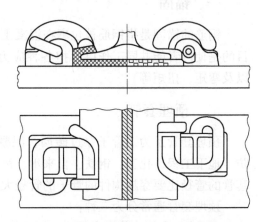

图 3-23　Ⅲ型弹条扣件

型弹条扣件适用于标准轨距线路直线或半径 $R>350\mathrm{m}$ 的曲线上，铺设 $60\mathrm{kg/m}$ 钢轨和Ⅲ型无挡肩混凝土枕的无缝线路轨道。Ⅲ型弹条扣件由弹条、预埋铁座、绝缘轨距块及橡胶垫板组成，具有扣压力大、弹性好等优点，特别是取消了混凝土挡肩，消除了轨底在横向力作用下发生横向位移导致轨距扩大的可能性，因此具有较强的保持轨距的能力。又由于该扣件采用无螺栓连接，大大减小了扣件的维修养护工作量。

2. 无砟轨道扣件

由于无砟轨道取消了有砟轨道中起增强减振和调整轨道变形的道砟层，轨道所需弹性和调整量几乎完全由扣件提供。此外在有减振降噪要求的地段，无砟轨道扣件还要考虑减振降噪的要求，因此对无砟轨道扣件的要求比有砟轨道扣件要高得多。

（1）不分开式扣件　钢轨由扣件直接紧固连接于混凝土轨枕或无砟轨道，零部件少，连接牢固但钢轨高低调整量小，而且仅靠轨下弹性垫层提供弹性，这种扣件减振效果差。

（2）分开式弹性扣件　分开式弹性扣件通常为带铁垫板的扣件，钢轨由扣压件紧固于铁垫板上，铁垫板通过锚固螺栓与预先埋设在混凝土轨枕或无砟轨道的绝缘套管配合或其他地方直接紧固在基础上，钢轨高低调整量大，而且轨下和铁垫板上均设弹条垫层提供弹性，减振效果好，但零部件较多，维修工作量相对较大。

【拓展提高】

一、锚固

钢筋的锚固是指钢筋被包裹在混凝土中，增强混凝土与钢筋的连接，使建筑物更牢固，目的是使两者能共同工作以承担各种应力（协同工作承受来自各种荷载产生的压力、拉力以及弯矩、扭矩等）。

二、预埋套管

预埋套管是为了管子穿过砖墙、混凝土梁、混凝土墙等构件预留的孔洞。它适用于人防、地下工程、化工、钢铁、自来水、污水处理等管路穿墙壁要求严密防水之处。一般预埋套管的管径比要穿越构件的管子的管径大两个规格。

预埋套管通常分为三种：

1）普通套管。普通套管比要用的管道粗 $2\sim4\mathrm{cm}$，固定在墙或板内，管道从中通过。

2）柔性防水套管。柔性防水套管就是在套管与管道之间用柔性材料封堵，起到密封效果。

3）刚性防水套管。刚性防水套管就是套管与管道间用刚性材料封堵以达到密封效果。

如果穿越的部位无防水要求，预埋的是一般套管，如有防水要求，则要预埋防水套管。

【任务实施】

依据基础理论知识，提出任务目标：地铁公司中间联结零件的类型调查。将学生按照生源地进行分组，每组同学深入地铁公司进行调查，认知本地铁公司中间联结零件的类型，根据不同小组的调查报告，进行综合评价。

任务五　道床的认知

【任务描述】

本任务主要介绍了道床的功能、类型等相关理论知识,通过对理论知识的学习,辅以多媒体课件教学,使学生对道床有全面的认知,通过任务实施阶段,调查各地铁公司道床有何区别,并进行比较。

【基础理论】

道床是指铺设在路基之上,轨枕之下的碎石、卵石层或混凝土层。它是钢轨或轨道框架的基础,是轨道的重要组成部分,起承受、传递载荷,稳定轨道结构的作用。要求道床具有以下功能:

1)列车的荷载通过钢轨、轨枕传递给道床,道床将荷载扩散,然后传给路基,从而减少路基面上的荷载压强,保护路基顶面。

2)具有良好弹性,可减缓和吸收轮轨的冲击振动,降低噪声。

3)为轨道提供纵、横向位移的阻力,保持轨道几何形位稳定,保证行车安全。

4)提供良好的排水性能,对减轻轨道冻害及提高路基的承载能力有重要作用。

5)便于轨道养护维修作业,校正线路的平纵断面。

为适应上述道床功能,并根据具体线路条件的不同,对道床的材质也有严格的要求。应用比较早的是以碎石为道砟材料的道床,被称为碎石道床。它可用于地面正线、出入段/场线、试车线和库外线等。

随着城市轨道交通的飞速发展,传统的碎石道床在维修频繁程度以及维修费用等方面的劣势逐渐显露出来,以整体化或固化道床取代碎石道床的各种整体道床也得到了广泛应用。整体道床用于地下线路、高架线路、车场库内线。基底坚实、稳定,排水良好的地面车站,也可以采用整体道床。

一、碎石道床

碎石道床是路基采用取土填筑办法,按照规定断面尺寸夯实形成的,一般采用独立路基方式,如图 3-24 所示。它将列车载荷均匀布于路基面上,起保护路基的作用;提供抵抗轨排纵横向位移的阻力,保持轨道的几何形位;提供良好的排水性能;具有一定的弹性;能通过起道、拨道等手段,便于调整轨道的几何尺寸。

图 3-24　碎石道床

碎石道床的材料为道砟，道砟材料有碎石（花岗岩、大理石、石灰岩）、筛选级配卵石、天然级配卵石、粗砂、中砂及熔炉渣等。为了满足道床功能，道砟应质地坚硬、有弹性、不易压碎和捣碎、排水性能好、吸水性差、不易风化、不易被风或水冲走。这种碎石道砟一般分为三种规格：标准石砟（粒径 25～70mm）用于新建、大修及维修；中砟（粒径 15～40mm）用于维修；细砟（粒径 3～20mm）用于垫砟起道。

碎石道砟属于散粒体，其级配是指道砟中不同大小粒径颗粒的分布。道砟级配对道床的物理力学性能、养护维修工作量有重要的影响。

道砟颗粒形状对道床质量也有较大的影响，一般要求道砟颗粒棱角分明，近于立方体，表面粗糙的颗粒具有较高的强度和稳定性。针状、片状颗粒容易破碎，使道床强度和稳定性下降。颗粒长度大于平均粒径1.8倍的称为针状，厚度小于平均粒径60%的称为片状。我国道砟标准规定针状和片状指数均不大于50%。道砟中的黏土团或其他杂质、粉末都直接影响道砟的排水、板结等，要求黏土团或其他杂质的质量分数不超过0.5%，粒径在0.1mm以下的粉末质量分数不超过1%。

碎石道床的断面形状一般为上窄下宽的梯形，主要包括道床顶面高度、道床厚度、道床肩宽及边坡、道床顶面宽度等主要特征，如图3-25所示。

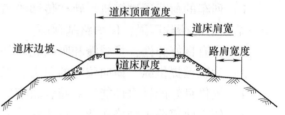

图 3-25　碎石道床断面图

（1）道床顶面高度　混凝土枕碎石道床顶面应与轨枕中部顶面平齐，木枕碎石道床顶面应低于木枕顶面30mm。

（2）道床厚度　道床厚度是指直线上钢轨或曲线上内轨中轴线下轨枕底面至路基顶面的距离。

道床的厚度与以下因素有关：道床弹性、道床脏污增长率、垫砟层的承载能力以及路基面的承载能力。道床弹性是由相互接触的道砟颗粒之间的弹性变形所引起的，通常情况下道床弹性与道床厚度成正比，并随道砟颗粒粒径的增大、道床空隙比的增加而增加。但是松散状态下的道床，在荷载作用下所产生的变形主要是结构变形，卸载后结构变形不能恢复，故新铺、清筛或作业后尚未密实的道床，尽管在列车荷载作用下变形很大，也并不能说明这种道砟有好的弹性。道床厚度减小，导致道床弹性变差，其减振吸振的性能变差，在运营条件相同的情况下，道床粉碎、脏污加速，导致日常维修工作量加大，清筛周期缩短。因而足够的道床厚度是控制道床脏污增长率，维持一定的维修工作量和道床清筛周期所必需的。当道床厚度较小时，会在碎石与砂垫层的接触面上形成类似枕底的凹形滞水槽，这是由于碎石层太薄，轨枕荷载没有得到充分扩散，致使分布到垫砟层表面的压应力超过了垫砟层的承载能力，枕下部分的垫砟层表面应力最大，因而逐渐下沉，并形成排水能力差的滞水层。路基面的工作应力主要决定于道床厚度，增加道床厚度是降低路基面应力的主要手段。

根据土质情况和地下水源情况的不同，道床有单层和双层两种。单层的是道砟层，双层的是先铺设200mm厚度的黄沙层，然后铺设不少于250mm厚度的道砟层，其厚度从线路中心线处量取。道床厚度应根据运营条件、轨道类型、路基土质、路基类型、线路类别确定，符合表3-5的规定。

表3-5 碎石道床厚度

路基类型	道床厚度/mm		车场线
	正线		
非渗水土路基	双层	道砟 250	单层 250
		底砟 200	
岩石、渗水土路基	单层道砟 300		

桥梁上道砟槽内碎石厚度不应小于250mm，与两端的道床厚度差应在桥台外不小于10m范围内递减。

（3）道床肩宽及边坡　道床宽出轨枕两端的部分称为道床肩宽，适当的肩宽及边坡可保持道床的稳定，并提供一定的横向阻力。

1）正线无缝线路地段道床肩宽不应小于400mm（道床顶面宽度3.3m），非无缝线路地段道床肩宽不应小于300mm（道床顶面宽度3.1m）。无缝线路半径小于800m、非无缝线路半径小于600m的曲线地段，曲线外侧道砟肩宽应增加100mm。道床边坡均为1：1.75。

2）车场线碎石道床肩宽不应小于200mm；半径小于300m的曲线地段，曲线外侧道床肩宽应增加100mm。道床边坡均为1：1.5。

3）无缝线路道床肩宽应在碎石道砟上堆高150mm，堆高道砟的坡度为1：1.75。

4）正线、联络线、出入线和试车线边坡为1：1.75，其他车场线为1：1.5。

（4）道床顶面宽度　道床顶面宽度与轨枕长度和道床肩宽有关。轨枕长度基本上是固定的，因此道床顶面宽度主要取决于道床肩宽。

我国线路规定：单线正线碎石道床顶面宽度见表3-6，双线碎石道床顶面宽度应分别按单线设计。无缝线路半径小于800m，非无缝线路半径小于600m的曲线地段，曲线外侧碎石道床顶面宽度应增加0.10m。

表3-6 单线正线碎石道床顶面宽度

轨道类型	列车设计行车速度/(km/h)	道床顶面宽度/m		道床边坡
		无缝线路	非无缝线路	
特重型	≤140	3.30	3.10	1：1.75
重型	≤140	3.30	3.10	1：1.75
重型、次重型	≤120	3.30	3.00	1：1.75
中型	≤100	—	3.00	1：1.75
轻型	≤80	—	2.90	1：1.50

碎石道床的优点是结构简单，容易施工，减振、减噪性能优良，造价低，但其轨道建筑高度较高，因此造成结构底板下降，加大隧道的净空，排水设施复杂，养护工作频繁，更换轨枕困难。捣固时，粉尘飞扬，危害工作人员身体健康。

二、整体道床

一般新建城市轨道交通系统采用无砟轨道结构较多，采用最普遍的结构为混凝土整体道床，这种无砟轨道通过钢轨扣件把钢轨直接与混凝土基础联结起来。整体道床上宜采用全弹性分开式扣件，垂向和横向均应具有良好弹性，以适应刚性道床，并有适量的轨距、水平调整量。

整体道床是指用碎石加水泥浆或用钢筋加混凝土，将道床路基和轨枕组合形成钢筋混凝土整体结构的轨下基础，如图3-26所示。日本铁路称为"直接连接轨道"，英国铁路称为"连续灌注钢筋混凝土轨道"。也有将无道砟的预制钢筋混凝土板式道床作为整体道床的。

图3-26 整体道床示意图

整体道床的优点是整体性好，结构坚固，稳定性和耐久性好，轨道几何尺寸变化小；外观整洁，无须补充道砟及更换轨枕，养护维修工作量少；轨道建筑高度小，减少隧道净空，节省投资；适应地铁和轻轨交通运营时间长，维修时间短等特点。

但整体道床不可避免地也存在缺点：工程造价比碎石道床高约30%；施工难度大，一旦成形，很难纠偏，因为整体道床轨道几何尺寸的变动完全取决于钢轨连接扣件的调整能力，而扣件的可调量是有限的，所以出现轨道病害难以整治；道床弹性较差，扣件形式比较复杂。为了使整体道床轨道具有与碎石道床接近的轨道弹性，确保轨道各组成部分处于正常的受力状态，整体道床采用弹性扣件和减振垫层以减小振动和噪声。同时，为了满足整体道床轨道几何尺寸和曲线超过变化的调整，要求扣件还应具有一定的调高和调整轨距的能力，这些都导致了扣件结构的复杂化。在运营过程中，一旦基底发生沉降开裂或变形等病害，整治非常困难。

目前，城市轨道交通采用的整体道床主要有：无枕式整体道床、轨枕式整体道床、钢弹簧浮置板整体道床、弹性支承块式整体道床等。下面介绍这几种类型的整体道床。

1. 无枕式整体道床

无枕式整体道床也称为整体灌注式道床。无枕式整体道床建筑高度小，主要采用就地连续灌注混凝土基床或纵向承轨台。道床混凝土强度等级为C30，自下而上施工，先使用专用施工机具把联结扣件的玻璃钢套管按设计位置预埋在道床内，上面做成承轨台，然后再安装钢轨和扣件。无枕式整体道床施工麻烦，施工方法复杂，进度慢，机具复杂，道床顶部局部磨平比较费工费时，施工精度不容易保证。我国城轨交通基本不采用。

2. 轨枕式整体道床

轨枕式整体道床也称为带枕浇注式整体道床，施工方便，可采用轨排法施工，进度比较快，而且精度容易保证。轨枕式整体道床分为短枕式和长枕式两种。

短枕式整体道床的短枕都是预制的，又称为支承块，结构坚固、轻巧、制造简单，采用C50钢筋混凝土，其断面为梯形，底部外露钢筋钩，加强与道床混凝土的联结。短枕式整体道床是一种改良型整体道床结构，为了方便施工及精度保持，它将预装好的承轨面平整好，将扣件钉孔距正确的短轨枕埋入轨下基础混凝土整体道床内，与道床形成整体结构。这种道床轨道建筑高度一般为550mm左右，道床混凝土强度等级为C30，轨下道床厚度一般小于160mm，通常设中心排水沟。这种道床稳定、耐久、牢固，结构简单，施工方便，施工进度快。大部分应用于停车库内带检查坑的线路，现在也开始为地下线路和高架线路所采用。长度大于100m的隧道内和隧道外U形结构地段及高架桥和大于50m的单体桥地段，都宜采用短枕式或长枕式整体道床。短枕式整体道床如图3-27所示。

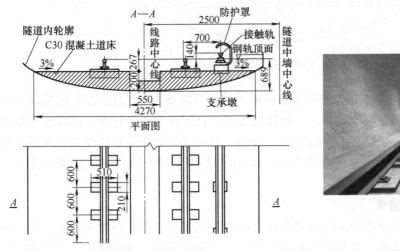

图3-27　短枕式整体道床

长枕式整体道床（图3-28）是将长轨枕埋入整体道床内，我国城市轨道交通建设初期采用比较多。工厂预制长轨枕时，轨枕中部预留五个直径为50mm的圆孔，铺道床时纵向钢筋从圆孔中穿过，加强轨枕与道床的联结，使道床更加坚固、稳定和整洁。道床内布有纵横交错的钢筋，轨枕间隔布置一根横向钢筋，纵向布置五根钢筋，从轨枕的预留口穿过，然后用混凝土浇注成形，结构强度比较高。道床设置侧向排水沟。长枕式整体道床主要应用于地下线路，适用于软土地基，可采用轨排法施工，速度快。

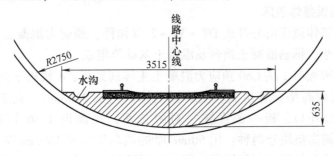

图3-28　长枕式整体道床

3. 钢弹簧浮置板整体道床

钢弹簧浮置板整体道床即弹性整体道床（图3-29），造价极高且维修困难，所以很少采用，仅在特殊地段，由于减振的需要，设计有少量的浮置板式道床轨道。钢弹簧浮置板整体道床由钢筋混凝土板和支持它的弹簧隔振系统组成，形成质量-弹簧体系，可以减少传递到隧道结构或桥梁结构的振动力和振动加速度，从而起到隔振的作用。

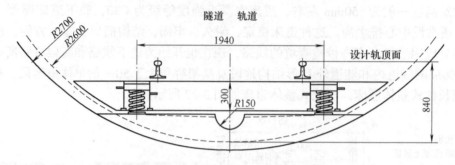

图 3-29　钢弹簧浮置板整体道床

该结构是目前减振轨道系统中比较先进的一种，对振动频率在 12.2Hz 以下的振动有明显的隔振效果。使用寿命长，更换容易，可维修性能好，且不影响正常行车。浮置板和基础板间空间小，可通过调整弹簧高度消除线路沉降影响，目前隔振效果最好的浮置板轨道系统是螺旋钢弹簧浮置板轨道结构，减振效果为 25~40dB。在桥上铺设时，轨道建筑高度比一般道床高一些。

4. 弹性支承块式整体道床

弹性支承块式整体道床也称为承轨台式整体道床，是比较新颖的一种轨下基础，是一种整体灌注式的钢筋混凝土结构，尤其对高架线路适用。预制支承块，通过扣件与钢轨联结，然后浇注纵向混凝土承轨台，把支承块与高架桥面上预留的垂直钢筋浇注为一体。在支撑块下加设弹性垫层，支承块的下部及周边加设橡胶靴套，当支承块的高低、水平和轨距调整到位后，就用灌注道床混凝土将支承块连同橡胶靴套包裹起来。

该结构属于低振动型轨道结构，其垂向弹性有轨下、铁垫板下、支承块下三层橡胶垫板共同提供，提高了轨道结构的弹性，较一般无砟轨道降低振动及噪声 7~10dB。由于整体道床轨道调整量有限，所以对桥梁徐变及桥墩的不均匀沉降提出了更高的要求。造价较一般的轨道结构略高，适用于高架线路减振要求较高的地段。

5. 可调式框架板整体道床

可调式框架板整体道床由分开式 DT – VI – 2 型扣件、预应力混凝土框架板、板下可调支座、侧向限位胶垫、钢筋混凝土挡台及混凝土基础等组成。

一套可调式框架板有 1 块 C60 预应力混凝土主体框架板、4 块板下弹性垫板、4 块侧面限位弹性垫板以及调高垫板等组成。框架板主体机构长 2460mm，宽 2100mm，板内设置 1760mm×840mm 的开口，板一侧设置一对限位隼，顶面设 1/30 轨底坡，板厚 180~200mm。框架板的调高垫块分两种：用 50mm 厚的调高垫板及 100mm 厚的预制钢筋混凝土调高垫板，塑料调高垫板最多只能设置一层，预制混凝土调高垫板可以重叠使用。

可调式框架板整体道床主要用于穿越地裂缝的轨道交通线，穿越地裂缝的轨道需要在隧道结构变形后及时调整轨道，适应线路调整或保持原线路的几何形位，保证列车的正常开行。

6. 平过道（地坪）式整体道床

平过道式整体道床又称为地坪式整体道床，多为检修库内修建不需检查坑的整体地坪式的线路所采用。

7. 坑道式和立柱式轨下结构

坑道式和立柱式轨下结构都是为了满足检修工作的需要，检修库内轨下结构设计为坑道式或立柱式检查坑。检查坑的扣件在钢轨内侧全部焊接固定，当发生整体结构不均匀下沉时，调整轨面高低和水平就比较困难。

整体道床的结构高度根据不同结构类型，宜采用下列数值：

① 浮置板轨道为 750～900mm。
② 高架桥上整体道床为 500～520mm。
③ 矩形隧道内混凝土整体道床为 560mm。
④ 单线圆形隧道内混凝土整体道床不小于 740mm。
⑤ 单线马蹄形隧道内混凝土整体道床不小于 650mm。

道岔的道床，除了地面线路、车场线道岔采用碎石道床外，地下线路、高架线路上铺设的道岔都采用整体道床。地下线路上使用预制的混凝土短枕，先进行拼装，然后进行整体浇注。高架线上的道岔，铺设方法和高架线路的铺设方法一致，先预制支承块，通过道岔联结件和一系列扣件将道岔拼装，再浇注纵向承轨台。

整体道床与碎石道床间应设轨道弹性过渡段，如在整体道床和碎石道床之间添加道砟胶、钢弹簧隔离器来改变道床刚度。整体道床的过渡段，采用混凝土槽型基础，上铺设钢筋混凝土轨枕，碎石道床厚 25cm。车场库内整体道床多采用弹性分开式扣件，与库外碎石道床衔接，可采用适当加大整体道床轨枕间距、加密碎石道床轨枕间距的方法，实施轨道弹性过渡。较高减振轨道结构与碎石道床衔接时，不必设轨道弹性过渡段。

【拓展提高】

一、拨道

经过列车的行走和冲撞，轨道的方向经常会超限，尤其是曲线轨道最易发生方向变化，造成曲线圆顺度不符合标准。这时，就要进行拨道修正，使轨道方向复原并符合标准。

拨道作业可由人工配以简单机具进行，亦可用大型起拨道捣固车进行拨道。目前，我国大型起拨道捣固车数量有限，故拨道作业多数由人工使用撬棍进行。人工拨道时，由工班长担任指挥，指挥者距拨道人员不少于 50m，由一人喊口号，按指挥者手势进行拨道。

二、起道

起道是指为保证行车的平稳和安全，将线路低洼处所起高，以找平轨面、改善道床弹性。用专门机具将轨枕、钢轨抬高，进行捣固的一种线路作业。

起道分重起和全起两种，是养路工作中技术要求较高的作业。起道一般由三人互相配合作业，一人看道、量水平，一人抬道，一人打塞。每次起道长度，应根据列车间隔时分确定，要求在列车到来前，能完成起道地段的捣固和顺撬。

1. 作业方法

准备：打浮起道钉或拧紧螺栓，消灭空吊板。

确定标准股：直线上，以水平高的一股为标准股，普遍起道时则以左股为标准股；曲线地段，则以下股为标准股，以免因反超高而造成下股落道或上股超高不足的缺点。

看道：看道者俯身在标准股上，距起道机 20～30m 处，看轨头外侧下颚水平线，找出坑洼，指挥起道机放置位置和起道高度。当起平和起顺一段线路后，必须以三点作依据，根据前标准点和后标准点起平中间点。

起道：拿起道机的人，要密切注视看道者的指挥，正确地放置起道机，动作要敏捷。全起全捣时，起道机的放置位置一般在接头中间放一次，两端距接头八根轨枕处各放一次，并顺次向前；重起全捣或重起重捣时，陡坑在坑底处放一次，漫坑则要放置 2～3 次。起道机必须放平放稳，直线放在钢轨里口，曲线上股放在外口，接头处应放在中间，以防胀轨和影响方向。

打塞（砸撬）：当轨道起到要求高度后，打塞者将轨枕下道砟串实，保证撤出起道机后，轨道不回落。在混凝土轨枕线路起道时，打塞者应协助拿起道机者抬起线路，并将起道机两侧轨枕底串实。

找平：标准股起平后，再用水平道尺找平另一股，道尺要放在起道机的起道始点，尽可能靠近起道机；找平曲线外股时按超高度垫上高度板。

复查长平：两股起平后，在前一节钢轨回看长平，对于拱腰或死坑，应在钢轨上做加强捣固或减弱捣固的符号（加强为"＋＋"，减弱为"－－"）。

道岔起道：单开道岔以直向外股为标准股，最好从尖轨前接头开始向后起。看水平时，道尺应放在尖轨前接头、尖轨尖端、辙叉前接头、导曲线中间。看两内股水平时，应放在导轨接头上。对一股过车多、另一股过车少的道岔，起完道后，对过车少的一股只用镐串一串即可，以列车通过后水平合适为准，宁低勿高。

2. 技术要求

1）起道用的道尺、水平板、高度板，应经常校对，保证精确无误。

2）根据《铁路线路维修规则》的规定，每次起道高度不得超过 40mm，100mm 以上时应设停车信号防护。

3）起道者必须随时注意看道者的手势或口令，起道高低要适当。为防止回落，预留的下沉量一般不得超过 4mm。

4）起道顺坡长度，作业时不应少于起道高度的 200 倍，收工时不应少于起道高度的 400 倍。

5）天气炎热时，应事先检查轨缝状态，必要时应先匀缝后起道，以防胀轨。

3. 注意事项

1）机手必须熟悉起道机性能和操作方法，严格执行《防止工务惯性事故七项措施》第六项第 14 点有关规定。起道机走行轮必须随起道机同时下道。

2）看道者要切实掌握列车间隔时间，尽量做到起好捣完，减少重复作业。

3）起道时应用专用撬棍作手把，且不许以起道机蹬钢轨或轨枕头。

4）确定起道量，必须考虑现有道砟量，要防止盲目起高道造成缺砟。

【任务实施】

依据基础理论知识，提出任务目标：地铁公司道床的类型调查。将学生按照生源地进行分组，每组同学深入地铁公司进行调查，认知本地铁公司道床的类型，根据不同小组的调查报告，进行综合评价。

任务六　道岔的认知

【任务描述】

本任务主要介绍了道岔的作用、种类、组成等相关理论知识，通过对理论知识的学习，辅以多媒体课件教学，使学生对道岔有全面的认知，通过任务实施阶段，调查各地铁公司道岔有何区别，并进行比较。

【基础理论】

道岔是使列车由一条线路转入或越过另一条线路的连接设备，是轨道的一个重要组成部分。道岔结构复杂，零件较多，通过列车频繁，技术标准要求高，使用寿命短，与曲线、接头并称为轨道设备的薄弱环节。如何使道岔具有良好形状，确保列车能在规定的速度下安全、可靠地通过道岔，减慢道岔的磨损程度，是轨道工程中一直予以重视的问题。

道岔按照结构分为连接设备、交叉设备、连接与交叉的组合。连接设备包括单开道岔、对称道岔、复式道岔；交叉设备包括直角交叉和菱形交叉；连接设备和交叉设备的组合包括交分道岔和渡线。

一、单开道岔

单开道岔是将一条线路分为两条，主线为直线，侧线由主线的左侧或右侧岔出。站在道岔前，面向尖轨尖端，凡侧线由主线左侧岔出的称为左开道岔，侧线由右侧岔出的称为右开道岔。

道岔的种类很多，在实际应用中以普通单开道岔最为广泛。单开道岔具有其他道岔所共有的特点和要求，具有道岔的代表性。这里就以单开道岔为例，介绍道岔的构造。单开道岔由转辙器部分、辙叉及护轨部分和连接部分组成，如图3-30所示。

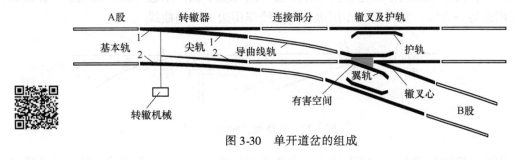

图3-30　单开道岔的组成

1. 转辙器部分

转辙器部分是引导列车沿直线方向或侧线方向运行的设备。其范围包括道岔前端至尖轨跟端。当尖轨置于不同位置时，列车将沿着直向或侧向运行。转辙器部分主要包括两根基本轨、两根尖轨、转辙机械、联结零件（辙前垫板、辙后垫板、轨撑、顶铁、滑床板、拉杆、连接杆等）及跟部结构（跟端大垫板、间隔铁、跟端夹板、防爬卡铁、异形螺栓、跟部螺栓等）等组成，如图3-31所示。

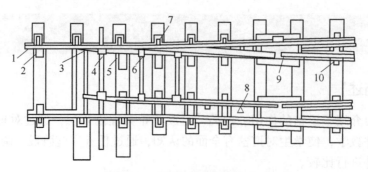

图 3-31 转辙器部分的组成
1—基本轨 2—辙前垫板 3—尖轨 4—拉杆 5—滑床板 6—连接杆
7—轨撑 8—顶铁 9—尖轨跟部 10—辙后垫板

基本轨是道岔外侧的钢轨，位于尖轨外侧，其作用是除了承受车轮的垂直压力外，还与尖轨共同承受车轮的横向水平力并保持尖轨位置的稳定。通常采用与线路相同材质、相同型号，由 12.5m 或 25m 标准断面的普通钢轨制成。一侧为直基本轨，一侧为曲基本轨，由于尖轨与基本轨密贴时，产生一个转辙角，因此转辙器部分的轨距必须加宽，以满足机车车辆固定轴距和车轮与钢轨良好接触的需要。

尖轨是转辙器中的重要组成部分之一。尖轨的作用是依靠其被刨切的一端与基本轨紧密贴靠，正确引导列车的运行方向。尖轨是用与基本轨同类型的标准钢轨或特种断面钢轨（AT 型钢轨）刨制而成的，目前我国地铁和轻轨上铺设的道岔几乎都是 AT 型尖轨。对尖轨的要求是当一根尖轨与邻近基本轨密贴时，另一根尖轨必须与邻近的基本轨分开规定的距离，两根尖轨分别被称为密贴尖轨和斥离尖轨。通过尖轨与基本轨的密贴和分离达到引导车轮按不同线路运行的目的。尖轨按其平面状态分为直线型尖轨和曲线型尖轨两种，如图 3-32 所示。直线型尖轨左、右开道岔可通用，加工制造简单。曲线型尖轨左右开道岔不能通用，加工较复杂，目前我国地铁和轻轨上铺设的尖轨既有直线型也有曲线型。尖轨尖端细薄，从尖端开始，尖轨断面逐渐加宽，其非作用边一侧与基本轨作用边一侧紧密贴靠，保证直向尖轨作用边为一直线，侧向尖轨作用边与导曲线作用边为一圆曲线。

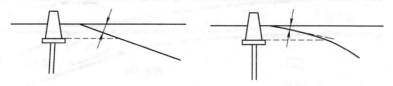

图 3-32 直线型、曲线型尖轨

尖轨尖端比较薄弱，要使车轮由基本轨逐渐过渡到尖轨上而不损伤尖轨，必须使尖轨顶宽 20mm 以前不受车轮压力，尖轨尖端处低于基本轨 23mm，尖轨顶宽 5mm 处低于基本轨 14mm，尖轨顶宽 20mm 处低于基本轨 2mm。尖轨顶宽 50mm 以后才能全部承受车轮压力，尖轨顶宽 20~50mm 为均匀顺坡段，车轮由基本轨逐渐过渡到尖轨上，尖轨轨头宽 40mm 处与基本轨顶面平齐，尖轨顶宽 50mm 处高出基本轨 1mm，以后逐渐达到比基本轨高出 6mm。

尖轨与导曲线轨连接的一端称为尖轨跟端。尖轨跟端的结构形式有间隔铁鱼尾板式（图 3-33）和弹性可弯跟端式（图 3-34）。间隔铁鱼尾板式尖轨跟端结构由尖轨跟端大垫板、间隔铁、跟端夹板、跟端轨撑、防爬卡铁及联接螺栓等组成。此种跟端结构零件较少，结构简单，尖轨扳动灵活，但稳定性较弹性可弯跟端式差，容易出现病害。弹性可弯跟端式尖轨，在跟端前2~3根轨枕处，将轨底削去一部分，使其与轨头同宽，形成柔性部位，使尖轨具有能从一个位置扳动到另一个位置的足够的弹性。

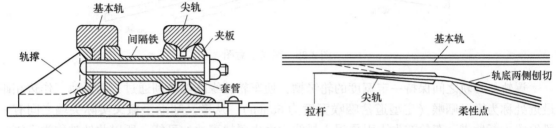

图3-33 间隔铁鱼尾板式跟端结构　　　图3-34 弹性可弯跟端式跟端结构

转辙机械用于扳动尖轨到不同位置，使道岔能准确地开通直线或侧线。常用的转辙机械有手动和电动两大类：手动转辙机械多用于非集中操纵的道岔上，电动转辙机械用于集中操纵的道岔上。

安装在尖轨最前面与转辙机械相连的一根为拉杆，用以转换尖轨位置。随着列车速度的提高，道岔的号数越来越大，尖轨的长度越来越长，为保证尖轨与基本轨的密贴，一些道岔的尖轨需要由多台转辙机械共同完成尖轨的转换，而且两根尖轨需要分别扳动，这样的道岔被称为分动道岔。分动道岔的两根尖轨不再需要连接杆。

连接杆将两根尖轨连接成一个框架式整体一起摆动，同时保持两尖轨在平面上的相对位置，一般设2~3根。

滑床板设在尖轨长度范围内的轨枕上，其作用是支承尖轨和基本轨，保证尖轨在滑床板顶部的滑床台上能左右平滑摆动。为此，对滑床台要经常清扫并涂抹润滑剂。

轨撑设于基本轨外侧，以阻止基本轨横向移动并保持基本轨与尖轨之间的轨距。通常基本轨始端第二根岔枕至跟端前一根岔枕范围内每根岔枕上的基本轨外侧都安设轨撑。

辙前垫板又称为轨撑垫板，设于尖轨尖端前部一段基本轨下面，用以固定轨撑的位置，并与轨撑共同防止基本轨向外横向移动。

由于尖轨经过了刨制，横断面面积减小，强度被削弱，设于尖轨轨腰处的顶铁的作用就是将尖轨与邻近基本轨连接成一个整体，使基本轨与尖轨共同承受车轮的横向作用力。

间隔铁位于尖轨跟端，可保持尖轨跟端处与基本轨有固定的间隔宽度，保证车轮能够正常通过。

辙后垫板设于尖轨跟后一段长度内，用以保持尖轨跟后导曲线支距的准确。

2. 辙叉及护轨部分

辙叉设在道岔中两根钢轨相交处，是轨道平面交叉的设备，其作用是使列车按确定的方向由一股钢轨越过另一股钢轨，通过平面交叉处。

（1）辙叉及护轨组成　辙叉是由翼轨、心轨和联结零件组成的，如图3-35所示。

辙叉的前端称为趾端，后端称为跟端。辙叉心轨两作用边之间的夹角称为辙叉角（α）。辙叉心轨两工作边的交点称为辙叉理论尖端，由于制造工艺的关系，实际上的尖端有6~10mm的顶面宽度，此处称为辙叉实际尖端。

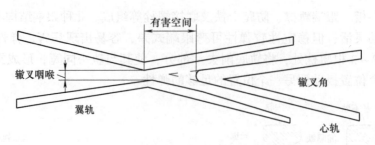

图 3-35 辙叉示意图

翼轨与心轨之间保持一定宽度的轮缘槽，使车轮轮缘能够顺利通过，两翼轨工作边相距最近处称为辙叉咽喉（定型道岔咽喉宽度为 68mm）。从辙叉咽喉至辙叉实际尖端之间有一段轨线中断地带，车轮有失去引导误入异线而发生脱轨事故的可能，所以此处被称为有害空间。为保证车轮在有害空间处进入正确的翼轨轮缘槽，防止进入异线，通常在辙叉两侧相对应位置的基本轨内侧设置护轨。

护轨用普通钢轨经过刨切弯折而成，并用间隔铁、螺栓等零件与基本轨连接。护轨的防护范围应包括辙叉咽喉至叉心顶宽 50mm 的一段长度，并要求有适当的富余。辙叉护轨由中间平直段、两端缓冲段和开口段组成，呈折线形，如图 3-36 所示。护轨平直段是实际起着防护作用的部分，缓冲段及开口段起着将车轮平顺地引入护轨平直段的作用。缓冲段的冲击角应与列车允许的通过速度相配合。为了提高直向过岔速度，直、侧股可采用不同长度、不同冲击角的护轨。

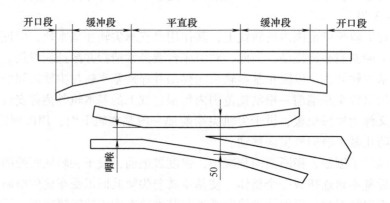

图 3-36 护轨

（2）辙叉类型　按平面形式分，辙叉有直线辙叉和曲线辙叉两类；按构造类型分，辙叉有固定辙叉和活动辙叉两类。

固定辙叉有高锰钢整铸式辙叉和钢轨组合式辙叉两种。

高锰钢整铸式辙叉由含锰较高的合金钢组成，具有较高强度，良好的冲击韧性，零件少，安装方便，易于维护，使用寿命长等优点，得到了广泛的应用，如图 3-37 所示。

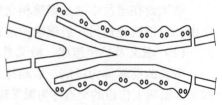

图 3-37 高锰钢整铸式辙叉

钢轨组合式辙叉是用普通钢轨及其他零件经刨切拼装而成的辙叉。它由长心轨、短心轨、翼轨、间隔铁、垫板以及其他零件组成。短心轨和长心轨拼贴而成的叉心，目前广泛采用短心轨轨底叠盖在长心轨轨底上的办法，长心轨应铺设在直线方向上。钢轨组合式辙叉结构复杂、各部分之间联系很差，零件较多，养护维修困难，使用寿命很短。随着高强度、高硬度、高耐磨性的贝氏体钢种的开发成功，以贝氏体钢为基础的固定辙叉代替了普通钢轨组合辙叉。

活动辙叉也就是可动心轨辙叉，如图3-38所示，它主要由翼轨、可动心轨、叉跟基本轨、帮轨等组成。其中，可动心轨由长、短心轨拼装而成，可动心轨和尖轨是同时摆动的，可动心轨摆动后与翼轨密贴，以保证列车过岔时轨线的连续，消除固定辙叉上存在的有害空间，使道岔的强度大为提高，不仅避免了车轮对心轨和翼轨的冲击，并可取消护轨，同时辙叉在纵断面上的几何不平顺也可以大大减少，从而显著地降低辙叉部位的轮轨相互作用，提高运行的平稳性，延长辙叉的使用寿命。长期的运营实践表明，可动心轨辙叉的使用寿命为同型号高锰钢整铸辙叉的6~9倍，养护维修工作量减少40%，大大减少了列车通过时的冲击力，提高了过岔容许速度及旅行舒适度，广泛用于高速行车的线路上。

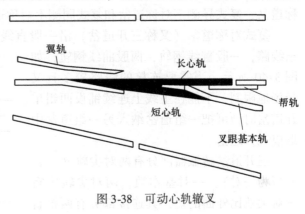

图3-38 可动心轨辙叉

3. 连接部分

连接部分是把转辙器部分和辙叉及护轨部分之间连接起来的设备，它包括两股直线钢轨和两股曲线钢轨，两根曲线轨称为道岔导曲线。导曲线一般采用圆曲线，其半径的大小取决于道岔号数的大小及列车侧向过岔速度的要求。当转辙器尖轨与辙叉为曲线型时，尖轨或辙叉本身就是导曲线的一部分，确定导曲线平面形式时应将尖轨或辙叉平面形式一并考虑，圆曲线两端一般不设缓和曲线，一般也不设外轨超高和轨底坡。为防止导曲线轨在动荷载作用下的外倾和轨距扩张，保持导曲线的位置和圆顺，在导曲线部分大多铺设有一定数量的垫板、轨距杆、轨撑及防爬设备。

连接部分一般配置8根钢轨，直股连接线4根，曲股连接线4根。配轨时要考虑轨道电路绝缘接头的位置，并满足接头相对接的要求，尽量采用12.5m或25m长的标准钢轨。连接部分使用的短轨，一般不短于6.25m，在困难情况下不短于4.5m。

二、对称道岔

对称道岔是单开道岔的一种特殊形式，它是将一条线路分岔成两条对称方向的曲线线路。它的结构和单开道岔基本相同，只是连接部分没有直轨，只有导曲线轨，如图3-39所示。

对称道岔对称于主线的中线或辙叉角的中心线，列车通过时无直向及侧向之分。

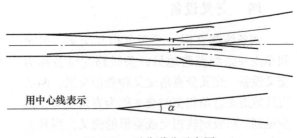

图3-39 对称道岔示意图

导曲线半径相等时，对称道岔的长度要比单开道岔短，其他条件相同时，导曲线半径约为单开道岔的两倍；在曲线半径和长度保持不变时，可采用比单开道岔更小号的辙叉。因此在道岔长度固定的条件下，使用对称道岔可以获得较大的导曲线半径，能提高过岔速度；在保持相同的过岔速度的条件下，对称道岔能缩短道岔长度，从而缩短站坪长度，增加线路的有效长度。

三、复式道岔

为了节省用地，缩短线路总长，或者由于受地形所限，道岔铺设位置不能按照一前一后逐组错开铺设，必须把一组道岔纳入另一组道岔内，便形成复式道岔。复式道岔分为复式对称道岔、复式异侧不对称道岔和复式同侧不对称道岔。

复式对称道岔（又称三开道岔）沿一股直线钢轨（主线）对称分支，同时衔接的有三条线路，一股直线钢轨，两股曲线钢轨，如图3-40所示。当需要连接的线路较多且又受场地限制，不能在主线上连续铺设两组单开道岔时，可把一组道岔纳入另一组道岔中形成三开道岔。

三开道岔转辙器部分有两对尖轨（一长一短为一对）、一对基本轨，两对尖轨中有一对尖轨比外面的短；其连接部分有两根直轨，两对导曲线轨；辙叉及护轨部分有三副辙叉、四根护轨，三副辙叉中后两副辙叉的辙叉角相等，而前面的一副辙叉角较大，并位于主线的中线上。

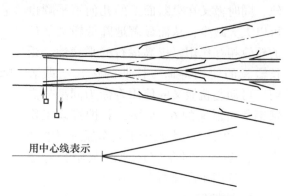

图3-40　复式对称（三开）道岔示意图

三开道岔相当于两组异侧顺接的单开道岔，但其长度却远比两组单开道岔的长度之和还短。其优点是道岔长度短，缺点是结构复杂，维修比较困难，尖轨削弱较大，运行条件较差，使用寿命短，主线行车速度受到限制。常用于地形狭窄又有特殊需要的地段，如果不是非常困难的条件，一般不采用。

复式异侧不对称道岔（又称不对称三开道岔）的主线为直线，在不同部位用两组转辙器，将一条线路分为三条，两侧不对称分支的道岔，中间的一副辙叉位于主线的一侧，后面两副辙叉的辙叉角可相等也可不相等。

复式同侧不对称道岔的主线为直线，两侧线从主线的一侧岔出的道岔称为复式同侧不对称道岔。此类道岔使用极少。

四、交叉设备

两条线路在同一平面上相互交叉，引渡列车由一条线路跨越另一条线路的设备称为交叉设备。交叉分直角交叉和菱形交叉。两条直线轨道成直角相交的交叉称为直角交叉，很少见到。两股钢轨相交成菱形的交叉，当其交叉角小于直角时称为菱形交叉，如图3-41所

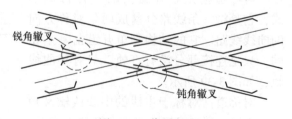

图3-41　菱形交叉

示。菱形交叉是当一条线路与另一条线路平面相交时，为使列车能由一条线路跨越另一条线路运行，所设置的连接设备。

菱形交叉由两组相同角度的锐角辙叉和两组相同角度的钝角辙叉组成。锐角辙叉结构与单开道岔基本相同，钝角辙叉分为固定型和活动心轨型两种。

1. 固定型钝角辙叉

固定型钝角辙叉由弯折基本轨、帮轨、长心轨、短心轨、护轨及连接零件组成，如图 3-42 所示。

帮轨用来增强辙叉结构的稳定性。短心轨的作用类似于单开道岔的护轨引导部分。固定型钝角辙叉，自心轨实际尖端至辙叉理论尖端（即辙叉长，短心轨工作边的交点）之间的距离，称为有害空间。车轮经过有害空间时，完全依靠对侧的钝角辙叉的护轨来引导车轮前进。但是对于任何一个行车方向，护轨的引导都不完全，车轮通过时，容易造成撞击辙叉尖端或发生脱轨事故。

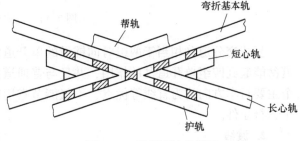

图 3-42　固定型钝角辙叉

为了防止车轮撞击尖轨或脱轨，设计时尽可能减少有害空间的长度及车轮轮缘一端内侧搭在护轨弯折点上，使另一端轮缘搭在心轨实际尖端上，车轮由护轨进入尖轨，自行防护。但若维修不当，不能保持菱形轨距和辙叉轮缘槽的宽度，比如轮缘槽加大，就增加了有害空间的长度，减少了车轮的自护能力；若护轨弯折处出现圆弧，不能及时采取焊补等措施，就会造成减少护轨平直段对车轮的引导长度，相对也增加了有害空间长度，对行车都是不利的因素。

2. 活动心轨型钝角辙叉

活动心轨型钝角辙叉相当于把固定型钝角辙叉的长心轨延长至理论尖轨处，与基本轨相交，同时把长心轨跟端做成活接头型。这样随着行车方向的不同，心轨可以左右摆动，从而消除了有害空间，如图 3-43 所示。

活动心轨型钝角辙叉由基本轨、帮轨、心轨、扶轨及其他连接设备组成。由于没有了有害空间，因此护轨可以取消。帮轨安装在基本轨外侧，轨头完全与基本轨相贴，保持基本轨稳定。为了防止基本轨磨耗后车挤撞帮轨，一般帮轨轨面比基本轨低 10mm。心轨相当于单开道岔中的尖轨。

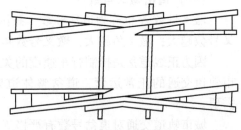

图 3-43　活动心轨型钝角辙叉

五、连接与交叉的组合

连接与交叉的组合是把连接设备和交叉设备组合起来，主要有交分道岔和渡线。

1. 交分道岔

两条线路相互交叉，列车不仅能够沿着直线方向运行，而且能够由一直线转入另一直线，这种道岔称为交分道岔。交分道岔有单式交分道岔和复式交分道岔。单式交分道岔是两条线路相交，中间增添两副转辙器和一副连接曲线，列车可沿着某一侧由一条线路转入另一条线路的道岔。复式交分道岔是两条线路相交，中间增添四副转辙器和两副连接曲线，列车能沿着任何一侧由一条线路转入另一条线路的道岔，如图3-44所示。

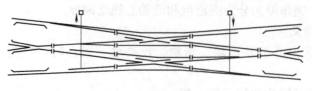

图3-44 复式交分道岔

复式交分道岔相当于两组对向铺设的单开道岔，实现不平行股道的交叉，一组复式交分道岔能起到四组单开道岔的作用，并且与普通道岔比较，具有道岔长度短、开通进路多及两个主要行车方向均为直线等优点，不仅能节省用地面积，同时也能节省作业时间，并改善列车运行条件。

2. 渡线

利用道岔或者利用固定交叉连接两条相邻线路的设备，称为渡线。渡线分为单渡线和交叉渡线。单渡线由两组单开道岔及一条连接轨道组成。交叉渡线由相邻线路间两条相交的渡线和一组菱形交叉及连接轨组成，包括4组类型和号数都相同的单开道岔，如图3-45所示。交叉渡线用于平行线路之间的连接。在站场受到地形限制或为了缩短站坪长度，或为了缩短咽喉长度，常用两个方向相反的渡线连接两平行线路。

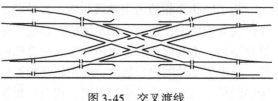

图3-45 交叉渡线

六、道岔辙叉号数及列车过岔速度

（一）道岔辙叉号数

辙叉号数 N 也称为道岔号数，我国规定以辙叉角 α 的余切值来表示。辙叉角越小，辙叉号数越大；辙叉角越大，辙叉号数越小。

因为正线道岔是控制行车速度的关键设备，道岔铺设后再改造，工程量很大，也影响城市轨道交通的正常运营，道岔整体道床改造难度更大。因此道岔号数应满足远期运营的需要。

城市轨道交通对道岔号数有严格规定：

1）目前我国城市轨道交通运营线路列车运行速度一般不超过80km/h，所以正线均采用9号道岔。但是随着国民经济的快速发展，城市范围不断扩大，城市轨道交通往郊区延伸，列车运行速度将提高，会超过80km/h，所以规定正线采用不小于9号的各类道岔。

2）车场线采用的道岔不得大于7号，可以减少占地面积，实践证明能满足使用要求。

现场测量道岔号数的最简单方法是脚量法。即先在辙叉心轨顶面上找出一脚长的宽度处，并使脚跟垂直于一心轨工作边，然后由此向前量至辙叉实际尖端处是几脚，就是几号道岔。

（二）列车过岔速度

由于道岔构造复杂、几何结构不平顺以及受有害空间的影响，是轨道结构的薄弱环节，列车过岔有最高速度限制。列车通过道岔的容许速度有侧向过岔速度和直向过岔速度。

1. 侧向过岔速度

影响侧向过岔速度的因素很多,主要限制因素是由于导曲线半径较小,且一般不设超高和缓和曲线,列车未被平衡的离心作用大,同时列车由直线进入道岔侧线时,在开始迫使车辆改变运行方向的瞬间,必然发生车轮与钢轨的撞击,从而影响乘客舒适度和道岔结构的稳定,故必须将列车侧向过岔速度限制在容许范围之内。7号、9号道岔侧向最高过岔速度分别为25km/h、30km/h。

2. 直向过岔速度

直向过岔速度根据道岔类型、道岔结构、道岔号数、道岔尖轨锁闭的可靠性综合分析确定。根据我国运营实践,结合一定的理论分析,直向过岔速度一般可限制为同等级区间线路允许速度的80%~90%。

七、道岔的铺设及养护

(一) 道岔的铺设

目前国内外有关无缝道岔的施工方法主要有以下3种:工厂组装,整体运输,现场铺设法;散件运输,原位铺设法;散件运输,预铺移设法。

1. 工厂组装,整体运输,现场铺设法

工业化国家铺设道岔,一般先在道岔工厂按图样组装成道岔,然后再运往施工现场,这样既可以减少现场工作量,又能保证预铺质量。根据施工要求,工厂组装分为成组组装和分段组装两种。法国、日本、苏联等国家的准高速、高速铁路多使用12号、18号等可动心轨道岔,道岔全长在40~70m之间,采用成组组装;法国客运高速铁路采用大号码道岔,全长200m,一般采用分段组装,分段铺设的方法。

道岔工厂化组装必须配有相应的专用道岔运输车,先在工厂将组装好的道岔吊放在专用车辆上,再将组装后的长岔枕部分斜放着使其不超出限界,直接运往施工现场。有的国家道岔组装及铺设一体化,采用道岔运输及铺设组合机组。

这种施工方法机械化程度高、施工质量高,可保证道岔的高精度与高平顺性,应该是道岔最理想的铺设方案。但是我国目前尚无专用道岔运输车,高速道岔的铺设装备也正在研制中,该方法有待于在高速铁路建设中应用。

2. 散件运输,原位铺设法

该方法的施工工艺流程为:

1)施工准备。精确测量定位;组装龙门吊,保证道岔基本轨与尖轨、可动心轨与翼轨等整体组装件在吊装时不变形、不损伤;摊铺道床;线路拨正,将岔区及道岔前后至少100m线路方向拨正;铺设过渡轨,形成岔料运输通道;排布岔枕。

2)道岔组合件运输、吊装。道岔的尖轨、基本轨组合件和辙叉组合件具有长、重及精度高的特点,所以必须整体运输和吊卸,保证工件不产生过大的挠曲变形。

3)道岔铺设。该工序是整组道岔施工的关键,其中锁定时的轨温及轨缝是质量控制的核心,必须严格控制。它包括道岔组装连接、确定尖轨位置、调整轨缝、配件安装等工序。

4)道岔整道。采用08-475型道岔捣固车对道岔进行起、拨、捣作业。整修后,全面检查道岔位置、方向、轨距、支距、转换性能、密贴程度等。

5) 道岔焊接。道岔经过整道，达到平顺要求后，可进行岔内钢轨焊接。施焊时，宜在设计锁定轨温±5℃范围内进行，焊接顺序为先外侧两股，后内侧两股，道岔各部分再次经全面检查整修后，最后将尖轨跟端的两股钢轨焊连。这样道岔内的钢轨可以保持良好的应力状态。

6) 线岔连锁。道岔内各接头焊接完成后，要对各焊头进行外观检查和超声波探伤，合格后再对道岔两端与正线长轨条焊连。道岔同前后至少75m长线路一起锁定，并设置爬行观测桩，进行位移观测分析，建立道岔观测档案。

这种施工方法不需要专用的道岔运输车及大型的道岔铺设机具，只要严格按照施工工艺质量保证体系施工，可以保证无缝道岔的铺设精度，缺点是封锁线路时间较长，适用于新线铺设无缝道岔。

3. 散件运输，预铺移设法

该方法的施工工艺流程为：

1) 道岔预铺。预铺道岔位置要进行现场勘查，根据地形、地貌情况，并按道岔的长、宽确定预铺方案。搭设组装平台，必须平稳牢固，组装后的道岔不侵入限界。按图样要求组装道岔，并配合电务部门安装转换设备和外锁闭装置进行调试。

2) 无缝道岔焊接。按作业程序和工艺标准对道岔内各接头施焊。

3) 道床铺砟。

4) 道岔纵横移动。当预铺条件较好，组装的新道岔正对铺设位置时，可采取整组横向移动的方法横移。当道岔预铺在路肩上时，先把新道岔横移到纵向走行轨上，拆下横向走行轨，用压机抬起道岔，上好纵向走行滑轮小车，整组道岔即可纵向移动。纵移道岔时要注意信号机、电务配线箱等建筑物障碍，特别是道岔转辙机不得侵入限界。

5) 道岔下落就位。道岔下落就位可采用齿条起道机下落就位、砂袋下落就位、气垫下落就位等多种工艺。

6) 道岔连接。道岔落地后，一般只进行少量横纵向拨移，即可与前后钢轨合拢。若为无缝道岔，在施工锁定轨温范围内实现道岔焊连。

7) 整修调试。道岔连接后，要抓紧进行回填石砟、起道捣固、拨道等整修调试工作，使线路尽快达到放行列车的条件。

这种施工方法通常是在既有线换铺道岔时采用，在新线建设中，当施工时间紧，需要突击，受施工列车影响大的地方，可作为备用方案，这种施工方法铺设精度、调整质量易控制，但会受到场地狭小的限制。

（二）道岔的养护

道岔的养护维修必须贯彻"预防为主，防治结合，修养并重"的原则，妥善安排好综合维修、经常保养和临时补修，合理地使用劳力、机具和材料，从加强道岔结构入手，强化道岔的整体性和稳定性，注意发现问题和分析研究解决问题的对策和方法，精心养护，提高道的整体平顺性，延长养护维修周期和道岔各部件的使用寿命。

1. 道岔维修要求

尖轨或心轨有下列病害，应及时修理或更换：尖轨与基本轨，可动心轨与翼轨密贴程度超出允许范围；尖轨侧弯造成轨距不符合规定；尖轨顶面宽50mm以前轨面高于基本轨（或翼轨）顶面2mm及以上，在尖轨顶面宽50mm及以上断面处尖轨顶面低于基本轨顶面2mm

及以上；翼轨、心轨以及心轨断面 70mm 处擦伤或鞍形磨耗 1mm 时，应及时补焊；其他伤损达到钢轨轻伤标准。

基本轨（含翼轨）有下列伤损或病害，应及时修理或更换：基本轨的弯折点位置不对或弯折尺寸不符合要求；基本轨垂直磨耗，在正线上超过 6mm；其他伤损达到钢轨轻伤标准。

伤损辙叉分轻伤和重伤 2 类。辙叉的垂直磨耗轻伤标准：辙叉心宽 40mm 断面处，辙叉垂直磨耗在正线上超过 4mm。重伤标准：辙叉心宽 40mm 断面处，辙叉心垂直磨耗在正线上超过 6mm。其他伤损比照钢轨轻重伤标准办理。辙叉有轻伤时，应注意检查观测，达到重伤标准时应及时更换。

道岔护轨螺栓、可动心轨咽喉和岔后间隔铁螺栓、长短心轨联接螺栓、可动心轨凸缘与接头联接螺栓必须齐全，作用良好，折断必须立即更换。道岔各种零件应齐全，作用良好缺少时应及时补充。

2. 道岔养护维修方法

道岔中常见工务病害主要有：水平不良、方向不良，尖轨与基本轨不密贴、尖轨跳动、尖轨被轧伤、尖轨扳动不灵活、尖轨与滑床板不密贴、导曲线上股钢轨侧磨、小反、轨距扩大、方向变形等。

道岔中出现上述各种病害后，应进行细致的调查，全面地分析造成病害的原因，有针对性地采取相应的整治方法，以收到良好的效果。整修道岔水平和前后高低，除采取起道和捣固方法外，还应辅以在铁垫板下垫入垫片，倒换垫板钢轨，整治焊接、胶接及冻结接头病害等措施。整修道岔方向时，首先要解决好道岔的大方向，然后再整治道岔本身的方向。在整治方向时，要坚持拨、改、捏的做法，即大弯拨，小弯改，硬弯捏。尖轨"拱腰"病害的整治方法有：气体火焰矫正、烘炉加热矫正、机械法矫正等。

工务电务结合部常见故障有：道岔转换卡阻、道岔不密贴、道岔出现红光带、道岔表示不良。

道岔转换卡阻的整治方法：应确保各类转换杆件与岔枕上滑床板及枕边缘间的缝隙大于 25mm；尖轨跟端和心轨跟端应采用焊接、胶接或冻结技术，使跟端接头阻力大于 1700kN，以发挥跟端后扣件的作用；道岔前后 50m 范围内应铺设Ⅲ型混凝土枕，并使用Ⅱ型或Ⅲ型扣件；对长心轨跟端与翼轨间联结的间隔铁，可采用胶接方法联结，以增强心轨阻力。在运营过程中，应经常检查各类转换杆件与滑床板、岔枕边缘间的缝隙尺寸，发现缝隙小于 5mm 时，应及时采取措施，预防故障发生。

道岔不密贴的整治方法：道岔扳不动时，应检查转换部分是否卡阻；检查道岔框架尺寸；检查尖轨是否有硬弯，顶铁是否过长，对于尖轨硬弯，应通过矫直或更换等方法来解决，对于顶铁过长的，则应通过打磨或更换等方法来解决。

道岔出现红光带的整治方法：发现跳信号时，应确定钢轨是否导通，或寻找其他的原因。

道岔表示不良的整治方法：采取在一动拉板与心轨凸缘的横向联接螺栓靠螺母侧扩孔，以增设套管的方法，限制一动拉板晃动；在动作杆下增设滑轮，保持动作杆动作时水平。

随着各种新型、高速、无缝道岔的上道使用，道岔的养护维修方法也在不断总结和完善。为满足高速行车的要求，道岔中各项几何尺寸必须严格控制在容许范围内，并随时保持其良好的使用状态；对于无缝道岔，必须严格控制道岔部件的受力与变形，避免道岔转换卡阻等严重病害的出现。

八、道岔的几何要素及中心线表示法

如图3-46所示，O表示道岔中心；a表示道岔前部实际长度（基本轨始端轨缝中心至道岔中心的水平距离）；b表示道岔后部实际长度（道岔中心至辙叉后跟轨缝中心的距离）；L_q表示道岔全长（道岔基本轨始端轨缝中心至辙叉后跟轨缝中心的距离）；a_0表示道岔前部理论长度（尖轨始端至道岔中心的距离）；b_0表示道岔后部理论长度（道岔中心至辙叉心理论尖端的距离）；q表示尖轨前基本轨长（道岔基本轨始端轨缝中心至尖轨始端的距离）；m表示辙叉跟长（辙叉心理论尖端至辙叉后跟轨缝中心的距离）。

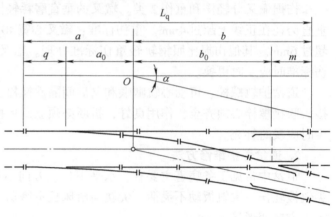

图3-46　道岔几何要素

绘制车站平面图时，线路和道岔通常是用中心线表示的，这种表示法不但绘图简单，也能满足设计和施工的需要。在已知道岔两线路中心线的交点和辙叉号数、道岔类型时，可按选定的比例尺用单线把道岔表示出来。

例如，画9号左开单开道岔，可在主线的中心线上，先确定两线路中心线交点的位置，然后从交点沿主线中心线画等于辙叉号的9个等分线段，并在最后一个线段末端向上画一等分线段，使其垂直于主线的线路中心线，将垂直线段的终点与道岔中心连接，即得支分线方向，这就是用中心线法表示的9号左开单开道岔，如图3-47所示。

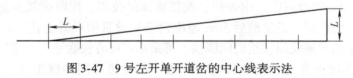

图3-47　9号左开单开道岔的中心线表示法

如画对称道岔，只需将垂直于主线线路中心线的线段平分于中心线两侧，然后把线段两端的终点与道岔中心相连接即可。图3-48表示的是6号对称道岔。

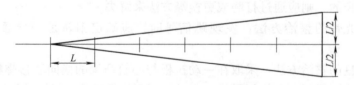

图3-48　6号对称道岔的中心线表示法

用中心线法表示的各种类型的道岔，如图3-49所示。

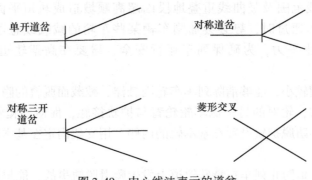

图 3-49　中心线法表示的道岔

【拓展提高】

转辙机的锁闭机构

转辙机的锁闭机构有内锁和外锁两种形式：内锁是通过转辙连杆在转辙机内部锁定，因轮轨横向力由转辙机承受，故障率较高；外锁则是通过楔形燕尾锁、拐肘锁及钩形锁实现尖轨与基本轨在牵引点处锁闭，可靠性高，列车荷载由锁闭器承受。锁闭机构应具有使尖轨牢固闭和满足无缝线路尖轨伸缩的双重功能要求。我国时速 120km/h 以上道岔采用的是分动钩形外转换机构，时速 120km/h 及以下的道岔基本上采用的是联动内锁转换机构。

【任务实施】

依据基础理论知识，提出任务目标：地铁公司道岔的类型调查。将学生按照生源地进行分组，每组同学深入地铁公司进行调查，认知本地铁公司道岔的类型，根据不同小组的调查报告，进行综合评价。

任务七　轨道安全设备的认知

【任务描述】

本任务主要介绍防脱护轨的原理、结构及设置，车挡的作用、种类，以及防爬设备的作用、组成等相关理论知识，通过对理论知识的学习，辅以多媒体课件教学，使学生对轨道安全设备有全面的认知，通过任务实施阶段，调查各地铁公司轨道安全设备有何区别，并进行比较。

【基础理论】

一、防脱护轨

1. 防脱护轨的原理

虽然承轨台结构为保持轨道结构的稳定性提供了可靠的保证，但在局部地段，如在小半径曲线的缓和曲线范围及竖曲线重叠地段因超高顺坡造成轨顶平面的扭曲，不利于轨道的平顺性。当列车通过时，势必会加剧车辆某些车轮的减载或悬浮，同时还将使轮轨间产生附加的横向水平力，为确保列车运行安全，需要在高架轨道特殊路段设置防脱护轨。

防脱护轨轮缘槽较小，能够消除列车车轮因悬浮、减载而脱轨的隐患，当一侧的车轮轮缘将要爬上轨顶面时，轮对的另一侧车轮轮背与护轨接触，促使要爬轨的车轮回到正常位置，防止列车脱轨。防脱护轨设置在基本轨的内侧，用支架固定在基本轨轨底，安装拆除都比较方便。

防脱护轨能可靠地防止列车在特殊轨道上发生爬滑脱轨事故，能提高小半径曲线轨道整体结构抗横向变形的承载能力，增强稳定性。护轨不与轨下基础发生直接连接紧固关系，通用性好。

2. 防脱护轨的结构

防脱护轨由护轨、扣板、护轨支架、弹性绝缘缓冲垫片和联结紧固部件等组成。护轨支架安装在相邻轨枕之间的基本轨轨底上，用螺栓和扣板将支架紧固在基本轨轨底上。护轨支架安装间距，根据运输条件拟定，一般为每间隔两根轨枕安装一个支架。随后将加工好的护轨置于支架的承轨台上，用螺栓将护轨紧固于支架一侧。在护轨与基本轨之间的螺栓应根据轮轨关系及其相互作用原理进行具体设置，轮缘槽宽度值应根据曲线半径、列车通过速度及现场使用条件进行确定。护轨之间的接头用相应的夹板、螺栓连接。每一局部安装地段护轨的始端和终端，应设置缓冲段。护轨装置一般安装在小半径曲线轨道内股钢轨的内侧，安装长度为40～60m，处在曲线圆缓点和缓圆点之间。

3. 防脱护轨的设置

防脱护轨一般设置在高架线上特殊地段，具体包括：

1）半径小于500m曲线的缓圆（圆缓）点，缓和曲线部分35m、圆曲线部分15m的范围内曲线下股钢轨内侧。

2）双线高架桥跨越城市主干道和铁路地段及其以外各20m范围内，在靠近高架桥中线侧的钢轨内侧；单线高架桥上述地段两股钢轨内侧。

3）竖曲线与缓和曲线重叠处，重叠范围内两股钢轨内侧。可根据实际情况增加安装防脱护轨的地段。

二、车挡

车挡是防止列车在意外情况下冲击线路终端造成车辆和设备损坏的安全防护装置。为保证行车安全，防止在遇到特殊情况时列车冲出线路，在正线、辅助线、试车线、库内线的末端都必须设置车挡。

车挡也称为挡车器，车挡有缓冲式和固定式两种。正线、辅助线和试车线的末端宜采用缓冲式车挡；库内线末端宜采用固定式车挡。

1. 缓冲式车挡

缓冲式车挡上设置有缓冲装置，能够起到缓冲作用，并且在被列车撞击后车挡有一定的滑动距离，可以有效地消耗列车的动能，迫使列车停车，比较安全可靠。缓冲式车挡有滑动式、液压式等多种形式。滑动式结构简单，安全可靠性好。

滑动式缓冲车挡由主架和制动轨卡组成，制动形式为摩擦制动。当列车重量220t、时速15km/h撞击车挡时，可在15m内停车。车挡占用轨道长度12~15m，列车撞击速度不小于15km/h。在车挡的前端加设24.5m长度的安全区。

液压式缓冲车挡是液压制动，设计合理，技术先进，结构复杂，制动距离短，具有事故自动报警，记录车辆速度、发生时间，能自动复位等功能，从而可以缩短事故处理时间，主要应用于地下线路，可降低地下线路综合造价。

2. 固定式车挡

固定式车挡结构简单，长度短，造价低。固定车挡有XCD型、CDKN型和CDKW型。XCD型与缓冲滑动式车挡配套使用。CDKN型车场内车挡适用于车辆段/停车场的库内线路。CDKW型车场库外车挡适用于车辆段/停车场的调车作业线路尽端。

三、防爬设备

列车运行时，车轮作用于钢轨上除产生竖直力和横向力外，还产生一个纵向水平推力，能引起钢轨的纵向移动，有时甚至带动轨枕沿着线路方向一起移动，此种现象称为轨道的爬行。

列车的速度越快，轴重越大，爬行越严重。爬行往往引起轨缝不匀、轨枕歪斜等现象，对线路的破坏性较大，危及行车安全。鉴于轨道爬行带来的各种危害，可以通过安装防爬设备来加强接头连接零件、中间扣件的扣紧力以防止爬行。防爬设备用于加强钢轨与轨枕间的联结，增加线路抵抗钢轨纵向爬行的能力。目前采用的方法是将防爬器与防爬撑配合使用。我国铁路广泛采用穿销式防爬器，如图3-50所示。

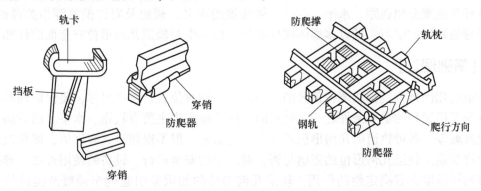

图3-50 穿销式防爬器

穿销式防爬器是由带挡板的轨卡和穿销组成的。安装时，轨卡的一边卡紧轨底，另一边楔进穿销，使整个防爬器牢固地卡住轨底。这样，钢轨在受到纵向力时，由于轨卡的挡板紧贴着轨枕，于是轨枕和道床就阻止了钢轨爬行。为了充分发挥防爬器的作用，通常在轨枕之间安装防爬撑，把3~5根轨枕联系起来，共同抵抗钢轨爬行。

【拓展提高】

铁路车挡

车挡是以片石浆砌而成的，也有以钢轨焊制的阻挡物。

在货场、专用线和段管线的线路中,有许多属于尽端式线路。安全线和避难线,个别的客车到发线也都是尽端式的线路。

尽端线的终端均设置车挡。除安全线和避难线外,车挡处设置带有红色方牌和红灯的表示器,这些统称为终端设备。为了防止作业中发生冲撞车挡事故,近年来广泛推广使用挡车器,挡车器一般设在距车挡 5~10m 处,它通过弹簧扣件将挡车器卡在钢轨上,当车辆在顶送时或自行溜逸撞上挡车器后,挡车器可以吸收冲击动能,避免爬上车挡造成损失。挡车器一般只容许 15km/h 以下的撞击。

有的线路终端还设置了终端站台,货车上如装载汽车之类的货物可以自由上下。

铁路规章要求,在尽端线上调车时,距线路终端应有 10m 的安全距离,遇特殊情况,必须近于 10m 时要严格控制速度。

【任务实施】

依据基础理论知识,提出任务目标:地铁公司轨道安全设备的类型调查。将学生按照生源地进行分组,每组同学深入地铁公司进行调查,认知本地铁公司轨道安全设备的类型,根据不同小组的调查报告,进行综合评价。

任务八　轨道的几何形位认知

【任务描述】

本任务主要介绍轨距、水平、高低、轨底坡的定义、规定及容许偏差等相关理论知识,通过对理论知识的学习,辅以多媒体课件教学,使学生对轨道几何形位有全面的认知。

【基础理论】

轨道的几何形位是指轨道各部分的几何形状、相对位置及基本尺寸,是保证列车按规定速度安全平稳运行的重要条件之一。轨道的几何形位要素主要有轨距、水平、前后高低、方向及轨底坡等。各种轨道的几何形位都存在一定偏差,但不得超过其容许值,即轨道几何尺寸的容许偏差。轨道几何形位的正确与否,对列车的安全运行、设备的使用寿命、养护费用和乘客的舒适度起着决定性的作用。轨道几何形位的超限是引起列车倾覆及爬轨的直接因素,直接影响列车的横向和纵向加速度,并产生相应的惯性力。

一、轨距

轨道的两股钢轨之间应保持一定的距离,这个距离即为轨距。轨距为两股钢轨头部内侧与轨道中线相垂直的距离。因为钢轨头部外形由不同半径的复曲线组成,钢轨底面设有轨底坡,钢轨向内倾斜,车轮轮缘与钢轨侧面接触点发生在钢轨顶面下 10~16mm 处,所以我国《铁路技术管理规程》规定轨距测量部位在钢轨顶面下 16mm 处。轨距用道尺或轨检车进行测量。道尺测得的是静态的轨距,轨检车可以测得列车通过时轨距的动态变化。

为使车辆能顺利通过轨道,轨道的轨距必须略大于轮对宽度,有一定的游间。当轮对的一个车轮轮缘与钢轨紧贴时,另一车轮轮缘与钢轨之间应留有一定的空隙,此空隙称为游间。游间是必要的，也是客观存在的，它对列车运行的平稳性和轨道的稳定性有重要的影响。游间不能过大，否则会使车辆行驶时的蛇行运动的幅度加大，横向加速度、轮缘对钢轨的冲击及作用于钢轨上的横向力也随之而增加。行车速度越高，这种影响越严重。游间也不能过小，过小会增加行车阻力和轮轨磨耗，严重时轮对有可能被钢轨卡住。所以为了提高行车的平稳性和减少轮轨之间的动力作用，应对游间加以限制。

轨距分直线地段轨距和曲线地段轨距两种。

1. 直线地段轨距

我国城市轨道交通线路直线地段的轨距均采用1435mm。《铁路技术管理规程》规定线路、道岔轨距的静态允许最大偏差为+6mm和-2mm。

2. 曲线地段轨距

车辆在曲线轨道上行驶时，由于车辆固定轴距的影响，转向架前一轮对的外轨轮缘和后一轮对的内轨轮缘紧贴钢轨，致使行车阻力增大，轮轨磨耗加剧。为使列车能顺利通过曲线路段，并减少轮轨间的横向水平力，减少轮轨磨耗和轨道变形，半径小于等于200m的曲线地段轨距要适当加宽。新建正线曲线半径一般大于250m，无须轨距加宽。辅助线、车场线小半径曲线轨距加宽标准见表3-7。

表3-7 辅助线、车场线小半径曲线轨距加宽标准

曲线半径/m	加宽值/mm		轨距/mm	
	B型车	A型车	B型车	A型车
200≥R>150	5	10	1440	1445
150≥R>100	10	15	1445	1450

加宽轨距的方法是保持曲线外轨的位置，而将曲线轨道内轨向曲线中心方向移动。轨距加宽值应在缓和曲线长度范围内完成，无缓和曲线时在直线地段完成。由曲线地段到直线地段的轨距递减率不宜大于2‰，困难地段不应大于3‰，由于道岔构造复杂，为缩短道岔长度，道岔的轨距递减率不受此限制。

二、水平

水平是指线路左右两股钢轨顶面的相对高差。为保证列车运行平稳，并使两股钢轨均匀受力，在直线地段上两股钢轨顶面应保持在同一水平面上；曲线地段外侧钢轨应比内侧钢轨高。列车在曲线轨道上运行时，由于离心力的作用，列车向外轨方向倾斜，加大了外轨的压力，造成乘客不适等影响。需要在曲线轨道上设置外轨超高，借助车辆的重力水平分力来平衡离心力，继而抵消惯性离心力的作用，以达到内外轨受力均匀，垂直磨耗均匀，使得乘客不会因离心加速度的存在而感到不舒服，并且提高了线路的横向稳定性，保证了行车的安全性。

曲线外轨超高值的设置是根据行车速度、车辆的性能、轨道结构稳定性和乘客的舒适度来确定的。

列车在曲线上的实际运行速度和计算超高平均速度不能完全一致，因此当实际速度大于超高平均速度时，实际超高不能完全把离心力消除，有一个欠超高，欠超高越大，外轮缘与外轨产生磨耗越严重。为保证乘客舒适和行车安全，减轻钢轨磨耗，必须对欠超高限制，一般可允许有不大于61mm的欠超高。经过多年行车实践得出外轨超高120mm比较合理。

水平可用道尺或轨检车进行测量。验收线路时，其容许误差为4mm。

有两种性质不同的钢轨水平误差，它们对行车的危害程度也不一样。第一种水平误差是在一段相当长的距离内，一股钢轨的轨顶比另一股高，只要水平误差保持在容许范围内，可以使列车贴着一股钢轨平稳地运行；另一种称为三角坑或轨道扭曲，它是指在一段不足18m的距离内，先是一股钢轨高，后是另一股钢轨高，相当于在轨道上形成了三角坑。

一般情况下，超过允许标准的水平误差，只是引起列车的摇晃和两股钢轨的不均匀受力及磨耗。如果在不足18m的距离内出现水平误差超过4mm的三角坑，就会出现车轮不能全部正常压紧钢轨，在最不利的情况下甚至可以爬上钢轨，引起脱轨事故，因此这种危害是必须要避免的。

三、前后高低（高低）

前后高低是指一侧钢轨纵向的相对高低。轨道高低必须满足平顺性的要求，以减少列车对轨道的冲击，确保运营的安全和乘客的舒适。新铺或经过大修后的线路，即使轨面平顺，但经过一段时间列车运行后，由于钢轨磨耗、轨枕状态、扣件松紧、道床捣固坚实程度以及路基状态等不同，会产生不均匀下沉，造成轨面高低不平。在钢轨接头附近下沉较多，出现坑洼；有些地段，从表面上看轨面是平顺的，但实际上轨底与垫板或轨枕之间存在间隙（间隙超过2mm时称为吊板），或轨枕与道砟之间存在空隙（空隙超过2mm时称为暗坑或空板），当列车通过时，这些地段的轨道下沉较大，也会产生不平顺，这种不平顺称为动态不平顺。轨道的前后高低会加剧列车的上下振动，使乘客有不舒适的感觉。控制纵向不平顺能降低轮轨间的动力作用，减小对轨道的破坏。

高低要求目视平顺，用10m弦线在钢轨顶面中间测量最大矢度值，最大矢度即弦线与钢轨顶面之间的距离最大者。按照《铁路线路维修规则》的规定，高低差用10m弦量误差不得超过4mm。

四、轨向

轨向（也称方向）是指轨道中心线在水平面上的平顺性，即轨道的中心线位置应和它的设计位置一致。按照行车平稳与安全的要求，轨道走向要求直线段平直，曲线段圆顺，否则会引起列车蛇形运动。但在列车运行过程中，往往使得直线轨道不直，曲线轨道不圆顺，表现为直线段形成长度为10~25m的波浪形曲线，曲线轨道则在缓和曲线和圆曲线上发生曲率变化，形成有许多不同曲率半径圆弧组成的复曲线。方向不平顺使轨道方向不良，对行车的安全和平稳运行造成严重的威胁。在无缝线路地段，若轨道方向不良，在高温季节还会引起胀轨跑道，严重威胁行车安全。

相对于轨距来说，轨向往往是行车稳定性的控制性因素，对行车的平稳性有特别重要的意义。因此，要定期检测轨向，并及时更正。直线段轨向用10m弦线在钢轨顶面以下16mm处测量矢度值，其允许误差正线不得超过4mm，其他线不超过6mm。曲线段轨向用20m弦线在钢轨顶面以下16mm处测量矢度值，称为正矢，其误差正线不得超过4mm，其他线不超过6mm。

五、轨底坡

因车轮踏面的主要部分为 1：20 的斜坡，为使钢轨顶面与车轮踏面斜坡相吻合，使轮轨接触集中于轨顶中部，提高钢轨的横向稳定性，避免或减小钢轨偏载，减小轨腰的弯曲应力，减轻轨头不均匀磨耗，延长钢轨的使用寿命，在直线上，钢轨不应竖直铺设，而要适当地向内倾斜。由此产生的钢轨底面相对于轨枕顶面的倾斜度称为轨底坡，实际上就是钢轨的内倾度。如果钢轨保持竖直，车轮的压力将离开钢轨的中心线而偏向道心一侧，其结果将使钢轨头部磨耗不均，腰部弯曲，在轨头与轨腰连接处发生纵裂，甚至折损。

正线、辅助线和车场线上的钢轨，应设置 1/30 或 1/40 的轨底坡。曲线地段要根据超高的不同情况调整。道岔碎石道床辙叉跟端轨缝后一定范围内是普通长轨枕，在无轨底坡道岔间不足 50m 不应设置轨底坡。轨底坡的设置是通过混凝土轨枕在制作过程中实现的，混凝土轨枕的承轨台已按规定设计有一定的坡度，对于线路的各种特定地段，还必须在轨下增设斜型垫片加以改善。

列车运行时，车辆踏面与钢轨顶面接触，由于车轮踏面有一个倾斜坡度，因此钢轨的倾斜度必须和车轮踏面的倾斜度基本吻合。轨底坡设置是否正确，可根据钢轨顶面有车轮踏面碾磨形成的光带位置判断，一般情况下要求光带宽度一致，并稍偏向轨头中心内侧。如果不符合，轮轨接触点将偏离轨面中心线。轨面上因车轮碾压会形成明亮的光带，如果光带居中，说明轮轨接触点良好，轨底坡适宜；如果光带偏向内侧，说明轨底坡偏小，如果不纠偏，就会加剧钢轨内侧的磨耗；如果偏向外侧较多，则说明轨底坡偏大。

六、线间距

线间距为上下行线路或两相邻线路中间线之间的垂直距离，通常为 4.5~5m。

【拓展提高】

轨道类型

轨道是由不同力学性能的部件组成的工程结构物，为适应运营条件的需要，就产生一个合理配套问题，应有不同的轨道类型与之相适应。我国铁路正线轨道分为特重型、重型、次重型、中型和轻型五种类型。轨道类型应考虑以下因素：

首先是轨道各个部件要有足够的强度和稳定性，在荷载作用下，应力、应变不超过允许值。钢轨是轨道结构中最重要的部件，先确定钢轨类型，然后从技术经济观点出发，确定与之配套的轨枕类型与铺设数量，以及道床的材料与断面尺寸，使之组成一个等强度的整体结构，充分发挥各部件的作用。

轨道类型与铁路等级有关，这实际上就是与运营条件相适应的问题；属于同一等级的铁路，近期运量与远期的发展也有很大差别，所以应采用由轻到重，逐步加强的原则。

轨道类型的选择还应考虑经济性。轨道类型标准越高，一次投资和大修费用越大，但经常维修和养护费用较少，使用寿命较长，也就是说，分摊至每单位运量的运营费用越低。因此，各种类型轨道的适应范围是以它的使用期限内大修投资成本和维修养护费用合计为最小作为依据加以确定的。

【任务实施】

依据基础理论知识，提出任务目标：地铁公司轨道形位几何要素检测调查。将学生按照生源地进行分组，每组同学深入地铁公司进行调查，认知本地铁公司轨道形位几何要素检测方法及标准，根据不同小组的调查报告，进行综合评价。

任务九　无缝线路的认知

【任务描述】

本任务主要介绍无缝线路的类型、结构及轨道温度应力等相关理论知识，通过对理论知识的学习，辅以多媒体课件教学，使学生对无缝线路有全面的认知。

【基础理论】

普通线路的钢轨接头是轨道结构的薄弱环节，列车通过时，车轮对接缝处轨端产生巨大的冲击振动，车速越高，冲击强度越大，不仅影响行车的平稳性和乘客的舒适度，而且还加剧了轨道设备的破损程度。在接头冲击力的作用下，轨道各部件的使用寿命缩短，线路状态恶化，接头区轨道养护维修工作量大。

从20世纪30年代开始，人们一直致力于将钢轨接头焊接成尽可能长的长轨条，消除钢轨接头。铺设无缝线路的研究与实践，解决了接头焊接，长轨条在列车动力和温度应力共同作用下的强度和稳定性，长轨运输、铺设施工、养护维修等一系列理论和技术问题，使无缝线路在世界各国得到广泛的应用。

为减少接头，用普通标准钢轨焊接成一定长度的长钢轨所铺设的轨道称为无缝线路。无缝线路的铺设，在相当长的范围内取消了钢轨接头，因此可以改善行车条件，减少振动和噪声，提高乘客的舒适度，减少列车和轨道的养护维修工作量，延长线路设备和车轮的使用寿命。因此在条件允许的路段尽量铺设无缝线路。

无缝线路通常是采用未经钻孔与淬火的25m长度的标准轨，先在工厂焊接成250～500m的长轨条，然后运抵线路铺设用地，再用气压焊接成1000～2000m或设计要求长度，铺设到线路上。

早期的无缝线路长度受闭塞分区和道岔的限制，轨道上还存在少量的接头，称为普通无缝线路。无缝线路发展的最初阶段是将普通无缝线路过渡到无缝线路，长约1～2km。随着无缝线路铺设技术的提高和发展，以及胶接绝缘接头和无绝缘轨道电路技术的应用，使无缝线路的长度突破闭塞分区限制，而只是在道岔处不焊连，铺设了区间无缝线路。可以将一般无缝线路进行焊连成几十千米甚至上百千米的长线路。城市轨道交通的正线均采用了超长型无缝线路的形式，基本上都是一轨贯通。无缝道岔设计、焊接与铺设问题的解决，为铺设跨区间无缝线路创造了条件。现在除了特殊的长大桥梁外，跨区间无缝线路长度已不受限制。

我国从1996年开始铺设跨区间无缝线路，最长的轨条长达200km。跨区间无缝线路的优点为：无缝线路的长轨条贯通区间，并与车站道岔焊连，取消了缓冲区，彻底实现了线路的无缝化，全面提高了线路的平顺性与整体强度；取消缓冲区后，轨道部件的损耗和养护维修工作量进一步减少；钢轨接头的取消，进一步改善了列车运行条件；伸缩区与固定区交界处因温度循环而产生的温度应力峰以及伸缩区过量伸缩不能复位而产生的温度应力峰，都由于伸缩区的消失而消失；跨区间无缝线路的防爬能力较强，纵向力分布比较均匀，锁定轨温容易保持，线路的安全性和可靠性得到提高；跨区间无缝线路长轨条温度应力升降平起平落，不会影响温度应力峰，可适度提高锁定轨温，从而提高轨道的稳定性。

一、无缝线路的类型

无缝线路分为温度应力式和放散应力式两种。

温度应力式无缝线路又称为锁定式无缝线路，用线路配件将钢轨锁定，无论是轨温上升还是下降，通过多种阻力，如接头阻力、道床纵向阻力及扣件阻力等与温度应力（无缝线路上当轨温变化时，由于钢轨被锁定无法伸缩，在钢轨内部产生的内力）相抗衡，使钢轨内应力得到锁定，不让其释放。地面线路及地下线路的正线、联络线、出入场/段线的直线和半径不小于200m曲线的整体道床地段，半径不小于400m曲线的碎石路段以及长度大于1000m的试车线都宜铺设温度应力式无缝线路。

放散应力式无缝线路对钢轨不完全锁定，在长钢轨两端设置伸缩调节器，当轨温发生变化时，钢轨内应力随钢轨的伸缩得到一定程度的释放，使长钢轨在温度应力作用下进行一定程度的伸缩，从而既保证轨道的稳定性，又保证最低轨温下钢轨之间的轨缝不超过允许值。高架线路均采用放散应力式无缝线路，以减少钢轨内应力对桥梁所产生的影响。

二、无缝线路的结构

温度应力式无缝线路通常是由一对长轨及两端各2~4对标准轨组成的，即由固定区、伸缩区、缓冲区三部分构成，并采用普通接头的形式。固定区是指长钢轨两端接头，由于轨枕、扣件及防爬设备等阻力，长钢轨中间部分处于稳定状态而不能伸缩的范围，不得短于50m。伸缩区是在温度应力作用下，长钢轨两端在一定距离内有伸缩量的范围，其长度根据年轨温差幅值、道床纵向阻力、钢轨接头阻力等参数计算确定，一般为50~100m。缓冲区是调节轨缝变化所组成的范围，一般由2~4节标准轨组成，普通绝缘接头为4节，采用胶接绝缘接头时，可将胶接绝缘钢轨插在2节或4节标准轨中间，绝缘接头轨缝不得小于6mm。为防止长钢轨胀轨跑道和便于养护维修，在允许的设计锁定轨温范围内，将无缝线路全长的扣件、防爬设备全部松开，使积存在钢轨内部的温度力全部放散掉，这就是设置缓冲区的目的。

三、无缝线路伸缩调节器

伸缩调节器，又称温度调节器，是一种调节钢轨伸缩，在钢轨伸缩时保持其轨缝变化不致过大，以维持线路通顺的装置。

伸缩调节器由基本轨、尖轨大垫板、轨撑、导向卡（或导向轨撑）及连接零件组成，通过扣件固定在线路纵向的方向上，基本轨与尖轨两者之间能进行相对位移。当轨温发生变化时，无缝线路的伸缩区即推（或拉）动调节器伸缩，钢轨位移的发生使无缝线路的温度应力得到一定量的释放，大大降低了对线路的影响。

(一) 伸缩调节器的种类与特征

伸缩调节器主要按尖轨与基本轨平面形式不同来区分，有直线型、折线型、曲线型三种。

1. 直线型

尖轨与基本轨的贴合面为一直线。基本轨固定在大垫板上，尖轨相对于基本轨而伸缩。因此，尖轨尖端的轨距随伸缩量的大小而变化，对行车和维修都很不利。由于尖轨尖端轨距的限制，这种调节器的伸缩量不能太大，或者尖轨就要求很长，这种形式已很少采用。

2. 折线型

尖轨与基本轨的贴合面为一折线。基本轨固定在大垫板上，尖轨相对于基本轨而伸缩。因此，尖轨尖端的轨距随伸缩量的大小而变化，对行车和维修都很不利。

3. 曲线型

尖轨与基本轨的贴合面为一曲线。尖轨固定，基本轨相对于尖轨而伸缩。因此，尖轨尖端轨距固定不变，与基本轨伸缩量大小无关，对行车和维修都很有利。曲线型调节器的伸缩量可以比直线型和折线型都大。

(二) 伸缩调节器的铺设

1) 把伸缩调器设计位置两端的单元轨节先经过放散锁定，并在桥梁两侧挡砟墙上伸缩调节器设计相应位置做出标记。复核伸缩调节器在锁定轨温时的全长，与现场标记长度一致后，将长钢轨从两标记处锯开。

2) 利用轨道吊于另一线吊放轨枕于伸缩调节器位置处，根据伸缩调节器铺设图准确布枕，抽掉伸缩调节器范围内的普通轨枕（伸缩调节器两端各4根普通轨枕不用抽换），将道砟清除到轨枕底，枕下道砟必须平整，根据型号准确安装轨下橡胶垫板和铁垫板。

3) 在设计锁定轨温允许范围内铺设伸缩调节器钢轨。

4) 从另一线吊放伸缩调节器钢轨就位。先铺设基本轨就位，利用与相邻长钢轨端部轨缝调整基本轨的位置；接着铺设尖轨，使尖轨的中部与伸缩调节器的设计中心位置重合，安装好尖轨中部与根轨枕上的扣件；检查基本轨与尖轨的相对位置，然后安装扣件。

(三) 伸缩调节器的调整

在轨枕间填充道砟，并进行养护，调整轨距、轨向等各项几何尺寸。伸缩调节器位于直线上时，轨向用20m弦线测量外矢距协助调整；位于曲线上时，轨向用40m弦线测量外矢距协助调整。

四、无缝线路轨道温度应力

一根长为 L，不受任何约束且可自由伸缩的钢轨，当轨温变化 Δt 时，其伸缩量为

$$\Delta L = \alpha L \Delta t$$

式中　α——钢轨的膨胀系数，$\alpha = 0.0000118/℃$。

如果钢轨两端完全被固定，不能随轨温变化而自由伸缩，则在钢轨内部产生温度应力，温度应力为

$$\sigma_t = E\alpha\Delta t$$

式中　E——钢轨的弹性模量，$E = 2.1 \times 10^7 \text{N/cm}^2$。

$E\alpha$ 称为温度应力对轨温的变化率，它与钢轨的长度和横断面面积无关。将 E、α 的值

代入上式，得温度应力 $\sigma_t = 2.5\Delta t$（MPa）。

一根钢轨承受的温度应力 P_t 为

$$P_t = \sigma_t F = 2.5 F \Delta t$$

式中 F——钢轨的断面面积（mm^2）。

对于 60kg/m 钢轨，其断面面积为 $F = 7745 mm^2$，钢轨被完全约束后，轨温变化 1℃ 时，一般钢轨承受的温度应力 $P_t = 2.5 \times 7745 \times 1 N = 19363 N$。

由上述公式可以看出，无缝线路长钢轨内的温度应力与钢轨长度无关，与轨温变化 Δt 有关，降低钢轨内部温度应力的关键，在于控制温度变化。因此从理论上讲，无缝线路的钢轨长度可以无限长。这正是发展全区间和跨区间无缝线路的理论依据。在无缝线路的发展过程中，由于胶接绝缘接头、无缝道岔、桥上无缝线路等理论，结构设备技术以及施工和养护等技术的不断发展，钢轨长度将逐步加长，以最大限度地消除钢轨接头。

【拓展提高】

钢轨焊接

钢轨焊接是指将标准长度的钢轨在工厂或现场用焊接方法焊接成所需长度的长钢轨，铺设于无缝线路的一种钢轨联结方式。发展无缝线路技术，消灭钢轨接头，不仅可以提高行车平稳性，降低牵引阻力，减少养护维修工作量，而且大大减少了钢轨接头破损，是合理使用钢轨的有效措施之一。无缝线路长轨条长度从最初的 1~2km 发展至今天的上百千米，钢轨焊接成为其必不可少的钢轨联结技术。

钢轨焊接是铺设无缝线路的重要环节，焊道几何外形尺寸的平顺和内部质量，是保证无缝线路正常运用的关键。为提高焊后焊道几何外形的整修质量，应采用焊瘤推凸机、钢轨焊道整修专用精铣机或研磨机进行整修，以满足钢轨平顺性要求。

钢轨焊接的主要方法有闪光焊、气压焊、铝热焊三种。

1. 闪光焊

根据电流的热效应原理，把被焊接的钢轨安放在相对的两个夹具内，端部通以强大的电流，由于对接钢轨之间存在着较大的电阻，因而产生大量的热量将轨端加热，当钢轨被加热到塑性状态时，以极快的速度予以挤压，这种在对焊机上进行的焊接方法称为闪光焊。

2. 气压焊

气压焊是用气体（乙炔-氧）燃烧的火焰加热钢轨端头，使其温度达到 1200℃ 左右，轨端加热至塑性状态，在预施的压力挤压下，使两根钢轨挤压在一起，从而把钢轨焊接起来。

3. 铝热焊

铝热焊是利用铝热焊剂的剧烈化学反应，铁的氧化物被铝还原成铁液，同时产生大量热量，把高温铁液浇注于固定在两钢轨轨缝处的砂型内，将两根钢轨铸焊在一起。

三种焊接方法中，闪光焊焊接速度快，焊接质量稳定，且已有可适应线上焊接的大型移动式焊机，但焊机投资大，所需电源功率也较大；闪光焊是母材焊接，不加入钢轨材质本身之外的成分，使用较多。气压焊的一次性投资小，不需要有大功率电源，焊接时间短，焊接质量好，缺点是在焊接时对接头断面的处理要求十分严格，并且在焊接时需要钢轨有一定的纵向移动，因此对超长钢轨的焊接有一定难度，特别是无法进行跨区间无缝线路的线上焊接；气压焊也是母材焊接，不加入钢轨材质本身之外的成分，使用较少。铝热焊的焊接方法较为简单,对操作人员的要求相对较低,焊接时间短,可在钢轨固定的情况下进行焊接,但焊接质量不如闪光焊和气压焊;铅热焊是一种非母材焊接方法,焊接后的接头位置主要成分是铝热剂还原的铁质。和钢轨母材不一样,铝热焊接头的强度比闪光焊和气压焊的接头强度低,一般用于在线钢轨的应急处置等,大量使用较少。

【任务实施】

依据基础理论知识,提出任务目标:工务段无缝线路制作方法调查。将学生按照生源地进行分组,每组同学深入地铁公司进行调查,认知本地铁公司工务段无缝线路制作方法,根据不同小组的调查报告,进行综合评价。

【复习思考题】

一、填空题

1. 轨道结构是地铁和轻轨交通的重要组成部分,一般由（   ）（   ）（   ）（   ）和（   ）组成。
2. 钢轨的类型是按（   ）来划分的,我国现行的钢轨类型有（   ）、（   ）、（   ）、（   ）等。
3. 钢轨的标准长度为（   ）和（   ）。
4. 钢轨接头按其左右两股钢轨接头位置分为（   ）和（   ）;按其与轨枕的位置分为（   ）和（   ）,目前我国铁路上均采用（   ）的形式。
5. 按轨枕的类型,可将轨枕扣件分为（   ）和（   ）。
6. 道床一般有（   ）和（   ）两种类型。
7. 轨道的几何形位指轨道各部分的几何形状、相对位置及基本尺寸,轨道的几何形位要素主要有（   ）、（   ）、（   ）、（   ）及（   ）等。
8. 我国城市轨道交通线路直线地段的轨距均采用（   ）。《铁路技术管理规程》规定线路、道岔轨距的静态允许最大偏差为（   ）和（   ）。
9. 前后高低要求目视平顺,其偏差用（   ）测量最大矢度值,按照《铁路线路维修规则》的规定正线不应超过（   ）。
10. 正线、辅助线和车场线上的钢轨应设置（   ）或（   ）的轨底坡。
11. 道岔是使列车由一条线路（   ）或（   ）另一条线路的连接设备,是轨道的一个重要组成部分。
12. 转辙器部分由（   ）、（   ）、（   ）、联结零件及（   ）等组成。
13. 滑床板设在（   ）长度范围内的轨枕上,其作用是支承（   ）和（   ）,保证尖轨在滑床板顶部的滑床台上能左右摆动。
14. 轨撑设于（   ）外侧,以阻止（   ）横向移动并保持基本轨与尖轨之间的轨距。
15. 转辙机械用于扳动（   ）到不同位置,使道岔能准确地开通直线或侧线。
16. 辙叉设于道岔中两条线路相交处,由（   ）及联结零件等组成。
17. 交叉渡线由四组类型和号数都相同的（   ）、一副（   ）和连接钢轨组成,用于平行线路之间的连接。
18. 三开道岔有（   ）对尖轨,其连接部分有两根（   ）,两对（   ）;辙叉及护轨部分有三副（   ）、四根（   ）,后辙叉无法在主线内设护轨,因此主线行车速度受到限制。

二、名词解释

1. 道床肩宽
2. 轨距

3. 前后高低
4. 水平
5. 方向
6. 辙叉角
7. 辙叉咽喉
8. 有害空间
9. 菱形交叉

三、简答题

1. 简述钢轨的作用。
2. 简述轨枕的作用及特点。
3. 简述使用接头联结零件时的注意事项。
4. 简述中间联结零件的作用。
5. 什么是轨道的爬行？
6. 什么是左开道岔和右开道岔？
7. 护轨的作用是什么？
8. 简述可动心轨辙叉的特点。

四、画图题

1. 画出钢轨的横断面简图并标注其各组成部分名称。
2. 用钢轨作用边表示左开或右开道岔并标注其各组成部分名称。
3. 试用中心线法表示 9 号右开道岔。（保留作图痕迹）
4. 试用中心线法表示 6 号对称道岔。（保留作图痕迹）
5. 试分别用图形表示对接和错接，悬接和垫接。
6. 道岔的几何要素有哪些？（结合图形表示出来）

五、论述题

1. 简述钢轨的选型标准。
2. 简述横向轨枕、纵向轨枕、短轨枕及宽轨枕的区别。
3. 简述异形接头、导电接头和绝缘接头分别在何种情况下使用。
4. 简述碎石道床和整体道床的区别。
5. 为什么轨距的测量部位在钢轨顶面下 16mm 处？
6. 简述轨道爬行的危害。
7. 阐述对尖轨的要求。
8. 简述连接杆和拉杆的区别。
9. 简述辙叉理论尖端和辙叉实际尖端的区别。
10. 简述现场鉴别道岔号的方法。

项目四　车　站

▶ 【教学目标】

培养学生对站场在城市轨道交通系统中的重要性认知；熟悉车站的分类、车站建筑空间以及车站组成等相关知识；培养学生认真、细致、严谨的工作作风。

【知识要点】

1. 车站按所处位置分类。
2. 车站按运营性质分类。
3. 车站按站台形式分类。
4. 车站按规模分类。
5. 车站按乘客换乘方式分类。

【能力目标】

能识别各种类型车站。

【重点掌握】

1. 中间站、折返站、换乘站、联运站及枢纽站的功能及图形表示。
2. 岛式车站和侧式车站的区别。
3. 深埋车站和浅埋车站的区别。

任务一　车站分类

【任务描述】

本任务主要介绍车站按所处位置分类、按运营性质分类、按站台形式分类、按规模分类、按乘客换乘方式分类等相关理论知识，通过对理论知识的学习，辅以多媒体课件教学，使学生对各种类型车站有全面的认知，较早对城市轨道交通行业有直观的认识。

【基础理论】

在城市轨道交通的线路上，供列车到、发、通过，折返及乘客正常乘降的分界点称为车站。车站是城市轨道交通与乘客联系的最重要节点，是在城市轨道交通线路上设有配线，供列车到、发、通过、折返及乘客集散的唯一场所，所以是城市轨道交通路网中一种重要的建筑物。车站应能保证乘客使用方便，安全、迅速地进出车站，并有良好的通风、照明、卫生及防灾等设备，以给乘客提供舒适、清洁的环境，能全面可靠地满足运营要求。

车站应容纳主要的技术设备和运营管理系统，从而保证城市轨道交通的安全运行。车站间的距离在市区宜为 1km，在郊区不宜大于 2km。

城市轨道交通车站按不同的标准有不同的类型，主要按其所处位置、运营性质、站台形式、规模、埋深和结构、结构横断面形式、乘客换乘方式及是否具有站控功能等进行分类。

（一）按车站所处位置分

车站按其所处位置可分为地下车站、地面车站和高架车站三种类型。

1. 地下车站

受地面建筑群影响，线路设置于地下，其车站也设置在地下，主要是为了节省地面空间，如图 4-1 所示。其特点有：空间封闭、狭长、结构类同；站内噪声大；站内温度高；发生火灾后扑救困难；机械通风、人工照明；施工比较复杂；节约城市用地；有良好的防护功能。

2. 地面车站

车站设置在地面层，由于占用地面空间，容易造成轨道交通区域分割，所以一般在城乡接合部采用此类型车站，如图 4-2 所示。其特点有：车站简易，工程量小，布置灵活；乘客进出车站方便；可自然通风和天然采光，节约费用和能源；安全疏散比较容易；造价较低。最大的优点是造价低。

图 4-1 地下车站

3. 高架车站

车站设置于高架桥上，如图 4-3 所示。其特点有：在结构上比较简单，造价大大低于地下车站；有行车噪声干扰，根据情况采取封闭或不封闭隔离噪声；有永久性的阴影区；占城市地面用地较少；比地下车站施工简易。

图 4-2 地面车站

图 4-3 高架车站

(二)按车站运营性质分

车站按其运营性质可分为终点站、中间站、折返站、换乘站、枢纽站、联运站,如图 4-4 所示。

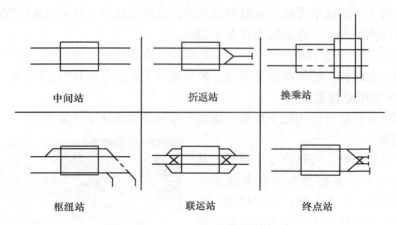

图 4-4 城市轨道交通车站示意图

1. 终点站

终点站是设在线路两端的车站。终点站也是起点站(或称始发站),除了供乘客上、下车外,还用于列车折返及停留,因此终点站一般设有多股停车线。如果线路需要延长时,则终点站可作为中间站或折返站来使用。

2. 中间站(即一般站)

中间站仅供乘客上、下车之用,功能单一。它是城市轨道交通路网中数量最多的车站。另外,由于车站所处位置不同,它还具有购物、城市景观等其他功能。中间站通常由站台、车站大厅或广场、售票厅、城市轨道交通企业专用空间和出入口通道组成。

3. 折返站(即区域站)

折返站也称为区域站,是设在两种不同行车密度交界处的车站,兼有中间站的功能。折返站是在车站内有折返线和折返设备的中间站,能使列车在站内折返或停车。在该站到达的折返列车上的全部乘客都要下车,列车调头后,从本站出发的乘客再上车。

4. 换乘站

换乘站是位于两条及两条以上线路交叉点上的车站。它除了具有中间站的功能外,更主要的是它还可以从一条线路上的车站通过换乘设施转换到另一条线路上的车站。

5. 枢纽站

枢纽站位于城市轨道交通线路分岔的地方,其中有一条是正线,可以在两个方向上接车和发车、接送两条线路上的乘客。

6. 联运站

车站内设有两种不同性质的列车线路进行联运及客流换乘,联运站具有中间站及换乘站的双重功能。

(三)按站台形式分

车站按站台形式可分为岛式站台车站,侧式站台车站,岛、侧混合式站台车站,如图 4-5 所示。

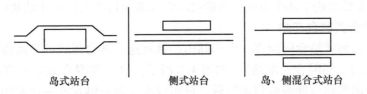

图 4-5　车站站台形式分类示意图

1. 岛式站台车站

站台位于上、下行行车线路之间，这种站台布置形式称为岛式站台。具有岛式站台的车站称为岛式站台车站（简称岛式车站），如图 4-6 所示。岛式站台需用中间站厅解决客流集散问题，如岛式站台设计成双层，就可利用地下一层的两端或两侧做一部分设备用房，而办公、污水等房间可设置在站台所在的地下二层。岛式车站是一种常用的车站形式，具有站台面积利用率高、能调剂客流、乘客中途改变乘车方向方便、车站管理集中、站台空间宽阔等优点，因此，一般用于客流量较大的车站。

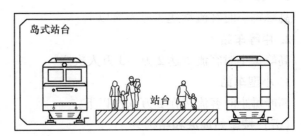

图 4-6　岛式站台车站

2. 侧式站台车站

站台位于上、下行车线路的两侧，这种站台布置形式称为侧式站台。具有侧式站台的车站称为侧式站台车站（简称侧式车站），如图 4-7 所示。侧式车站的优点是上、下行乘客可避免相互干扰，正线和站线间不设喇叭口，造价低，改建容易，但是，站台面积利用率低，不可调剂客流，中途改变方向需经过地下通道或天桥，车站管理分散，站台空间不如岛式站台宽

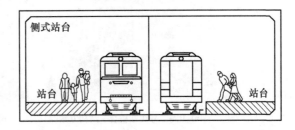

图 4-7　侧式站台车站

阔。因此，侧式车站多用于两个方向客流量较均匀（或流量不大）的车站及高架车站。

3. 岛、侧混合式站台车站

将岛式站台及侧式站台同设在一个车站内，具有这种站台形式的车站称为岛、侧混合式站台车站（简称岛、侧混合式车站），如图 4-8 所示。岛、侧混合式车站常用于规模较大的车站，主要用于两侧站台换乘或列车折返，可布置成一岛一侧式或一岛两侧式。

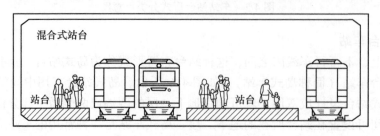

图 4-8　岛、侧混合式站台车站

（四）按车站规模分

车站按其规模可分为大型车站、中等车站和小型车站。

1. 大型车站

高峰每小时客流量达 3 万人次以上。

2. 中等车站

高峰每小时客流量达 2 万～3 万人次。

3. 小型车站

高峰每小时客流量在 2 万人次以下。

（五）按车站埋深和结构分

1. 按车站埋深分

地下车站按车站埋深可分为浅埋车站和深埋车站。

1) 浅埋车站。采用明挖法或盖挖法施工，线路轨道面至地表距离在 20m 以内。

2) 深埋车站。采用暗挖法施工，线路轨道面至地表距离在 20m 以上。

2. 按车站结构分

高架车站按结构可分为站桥合一结构车站和站桥分离结构车站，如图 4-9 所示。

a) 上海二号线站桥合一结构方案　　　b) 上海五号线站桥分离结构方案

图 4-9　车站按结构分类示意图

1）站桥合一结构车站。高架车站的结构和站内轨道结构是做在一起的。
2）站桥分离结构车站。站内轨道结构和线路高架桥的结构是连通的。

（六）按车站结构横断面形式分

车站按其结构横断面形式可分为矩形断面车站、拱形断面车站、圆形断面车站和其他类型断面的车站。

1. 矩形断面车站

矩形断面车站一般用于浅埋车站，是车站中常用的一种断面形式。车站可设计成单层、双层或多层；跨度可选用单跨、双跨或多跨。

2. 拱形断面车站

拱形断面车站常用于深埋车站，有单拱、多跨连拱等形式。单拱断面中部起拱，高度较高，两侧拱脚处相对较低，中间无柱，因此建筑空间显得高大，如建筑处理得当，会得到理想的建筑艺术效果。

3. 圆形断面车站

圆形断面车站用于深埋或盾构法施工的车站。

4. 其他类型断面的车站

主要有马蹄形、椭圆形等断面形式的车站。

（七）按乘客换乘方式分

1. 站台直接换乘

乘客在站台通过楼梯、自动扶梯等换乘到另一车站的站台。这种换乘方式线路短，换乘高度小，换乘时间短，换乘方便。

根据站台的布置形式又可分为：

（1）平行换乘　两个车站站台可平面平行或上下重叠。①平面平行设置。两站台面一般通过天桥或通道连接。②上下重叠设置。一般构成"一"字形组合，站台上下对应，便于布置楼梯、自动扶梯，换乘方便。

1）同站台平行换乘。两条线路平行交织时可以采用同站台平行换乘方式。换乘站的站台形式可以为双岛式站台，也可以为岛、侧混合式站台，站台为平行关系。双岛式站台能满足同站台两条线两个方向的换乘，岛、侧混合式站台仅提供两条线一个方向的换乘。

采用同站台换乘方式要求两条线要有足够长的重合段，工程量大，线路交叉复杂，施工难度大，需要把预留线车站及区间交叉预留处理好，所以尽量选用在两条线路建设期相近或同步建成的换乘点上。

2）同站台上下平行换乘。换乘站为上行两层岛式站台，同一条线的上下行线均设在站台同侧的换乘方式称为同站台上下平行换乘。这种换乘方式能满足同站台两条线相同方向的换乘，另一个方向的换乘则需要通过一次上下换乘楼梯来完成。

这种换乘方式的换乘站平面布置紧凑，占地比较小，换乘方便、快捷，换乘量大。这种换乘方式比较普遍。

（2）"T"形站台换乘　两个车站上下立交，其中一个车站的端部与另一个车站的中部相连接，在平面上构成"T"形组合。可采用站厅换乘或站台换乘，两个车站也可相互拉开一段距离，以减少下层车站的埋深。

（3）"十"字形站台换乘　两个车站中部相立交，在平面上构成"十"字形组合。

"十"字形换乘车站采用站台直接换乘的方式。

2. 站厅换乘

站厅换乘是指乘客由某层车站站台经楼梯、自动扶梯到达另一个车站站厅的付费区内，再经楼梯、自动扶梯到达站台的换乘方式。这种换乘方式多用于相交的两个车站。站厅换乘为辅助换乘，当两条线路相交采用上下站台直接换乘有困难时，可以采用站厅换乘。乘客下车后，无论是出站还是换乘，都必须经过站厅，再根据导向标识出站或进入另一站台继续乘车。

站厅换乘一般采用"L"形布置，即两个车站上下立交，车站端部相互连接，在平面上构成"L"形组合。在车站端部连接处一般设站厅或换乘厅，有时也可将两个车站相互拉开一段距离，使其在区间立交，这样可减少两站间的高差，减少下层车站的埋深。

这种换乘方式由于下车客流只朝一个方向流动，减少站台上人流交织，乘客行进速度快，在站台上的滞留时间缩短，可避免站台拥挤，同时又可减少楼梯等升降设备的总数量，增加站台有效使用面积，有利于控制站台宽度规模。但是这种换乘方式乘客必须先下（或上），再上（或下），换乘线路较长，换乘时间较长，换乘高度较大，有高度损失，需要设有自动扶梯，增加了用电量，造价较高。

3. 通道换乘

通道换乘是指两个车站不直接相交，距离很近，但又无法建造同一车站，因此换乘需要设置一条或多条专用通道。通道可以连接两个车站的付费区，也可以连接非付费区。

换乘通道的位置尽量设置在车站中部，可远离站厅出入口，避免与出入站客流交叉干扰，换乘客流不必出站即可直接进入另一车站的付费区内。通道换乘一般呈"工"或"L"字形布置，即两个车站在同一水平面平行设置，通过天桥或地道换乘，在平面上构成"工"或"L"字形组合。

这种换乘方式线路较长，通道长，换乘时间较长，不如同站换乘方式方便，对老弱孕残幼多有不便，投资大。但是通道换乘方式布置较为灵活，对车站设置有较大适应性，预留工程少，甚至可以不预留。通过设置专用换乘通道也能给乘客提供明显的换乘方向。通道宽度可以根据换乘客流量的需要设计，换乘通道长度一般不宜超过1000m。

（八）按是否具有站控功能分

城市轨道交通车站按是否具有站控功能可分为集中站和非集中站。

集中站通常为有道岔的车站，具有站控功能。集中站车站值班员根据调度命令，可监控集中站管辖线路上的列车运行，执行扣车与提前发车等列车运行调整措施。非集中站通常为既无道岔，又无列车控制功能的车站。

【拓展提高】

一、换乘站

换乘站在城市轨道交通线网中起着重要作用。其功能是把线网中各独立运营的线路搭接起来，为乘客换乘其他线路的列车创造方便条件。

乘客通过换乘站及其交通设施，实现两条或两条以上线路之间的换乘。换乘点的分布和换乘方式的灵活性，对整个城市轨道交通网络的整体功能是十分重要的，同时，换乘站的形式对城市轨道交通线网框架的稳定性也有较大影响。另外，由于换乘站是线网中不同线路的交叉点上乘客转线换乘的场所，除了供乘客上、下车外，还要实现不同线路之间的客流沟通。换乘站可以由中间站补充换乘设备而形成，或者开始就建成供两条及两条以上相交线路使用的联合车站。

为使线网形成一个四通八达的整体，以换乘站为基础，形成了许多大型综合换乘枢纽。大型换乘站（换乘枢纽或换乘中心）是城市轨道交通系统与其他交通方式之间的换乘。例如，在一个大型换乘中心，可以由几条轨道交通线之间的换乘，及其与公交、出租车或铁路、火车站之间的换乘，还可以在大型换乘中心内设停车场，作为乘客的中转站，达到与其他交通方式之间的换乘目的。在欧洲还有一些由数条轨道交通线、市郊铁路和公共交通车站组成的特大型综合换乘枢纽。

二、轨道交通与地面公共交通的换乘

我国各大城市都确定了以轨道交通为主，地面公共交通为补充的交通战略。这样可以充分发挥轨道交通大容量、准点、快速的优势，以及地面公交便利、反应速度快捷、布局容易改变的特点。因此，加强两者之间的接驳配套，形成科学合理的换乘体系已刻不容缓。

1. 轨道交通车站与地面公交配套枢纽接驳、换乘的困难

轨道交通车站在城市内大多设于地下或高架之上，乘客从地下或高架上到地面有一定的步行距离。轨道交通车站多设于交通繁忙的交叉路口，根据我国的交通规则，距交叉路口一定的范围内机动车辆不得停靠，即不能设置公交车站，这就加大了从轨道交通站出入口到公交站点的距离，乘客在这两种交通方式之间的接驳、换乘步行距离较大。

如果车站出入口位于路中央，乘客将把交通要道作为换乘通道，使本已拥挤的路面交通雪上加霜。

由于轨道交通车站和地面公交站点各自设置的特殊性、局限性，加之城市布局和周边建筑的先期性，给轨道交通和地面公交换乘的设计带来了很大的困难。

2. 轨道交通车站与地面公交配套换乘枢纽设置

城市规划和城市建设早于轨道交通建设许多年，城市地面公交的设置、建设早已成型，公交乘客也已习惯使用这种公交站点的设置。

在城市已形成格局的情况下进行轨道交通线网规划、设计、接驳换乘配套，难免会出现不协调、不尽如人意。而且轨道交通建设初期，建设方注意力会集中在轨道交通自身的建设上，没有把精力放在与其他交通形式联系上。在地面公交与轨道交通配套问题上，地面公交调整往往只能浅尝辄止，难以进行系统优化调整。

在过去较长的一段时间里，我国的建设配套工程处于弱势地位，未引起足够的重视，配套资金也难以落实，由此产生了轨道交通站点周边的地面公交配套滞后，换乘不便，影响轨道交通发挥交通主动脉的优势。

3. 轨道交通车站与地面公交配套的换乘客流基础数据

城市轨道交通与地面公交配套的目的在于组织客流，进而以最短的时间运送最多的出行客流。相关部门在地面公交系统与轨道交通配套中曾做出过一定的努力，但是由于近年轨道交通发展速度相当快，我国的社会经济结构进行了有史以来最大的调整：

1）大中型企业转制、调整、关、并，工作出行的客流发生了很大变化。

2）旧城区改造、城市 CBD 的形成、居民新村不断外迁，购物、上学、就医等发生了明显变化。

3）我国正处于农村人口向城市转移的关键时期，各大城市流动人口比例持续走高。

4）各大城市在向高科技、高水准发展的进程中，必然涌进大批人才，这些城市新移民的居住、出行习惯改变了以往客流的常规规律。

5）在世界经济中心向太平洋沿岸区域，特别是向我国转移的时刻，我国大城市在走向世界，以博大的胸怀迎接世界各国、各地区的人流，这些人员在各城市已达到一定数量，他们的出行客流有待研究。

以上因素反映了客流流向有很大的变化，而与此相关的数据库背景资料透明度不大，或资讯的传递途径不畅，更新率也较差，公共交通行业对这些背景资料的缺乏，使得在进行轨道交通与地面公交配套设计中难免捉襟见肘。

三、轨道交通与出租车配套换乘

出租车是城市公共交通中较高层次的出行工具，随着改革开放的深入发展，出租车行业得到了较快的发展。长期以来，有关部门对于出租车在城市公共客运体系中作用的认识不足，致使在市政建设中、轨道交通规划中，出租车的候客站配套严重滞后，导致乘客换乘极为不便。轨道交通车站一般均设置在交通繁忙、人流集中的地段，由于事先未规划设计出租车停车区域，而轨道交通换乘乘客又需要在此换乘，造成出租车违章停车候客，堵塞交通。

为体现以人为本、方便群众、为民服务的思想，根据我国城市道路具体情况，建议将轨道交通与出租车配套换乘区域设置在轨道交通车站出口处附近，最远不超过 50m。

四、P+R 换乘方式

政府有意识限制小汽车通行，在这些城市区域内，公共交通的乘坐率极高，人们出行变成开小汽车到居住地附近的轨道交通（地铁、轻轨或通勤列车）车站，停车，然后换乘轨道交通列车进城，称为"P+R"（Park and Ride）。

中国式的"P+R"，即骑车到轨道交通站点，寄放自行车换乘轨道交通车辆进城，变成一种群众自创的出行方式。

【任务实施】

依据基础理论知识，提出任务目标：地铁公司车站的类型调查。将学生按照生源地进行分组，每组同学深入地铁公司进行调查，认知本地铁公司车站的类型，根据不同小组的调查报告，进行综合评价。并分小组讨论不同类型车站的特点和优缺点。

任务二　车站建筑空间的认知

【任务描述】

本任务主要介绍车站主体的组成、出入口及通道设计以及车站内各种用房设计等相关理论知识，通过对理论知识的学习，辅以多媒体课件教学，使学生对车站建筑空间有全面的认知，较早对城市轨道交通行业有直观的认识。

【基础理论】

车站总平面设计首先要根据线路设计确定车站的站位，然后结合现场的周边状况确定出地面建筑物的位置等因素，进行站位的调整。

车站总平面设计的前期工作包括调查、收集资料，分析设计资料和确定功能要求。构思、落实设计方案，是做好车站总平面布局的关键。其中，收集资料主要包括：轨道交通线路、车站位置的地形、地貌图及该站的客流资料；有关城市道路、公交站点的资料；批准的用地范围内既有建筑物总平面图及规划总平面图；有关城市地下通道或天桥的位置；有关城市地下管网、地下建筑物、地下构筑物的资料；有关地区内的文物古迹及有保留价值的建筑物、构筑物和其他有关资料。

一、城市轨道交通车站建筑设计的原则

车站建筑设计的成功与否直接关系到城市轨道交通线路设计的成败，一般应遵循以下原则。

1）车站站位应满足城市规划要求，并应与线路方案协调。应对场地工程地质、水文地质条件、既有和规划的地下管线、地面建筑、地面公交线路等进行详细调查，尽量减少既有建筑物的拆迁和管线改移，尽可能避免施工对地面交通的干扰。

2）车站公用区应划分为付费区与非付费区。此两区由进、出站检票口进行分隔。换乘一般设在付费区内。

3）车站的站厅、站台、出入口楼梯和通道、升降设备、售票口、检票口等部位的通过能力应相互适应，且通过能力按远期超高峰客流量确定。

4）有噪声源的房间应远离有隔声要求的房间及乘客使用区；对有高音质要求的房间，均采取隔、吸声措施。

5）车站应考虑防灾设计和无障碍设计。

6）高架、地面车站的设计，不应影响地面城市道路交通功能。造型设计要与周围环境及城市景观相协调。车站与相邻建筑物的距离等应满足防火、防振动和防噪声等有关设计规范要求。在施工期间，应最大限度减少对城市交通的影响，充分利用市政配套设施（过街天桥、地下通道和地面横道线等）。

7）各车站均要考虑相应的市政配套设施，如自行车棚、停车位等。

8）设于道路两侧的出入口宜平行或垂直于道路红线。客流量大的出入口应设小型集散广场，设自行车停车场。出入口风亭应设在空气洁净的地方，任何建筑物距风亭口部的直线距离不应小于5m。风亭建筑宜后退道路红线布置，一般后退距离不小于3m，位于城市主干道的后退距离不小于5m。特殊地段经规划同意可贴近红线。风亭的设置应尽量远离居民、学校等建筑，并征得环保等部门的同意，排风口不应面向建筑。

二、城市轨道交通车站的总平面布局

车站总平面布局是在车站中心位置及方向确定后，根据车站所在地周围的环境条件对车站布局的要求，选定车站类型及合理设计出入口、通道、通风道等设施的过程。地铁车站平

面设计概图如图 4-10 所示。

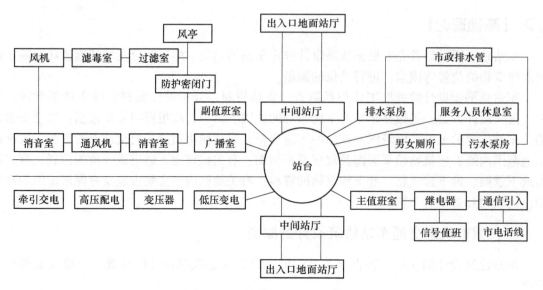

图 4-10　地铁车站平面设计概图

车站总平面布局既要求使乘客能够安全、迅速、方便地进出车站，又要求能与周围的建筑物、道路、交通、大型商场、购物中心等相互协调，使之相互统一、融合，构成统一体。在进行车站总平面布局时，首先应考虑以下两个方面。

1. 站位选择

车站站位的比选、确定是总平面设计的首要任务。在对基础资料进行分析后，应按照车站所处区域的条件，对车站的站位、主体工程建筑布置、出入口通道、风亭位置、车站结构形式以及初步施工方法进行综合研究，以保证站位选择既满足功能要求，又能照顾到周围的实际情况。在站位选择时，还要考虑拆迁工程，并统筹兼顾施工期间的地面交通。在统一考虑工程地质、地下管线条件的前提下，尽量减小车站埋深，以减小乘客进出站时间，降低工程造价。对条件较为复杂的车站，除进行多方案比选外，还应征求规划等部门的意见，反复研究，细致优化。

一般车站都建在城市道路和城市公共建筑较密集的地带，主要以设于道路交叉口、横跨道路、平行道路三种情况为主要特征，以便充分发挥城市轨道交通系统的功能，同时还可兼备城市其他功能的作用，如人行过街以及连接车站周围公共建筑。

2. 近、远期规划建设应统一

在进行车站总平面布局时，还应根据车站近、远期规划发展需要，结合车站具体条件和实际情况，采取一次建成、分期实施的方式建设，做到既能满足现状，又符合远期发展要求，为以后的建设留有余地。

三、车站的组成

按照车站建筑的空间位置，车站一般包括车站主体、出入口及通道、通风道及风亭（地下）和其他附属建筑物，如图 4-11 所示。

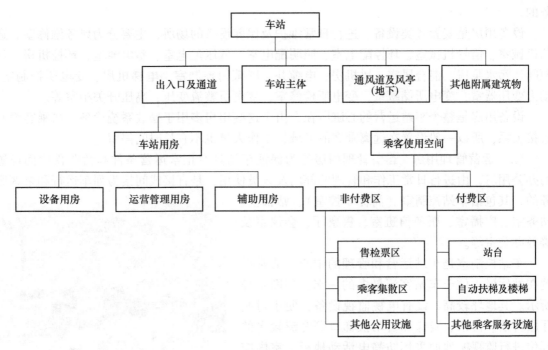

图 4-11 车站建筑设施构成示意图

（一）车站主体

车站主体是列车的停车点，它不仅是供乘客上下车、集散和候车的地方，也是办理运营业务和设置运营设备的地方。

车站主体根据功能的不同，又可分为乘客使用空间和车站用房两部分。

1. 乘客使用空间

乘客使用空间是车站设计的重点，它对车站类型、总平面布局、车站平面、结构横断面形式、功能是否合理、人流路线组织、面积利用率等设计有较大的影响，设计时要注意人流流线的合理性，以保证乘客方便、快捷地出入车站。

乘客使用空间又可分为非付费区和付费区。

（1）非付费区 非付费区是乘客购票未正式进入站台前的流动区域。一般有较宽敞的空间，根据需要可设售检票设施、楼梯、银行、公用电话、小卖部等。

非付费区的最小面积一般可以参照能容纳高峰小时 5min 内可能聚集的客流量的水平来推算。

（2）付费区 付费区包括站台、楼梯、自动扶梯和部分站厅等设施，它是为停车和乘客乘降提供服务的设施。

2. 车站用房

各城市轨道交通公司对城市轨道交通车站用房的定义不尽相同。一般来讲，车站用房包括设备用房、运营管理用房和辅助用房三部分。根据客流的大小，在不影响客流集散的同时还可以设置商业用房。

（1）设备用房 设备用房是为保证列车正常运行，保证车站内具有良好环境条件及在事故灾害情况下能及时排除灾害不可缺少的场所，它是直接或间接为列车运行和乘客服务的。

设备用房是安置各类设备、进行日常维护及保养设备的场所，主要分为票务维修室、通信机械室、信号机械室、环控配电室、照明配电室、低压配电室、蓄电池室、环控机房、气瓶间、污水泵房、混合风室、风机房、电缆井、屏蔽门控制室、电梯机房、变电所控制室、动力变压器室、变电所储藏室、变电所检修室、变电所整流变压、高压开关柜室等。

设备用房是整个车站运营的心脏所在，由于这些用房多用于摆放系统设备，与乘客没有直接关系，所以一般设置在远离乘客的区域，工作人员也不宜长时间停留。

（2）运营管理用房　运营管理用房是为保证车站具有正常运营条件和营业秩序而设置的办公用房，由进行日常工作和管理的部门及人员使用，是直接或间接为列车运行和乘客服务的，其包括车站控制室（简称车控室）、站长室、站务室、广播室、票务值班室、售票厅、会议室及警务办公室等。

车站控制室是车站运营和管理的中心，通常设置在站厅层，位于车站客流最多的一端，如图4-12所示。其地坪较高，设有电视监视设备，便于对站厅层售票、检票、楼梯和自动扶梯口等客流较多的部位进行监视。地面采用防静电活动地板，室内应采取隔声和吸声措施。

图4-12　车站控制室

票务室是车站票务工作的心脏，是现金、车票、票务物资的集散地。

（3）辅助用房　辅助用房的主要功能是为乘客办理各种有关乘车的业务，或提供与乘车相关的咨询业务。辅助用房主要有客服中心、临时票厅等。

（4）其他用房　为了车站内部工作人员的正常生活所设置的用房，主要有更衣室、休息室、医务室、茶水间、卫生间、备品库、垃圾间、清扫工具间及站台监视厅等，有些车站还设有公用电话亭、银行或自助银行等。

（二）出入口及通道

出入口及通道是供乘客进、出车站的建筑设施，如图4-13所示。

出入口用于吸引和疏解客流，其规模与出入口的总设计乘客流量有关。出入口一般布置在街道交叉口，以便能大范围地吸引和疏解客流。

乘客从车站出入口到站厅层、从站厅层到站台层需要通过一定的通道，车站通道是连接车站出入口和站厅或站内各层之间的纽带，主要由楼梯、自动扶梯、步行道及无障碍通道构成，如图4-14所示。从立体结构上，车站一般分为两层或三层，大型枢纽站分层更多，所以每层之间的通道设计也将直接影响到站内乘客流线的组织。通道的设计应以乘客流动的路线为主要考虑依据，并遵循两个原则，即减少进

图4-13　地铁出入口

出站乘客流线的交叉和最大限度缩短乘客从出入口到站台的走行距离。

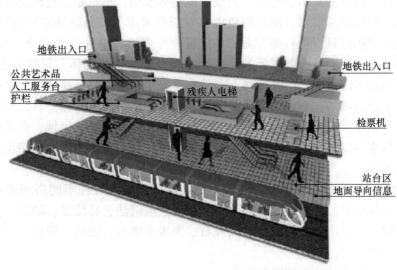

图 4-14　车站通道

（三）通风道及风亭

地下车站需要考虑通风道及风亭，其作用是保证车站有一个舒适的地下环境。车站是乘客非常集中的地方，尤其是地下车站，由于人流密集，环境相对封闭，造成车站环境空气很容易污浊。为保证乘客及车站工作人员身体健康，地下车站都设置了环境控制系统，可以为车站不间断地进行空气置换，以满足车站空气清新的要求，因此要设置相应的通风道和风亭以进行通风换气。

四、城市轨道交通车站建筑设计装修

1. 车站的建筑形式

在考虑车站的建筑形式时，应始终把车站功能排在第一位，在满足车站功能要求的基础上，处理好车站的建筑形式问题。

车站是城市建筑的组成部分，车站建筑必须与城市建筑和街道等相关部分协调，相辅相成。车站建筑形式要与城市环境有内在的联系，不同建筑形式具有不同的特点、不同的魅力。同样的建筑形式在一个城市可能是美的，但在另一个城市可能不美观。在一个城市可能是得体和必要的部分，而在另一个城市则可能是牵强和多余的。

2. 车站的艺术气息

随着城市的不断扩大，居民需要花费在出行上的时间越来越长。作为大城市公共交通运输系统中骨干地位的轨道交通系统是绝大多数居民首选的交通工具。

车站有限的空间内如何让乘客不感到压抑？地下车站，完全靠人工采光，如何让乘客与现实社会相沟通？如何让人在地下空间中不感到乏味、单调？越来越多的城市采用文化和艺术手法来装饰车站，如莫斯科地铁里的巨幅壁画、巴黎地铁里的文物和伦敦地铁里的现代艺术品等，车站已成为一个集交通、商业和艺术为一体的"地下世界"。

3. 车站的装饰装修

车站装修设计应遵循实用、经济、美观、简约等原则，车站是交通性建筑，乘客在站内停留时间很短，所以应从实用、简洁的角度出发进行考虑。车站装修主要包括顶、墙、柱、地面等部位以及照明灯具、色彩等方面，并且视觉标志是其中重要的部分。所谓视觉标志，是需要用人的视觉去辨别其所要表示的特定含义和内容的形象物体，包括标志、指示标志、导向标志等。车站客流量大，流动性强，要使乘客安全、有序、迅速地汇集和疏散，视觉标志的重要性是不言而喻的，必须做到清晰醒目、便于记忆、形象简练、含义明确并且艺术性要强。在站台、站厅、出入口及与车站相连的物业、火车站等公共区域，必须设置明显的导向标志，以引导乘客以最捷径的路线流动。另外，一些制作精美的广告灯箱也是车站里一道不可或缺的风景线。

（1）地面装修　地铁车站地面，由于车站的不同区域和各种不同房间要求不一致，对地面有不同的建筑要求。一般要求地面耐磨、防滑、易清洁、易修复、防潮、美观且具有光泽。在地面装修中，常用的装饰材料有大理石、美术水磨石、缸砖、瓷砖、马赛克、聚氯乙烯砖、橡胶、木地板等。

地铁车站中，常用的地面铺装种类有：

1）水磨石地面。水磨石地面分为现浇水磨石地面和预制美术水磨石地面。现浇水磨石是用大理石碎渣和水泥拌和作面层，普通水泥砂浆铺底，以玻璃条或铜条分格，采用人工或水磨石机磨光打蜡而成的。现浇做法施工期较长，所以常用工厂预制美术水磨石现场铺砌的办法。这类地面的优点是不起尘、易清洁、平整、打蜡后光滑美观，常用于地铁车站的集散厅和中间站厅的地面。

2）缸砖地面。缸砖地面由厚为 1.5~2.0cm 的红缸砖铺在水泥砂浆和水泥焦砟垫层上而成。此种地面具有耐磨、防滑的特点，常用于车站主要客流周转区域，如人行通道及出入口处的地面。

3）马赛克地面。马赛克是由高级菱苦土加铜矿石等烧制而成的，规格有 19mm×10mm 长方形或边长为 25mm 的正六边形，铺装时可做成各种图案。马赛克地面质地坚实、耐磨性好、防滑、可冲洗，但易于积土、施工繁杂、光亮度差。可用于通道、侧站台集散厅的地面，多用于盥洗室、卫生间和其他经常潮湿的地面，有时侧站台的安全警戒线标志也用它进行设置。

4）水泥地面。一般用 1:3 水泥砂浆面层、1:8 水泥焦砟垫层做成。这类地面表面平整、施工方便、造价低。它适用于办公、生活、仓库及无特殊要求的房间地面。

5）木地板地面。木地板地面由木板条、木龙骨、焦渣垫层构成。木地板富有弹性、易清洁、行走舒服、有吸声保暖的作用，一般用于广播室的地面。

为了确保乘客的安全，所有楼梯均设置耐磨防滑条。为明确划分站台边缘，距边缘约 250mm 处应做一条永久性的白色防滑警戒线。另外，站台边是车站最易发生人身事故的地方，所以防滑耐磨较为重要。除设置上述警戒线标志以外，站台边缘地面常用人造花岗岩或剁斧石铺砌。

（2）立柱装修　地铁车站的站台厅及集散厅部分，均设有立柱，通常为钢筋混凝土或钢管柱，其形状大致有圆形、矩形、方形、正多边形几种。从车站建筑艺术整体要求出发，柱的外表面均应进行装饰处理。

（3）墙面装修　墙面装修主要是指车站人行通道的侧面墙，中间站厅的内墙面以及站台部分的侧墙墙面的装修。通常采取的处理办法如下：

1）水磨石及大理石墙面。乘客接触区域较多的墙面，可采用预制水磨石或大理石墙面，做法与柱面相同。墙面混凝土需先凿毛后做饰面。钢丝网最好与墙钢筋焊在一起，然后用钢丝和镀锌铁丝将大理石板或预制水磨石板挂牢。

2）马赛克墙面。先将墙面混凝土凿毛，再抹水泥砂浆层，然后外贴马赛克。做法大致与马赛克地面相仿，这种墙面用于需要耐久的表面，另外因线缝较多，也常用于伪装墙的墙面。

3）外露混凝土墙面。乘客接触不到的建筑部位，不需要或者没有必要做上述饰面时，往往保持天然的混凝土表面，并加拉毛处理，拉毛方向以垂直方向较好，少积生以便清洗。这种拉毛墙面，可用在岛式站台车站两侧的墙面装修，它具有一定的吸声作用。另外，还有用精确模板灌注成的光滑表面。

4）喷漆墙面。墙面混凝土凿毛后，表面抹白灰砂浆，然后，外刷乳胶漆。此种墙面比较经济，但在设有风机送风的情况下，乳胶漆易脱落。

【拓展提高】

线路和道岔编号

为便于车站或车辆段生产指挥作业的联系和对设备的维修管理，对线路和道岔进行编号，同一车站或车辆段内的道岔和线路不得有相同的编号。

1. 线路编号

线路编号一般正线用罗马数字，其他线用阿拉伯数字。其中，上行正线一侧双数，下行正线一侧用单数。

2. 道岔编号

一般从车站两端用阿拉伯数字由外向内依次编号。上行列车到达端编为双数，下行列车到达端编为单数，同一渡线或梯线上的道岔应连续编号。

【任务实施】

依据基础理论知识，提出任务目标：地铁公司车站建筑调查。将学生按照生源地进行分组，每组同学深入地铁公司进行调查，认知本地铁公司车站建筑风格，比较各地铁公司车站建筑区别。根据不同小组的调查报告，进行综合评价。

【复习思考题】

一、填空题

1. 车站用房包括（　　　　）、（　　　　　　　）和辅助用房三部分。
2. 车站按其所处位置可分为（　　　　）、（　　　　）和（　　　　）。
3. 地下车站按车站埋深可分为（　　　　　）和（　　　　　）。
4. 车站按乘客换乘方式可分为（　　　　）、（　　　　）和（　　　　）。
5. 车站根据站台的布置形式又可分为（　　　　）、（　　　　）和（　　　　）。
6. 集中站通常为有（　　　　　）的车站，具有（　　　　）功能。

7. 我国各大城市都确定了以（　　　　）为主，（　　　　）为补充的交通战略。这样可以充分发挥轨道交通（　　　　）、（　　　　）、（　　　　）的优势，以及地面公交便利、反应速度快捷、布局容易改变的特点。

二、判断题

1. 按车站运营性质分，可分为地下车站、地面车站和高架车站。（　　）
2. 中间站是城市轨道交通路网中数量最多的车站。（　　）
3. 站台位于上、下行车线路的两侧，这种站台布置形式称为岛式站台。（　　）
4. 侧式站台多用于两个方向客流量较均匀（或流量不大）的车站及高架车站。（　　）
5. 按车站规模，小型车站高峰每小时客流量在 2 万人次以下。（　　）
6. 浅埋车站，采用明挖法或盖挖法施工，线路轨道面至地表距离在 20m 以上。（　　）
7. 车站按车站结构横断面形式可分为矩形断面车站、拱形断面车站、圆形断面车站、其他类型断面车站。（　　）
8. 换乘站位于城市轨道交通线路分岔的地方，其中有一条是正线，可以在两个方向上接车和发车、接送两条线路上的乘客。（　　）
9. 非付费区是乘客购票未正式进入站台前的流动区域。一般有较宽敞的空间，根据需要可设楼梯、自动扶梯和检票设施。（　　）
10. 辅助用房是为了车站内部工作人员的正常生活所设置的用房，主要有更衣室、休息室、医务室、茶水间、卫生间、备品库、垃圾间、清扫工具间及站台监视厅等。（　　）

三、简答题

1. 简述岛式车站和侧式车站的区别。
2. 简述深埋车站和浅埋车站的区别。
3. 简述车站的组成。
4. 车站按其运营性质如何分类？并简述其功能。
5. 付费区与非付费区有什么区别？

四、画图题

1. 请画出以下车站示意图。
（1）中间站
（2）折返站
（3）换乘站
2. 请画出以下站台示意图。
（1）岛式站台
（2）侧式站台

项目五 城市轨道交通车辆基地

【教学目标】

培养学生对车辆基地在城市轨道交通系统中的重要性的认知；使其熟悉车辆基地的功能、设计原则，停车场功能及设施，车辆段功能、组成、线路设置等相关知识；养成学生认真、细致、严谨的工作习惯。

 【知识要点】

1. 车辆基地的功能。
2. 车辆基地的设计原则。
3. 停车场的功能及设施。
4. 车辆段的功能、组成及线路设置。
5. 综合维修基地的功能及任务。

 【能力目标】

能掌握车辆段内各种线路的功能。

 【重点掌握】

1. 车辆基地的功能。
2. 车辆基地的设计原则。
3. 车辆段的功能、组成及线路设置。

任务一 车辆基地概述

 【任务描述】

本任务主要介绍车辆基地的功能及设计原则，停车场的功能及设施，车辆段的功能、组成及线路设置等相关理论知识，通过对理论知识的学习，辅以多媒体课件教学，使学生对车辆基地有全面的认知，较早对城市轨道交通行业有直观的认识。

【基础理论】

车辆基地作为城市轨道交通系统的运用、检修、材料、后勤保障和培训基地，具有占地面积大、工程造价高、设备及技术接口复杂等特点。

一、车辆基地的功能

车辆基地的功能以车辆运用、检修为主，但考虑到系统管理的需要，为方便组织城市轨道交通系统各专业的维修工作，可以将工务、通信、信号、机电设备等专业的维修一并考虑，这样有利于协调各专业接口，对各专业维修工作进行有效的协调管理，可以合理规划、统一使用场地和设备，节约土地和投资，同时也有利于实现计算机网络和现代化管理。

车辆基地是为整个系统服务的，因此车辆基本功能概括如下。

1. 车辆停放及日常维修保养

车辆的停放和管理；车辆的外部洗刷、内部清扫及定期消毒等；司机每日出勤、退勤前的技术交接；对运用车辆的日常养护及一般性临时故障的处理等。

2. 车辆检修功能

依据车辆的检修周期，定期完成对车辆的计划性修理。

3. 列车救援功能

列车发生事故或接触网中断供电时，能迅速出动救援设备起复车辆，或将列车牵引至邻近车站或车辆段，并排除线路故障，恢复行车秩序。

4. 系统设备、设施的维护、保养和检修功能

对各系统，包括通信、信号、防灾报警、综合监控、自动售检票、自动扶梯等设备和房屋、隧道、桥涵、车站等建筑设施进行维护、保养和检修等。

5. 材料物资供应功能

负责系统在运营和检修过程中所需的各种材料、设备器材、备品备件、劳保用品及其他物资的采购、储存、保管和供应。

6. 技术培训功能

负责对系统的工人、技术和管理人员进行培训。

二、车辆基地设计原则

车辆基地根据功能和规模大小可划分为停车场和车辆段。一般来说，车辆基地是车辆段和维修基地的简称，主要包括车辆段、综合维修中心、物资总库、培训中心和其他生产、生活、办公等配套设施，是保证系统中各项设备处于良好状态，确保行车安全的场所。

车辆基地的设计应根据线路和车辆的技术特征，在充分利用所选地址的地形地貌和周围环境的基础上，以确保维修车辆质量和生产安全，满足工艺要求为前提，以努力提高作业效率、改善劳动条件、节省投资、降低生产成本和获取最终综合效益为目的。

1. 功能定位设计

车辆基地应包括车辆段、综合检修中心、物资总库、培训中心和必要的生活办公设施。车辆的厂、架修功能应从线网的角度分析确定。

2. 车辆段段型设计

根据城市规划用地的地理条件和与正线的接轨条件，确定车辆段段型是采用贯通式布置还是尽端式布置，如图 5-1 所示。

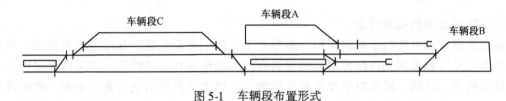

图 5-1　车辆段布置形式

3. 预留物业开发条件

应符合城市规划要求，并在满足功能要求的前提下综合考虑物业开发的条件。妥善处理基地建设与物业开发之间的关系，充分考虑建筑消防、结构预留、给排水、通风等诸多因素，在条件允许的情况下合理进行物业开发，提高土地利用价值。

4. 线路设计

线路的配置应满足各种生产功能的要求，力求布置顺畅，避免车辆在段内迂回运行或相互干扰，尽量缩短车辆在段内的空走距离。车辆段与车站（或正线）间设置出段或入段线，出段或入段线不宜少于两条线，以确保车辆进出段互不干扰。

5. 总平面功能区域设计

总平面布置应以车辆段为主体，统筹考虑其他设施的工作性质和功能要求，按照有利于生产、确保安全、方便管理、方便生活的基本原则合理布置，力求工艺顺畅、作业方便。

6. 车辆基地风、水、电设计

车辆段与综合基地内根据需要设置牵引降压混合变电所和跟随降压变电所。车辆段与综合基地供电系统按满足一、二级负荷要求，两路电源设计。动力、照明设备容量按远期最大负荷设计，并考虑一定的裕量。

车辆基地的给水工程设施要安全可靠，并保证各用水点对水量、水质和水压的不同要求。

车辆段压缩空气供给有三种方式：段内压缩空气站集中供气、各用气点小型空压机分散供气、集中供气和分散供气相结合的方式供气。

7. 检修制度设计

根据城市轨道交通线路的车辆选型总体技术特征，并参考国内车辆的运用检修经验，车辆检修采用预防性计划检修制度。

8. 节约资源原则

车辆段与综合基地设计应贯彻节约资源原则，车辆及固定设备、设施的检修，有条件时应充分利用社会资源。

9. 技术创新原则

车辆段与综合基地设计应积极推广采用新技术、新工艺、新材料及新设备，积极推行车辆运用检修设备的国产化，有选择地引进国外先进技术和关键设备。

10. 环境友好型原则

车辆段与综合基地的设计应贯彻环境友好型原则，注意环境保护。产生噪声、冲击振动或易燃、易爆的车间宜单独布置。对产生的废气、废液、废渣和噪声等应进行综合治理，并使其符合现行国家和地方有关规范、标准的要求。

【拓展提高】

城市轨道交通的技术进步

城市轨道交通系统属于集多工种、多专业于一体的复杂系统。在过去的多年里，从单一的线路布置发展到采用先进技术组成的复杂而通畅的地下和高架线路，为城市建设引入了立体布局的概念。显然，城市轨道交通系统的建立给城市的各种活动带来了便利。在传统技术的基础上，充分利用现代高新技术成就，是实现高度现代化城市轨道交通客运系统的保证。现代城市轨道交通技术进步当以行车控制技术和先进舒适的车辆为代表。就行车控制技术而言，由于信息科学的不断进步，推动了微电子技术、信息传输技术和计算机网络技术的飞速发展，使城市轨道交通系统的行车控制技术得以充分利用。行车系统使用的设备和工艺流程技术，已从传统的应用电磁和电动机设备，发展到功率电子和计算机联锁技术；从运用普通金属电缆，发展到运用具有高速通信能力的光缆，使通信系统向无线通信和控制系统一体化的方向发展。就地铁或轻轨的整体控制系统而言，将从以往的单一功能组合系统，向以模块化组成的、适用于多种目的和多层次需要的综合控制系统发展；从单个列车局部而孤立的控制技术，向列车群的综合管理和控制的方向发展；从中央集中控制管理方式，向集中管理、分散控制的自治分散式系统发展；从适应于固定闭塞式的列车控制方式，向以列车自动运行为主体的移动闭塞式的控制方式发展。行车控制技术的进步，将使列车运行的安全性和准点率得到更可靠的保障。

【任务实施】

依据基础理论知识，提出任务目标：城市轨道交通车辆基地的设计方案调查。将学生按照生源地进行分组，每组同学深入地铁公司进行调查，认知各自地铁公司车辆基地的设计方案，根据不同小组的调查报告，进行综合评价。

任务二　停车场的认知

【任务描述】

本任务主要介绍停车场的功能及设施布置等相关理论知识，通过对理论知识的学习，辅以多媒体课件教学，使学生对停车场有全面的认知，较早对城市轨道交通行业有直观的认识。

【基础理论】

一、停车场的功能

停车场是车辆停放的场所，承担的任务有：车辆的停放、洗刷、清扫以及车辆列检和乘务工作；停车场内列车的故障处理和救援工作；车辆定修（年检）以下各级日常检查维修工作。遇到车辆的重大临修，则采用部件互换的修理方式。每条线路按其线路长度和配属车辆的多少设置停车场,或根据需要再增加设置辅助停车场,它们只承担车辆的停放、清洁和列检工作,仅设置停车、列检设施。

二、停车场的设施

停车场配备车辆运行、整备和日常检查维修及配套设施,主要有停车列检库、不落轮镟床库、调机库、临修库和车辆自动洗刷库及出入段线、洗车线、试车线、存车线、牵出线等各种辅助线路;主要设备有调机车、不落轮镟床、自动洗车机、车辆救援设备、架车机以及起重机等。

【拓展提高】

城市轨道交通车辆的分类

城市轨道交通车辆是技术含量高且集中的机电设备,也是整个城市轨道交通系统中关键的设备。各城市轨道交通车辆的结构和性能不尽相同,种类繁多,按不同的分类方式可分为不同的种类。

1. 按牵引动力配置分

城市轨道交通车辆按牵引动力配置可分为动车(Motor,用 M 表示)和拖车(Trailer,用 T 表示)两种。动车本身带有动力装置,即装有牵引电动机,具有牵引和载客的双重功能。动车又可分为带受电弓的动车和不带受电弓的动车。拖车本身没有动力牵引装置,需要通过动车的牵引拖带来实现运行,仅有载客功能,可设置司机室(用 Tc 表示),也可带受电弓。城市轨道交通车辆在运营时一般采用动拖结合、固定编组,从而形成电动列车组。

2. 按车辆规格(车体宽度)**分**

城市轨道交通车辆按车体宽度不同可分为 A 型车(宽度为 3 m)、B 型车(宽度为 2.8 m)和 C 型车(宽度为 2.6 m)三种。A 型车为高运量地铁车辆的基本车型,轴重较重,载客量较大,车体尺寸较大,单向运能为 5 万~7 万人次/h;B 型车为大运量地铁车辆,相对 A 型车各项指标值均较小,单向运能为 3 万~5 万人次/h;C 型车更小,一般为轻轨车辆的基本车型,单向运能为 1 万~3 万人次/h。

【任务实施】

依据基础理论知识,提出任务目标:城市轨道交通停车场的设施调查。将学生按照生源地进行分组,每组同学深入停车场进行调查,认知各自停车场内设施的配置,根据不同小组的调查报告,进行综合评价。

任务三　车辆段的认知

【任务描述】

本任务主要介绍车辆段的功能、组成、设备以及设置线路等相关理论知识,通过对理论知识的学习,辅以多媒体课件教学,使学生对车辆段有全面的认知,较早对城市轨道交通行业有直观的认识。

【基础理论】

　　城市轨道交通车辆保有量较多，运行时间长，技术要求高，安全可靠性指标高，对车辆的运用、维修保养、检修均有很高的要求，需设置专门的机构——车辆段。
　　一般每条城轨线路设置一个车辆段，若线路长度超过20km时，则增设一个停车场。

一、车辆段功能

　　车辆段除具有停车场的功能外，还是对车辆进行运营管理、停放、维修保养，进行较大修程的场所，主要功能如下：
　　1）承担所属线路的车辆停放、清洁、列检及编组作业。
　　2）承担所在线路车辆的定修（年检）及以下车辆检查维修和临修工作。
　　3）承担所属线路和由多条联络线互相沟通的线路的车辆架修、大修工作。
　　4）承担车辆部件的检测、修理工作，满足车辆各修程对互换部件的需求。
　　5）一般还兼有综合检修基地功能，是保障线路各系统正常运行的保障基地和管理部门。

二、车辆段组成

　　车辆段主要划分为检修区和运营区，主要任务是承担车辆的运营及各种定期检修作业，所有的检修工作均集中在检修区进行，运营区主要负责段属车辆的停放、列检和乘务工作。
　　车辆段主要由停车库、检修库、列检所、运用管理部门、管理与服务部门和办公生活设施组成。

1. 停车库

　　停车库一般设在地面或高架结构中，主要用于停车作业及停放备用车辆，可以进行简单的维护保养工作，兼有整备、清扫、日常检查和驾驶员出乘等多种功能。
　　为保证所有车辆停放的需求，停车库规模设计依据为线路车辆保有量，即线路运营所需的车辆总数。
　　为实现这些功能，停车库除设有停车线外，还设有运用车间、运转值班室、驾驶员待班室等驾驶员出乘用房，以及列车、车载信号检修用房。为保障安全，停车库中都设置自动防灾报警设备，并与整个城轨消防系统联系在一起。按照相关要求，架空接触网或接触轨应进库，接触轨应加防护装置，每条库线两端和库外线之间及停车台位之间设置隔离开关，这样可以对每条停车线的接触网或接触轨独立停、送电。每条停车线还应有接触网、接触轨送电的信号显示和列车出、入库的音响报警装置。停车线兼作车辆列检线时，应设有检查地沟。在停车库两端应有一段平直硬化地面，作为消防运输通道。通道应该设置可动防护栏杆，平时封锁，仅在必要的特殊情况下使用。

2. 检修库

　　检修库是专门用于车辆检修作业的车库，配有检修设备，车辆良好的技术状态和正常的运行，是由各级修程保证的。根据检修作业范围可分为双月检库、定修库和架修库。检修库及其辅助车间的平面布置主要取决于车辆的配属量、车辆的修程、检修方式及其工艺流程，同时要综合考虑自然地形条件、工件运输线路以及安全、防火和环保要求等因素。
　　（1）双月检库　双月检库完成列车双月检作业。双月检要在库内对列车的走行部、车体及车顶设备进行检查。为便于作业和保证安全，线路采用架空形式。除线路中间设置地沟外，在检修线两侧设有三层立体检修场地，底层地坪低于库内地坪，可以对走行部以及车体下布置的电气箱、制动单元、蓄电池进行检查。中间为标高+1.1m左右的平台，可对车体、车门进行检查作业。车顶平台标高为+3.5m，主要对车辆顶部的受电弓、空调设备进行检修。车顶平台设有安全栏杆。

双月检库根据作业的要求可设有悬臂吊，可以对需要进行拆、装作业的受电弓和空调设备进行吊装。还配置了液压升降车、蓄电池等电气箱搬运车等运输车辆，还应设置受电弓、空调装置、车载信号及试验设备等辅助工具以及备品工具间。

（2）定修库　定修库和双月检库一样，线路采用架空形式，线路中间设有检修地沟，线路两侧设置三层检修场地。车库内设有起重机，其起重量可吊装车辆的大部件，其辅助工具间应和其他检修库统一考虑。

（3）架修库　架修库以及大架修库的布置应根据车辆检修工艺流程确定。对车辆设备和零部件的检修方式以互换修为主，作业流程根据实际情况，一般采用流水作业和定位修方式相结合。采用部件互换修可以减少列车的停库时间，并且可以合理安排计划，做到均衡生产，避免因某一部件检修周期长，影响整列车的检修进度。

架修库内的主要设备有：地下式架车机、移车机、工作平台以及必要的运输工具等。

3. 列检所

列检所的任务是利用列车的停放时间和停放场地对车辆的重要部件进行例行技术检查，对危害行车安全的一般故障进行重点修理。列检所一般设在停车场（库）或列车折返时停留和准备场所的停车线旁。

4. 运用管理部门

运用管理部门负责对车辆的运用实施调度、管理、组织工作。

5. 管理与服务部门

管理与服务部门负责经营管理、生活服务、物资供应等业务，通常包括加工区、生活区和行政管理区。

6. 办公生活设施

办公生活设施是指保证车辆的正常运营和满足维修需要的附属设施，主要包括易燃品库、混合变电所、降压变电所、信号楼、综合办公楼等办公场所和设备、司乘公寓、锅炉房、污水处理站、食堂和浴室等生活设施与场所。

三、车辆段主要设备

车辆段主要设备有：数控不落轮镟床、列车自动清洗机、架床及转轨设备、内燃机车、起重运输设备、电源设备、机电检修检测设备、清洗设备、转向架检修检测设备、救援设备、地下固定式架车机、磨轨车、接触网作业车以及车辆称重仪等，具体见表5-1。

表5-1　车辆段主要设备

类别编号	设备类别	设备名称
1	数控不落轮镟床	数控不落轮镟床、遥控公铁两用车
2	列车自动清洗机	列车自动清洗机
3	架车及转轨设备	地下固定式架车机、移动式架车机、浅坑移动台、公铁两用车

（续）

类别编号	设备类别		设备名称
4	内燃机车		内燃调车机车
5	起重设备	起重机	电动双梁桥式机、电动单梁桥式机、伸缩臂悬挂式吊车
		汽车	救援指挥车、工程救援车、救援设备集成箱货车、工具汽车、载货汽车、大客车、轿车
		叉车、搬运车	蓄电池叉车、蓄电池搬运车、手动液压搬运车
6	电源设备	静调电源设备	静调电源设备
		充放电设备	充电机、放电机、充放电电动机配套设备
		稳压电源	直流稳压电源、交流稳压电源
7	专用工艺设备		车辆轮廓限界检测装置、线路设备限界检查装置、工艺转向架、转向架转盘、移动式作业平台等
8	机电检修检测设备	车门检测测试装置	车门密封检修台、可移动式车门测试装置
		受电弓检修测试装置	受电弓检修试验台、便携式受电弓测试仪
		空调检修测试装置	可移动式车辆空调测试装置、空调机清洗槽
		气制动设备检修测试装置	空压机试验台、单元制动装置综合试验台、可移动式制动装置测试设备
		电动机检修测试装置	电动机检修试验装置、牵引电动机空载试验装置
		逆变器试验装置	可移动式VVVF试验装置、可移动式SIV试验装置
9	仪器仪表及电器、电子检测设备	仪器仪表	静调仪器仪表、月检库检测设备、示波器、单双臂两用电桥
		电器、电子检测装置	速度表及传感器试验台、压力表及传感器试验台、仪表检测及试验设备、移动式耐压试验台等
10	通用机电设备	空压机	固定式空压机、移动式空压机
		金属机床设备	车床、铣床、刨床、磨床、剪板机等
		电气焊设备	电焊机、气焊/气割设备、焊接配套设备
		钳工设备	台式钻床、划线平台、压装设备等
		通用机械	管道机械、台秤、磅秤、吸尘器、排风扇、升降梯等
11	清洗设备		车下吹扫设备、高压喷射清洗机、轮对清洗机、轴箱清洗机、超声波清洗机
12	转向架检修检测设备	探伤设备	构架探伤设备、轮对探伤设备、轴承探伤设备
		拆装、压装设备	轴箱拆装机、轴箱压装机、轮对压装机
		检测设备	构架检测平台、转向架静载试验机、轴承检测仪器设备、轴承检测平台、数控立式车床、数控车轴车床
		机械加工设备	数控轮对车床、数控立式车床、数控车轴车床
		组装设备	构架翻转机
		油漆设备	构架喷漆装置、喷雾净化装置
13	救援设备		车辆复位救援设备、扶正装置、牵引装置、气垫、车轴推进器、轨道运输小车、人员防护装备及救援辅助设备等

（一）数控不落轮镟床

数控不落轮镟床安装在轮镟库轨面以下的基坑中，是一种专用设备。

数控不落轮镟床主要用于城轨车辆在整列编组不解列、转向架轮对不落轮的条件下，对车辆单个轮对的车辆踏面和轮缘的磨损、缺陷表面进行镟削加工，还可用于下列工况：

1) 对已落架的转向架上的单个轮对进行不落轮加工。

2）对已落轮、带轴箱的单个轮对进行加工。
3）在不落轮条件下对工程轨道车辆单个轮对踏面和轮缘进行镟削加工。
4）用于对轮对上的制动盘进行镟削加工。

与镟床配套使用的公铁两用车是主要用于镟轮线上牵引车辆，对指定轮对进行不落轮镟削时遥控定位停车的专用设备。公铁两用车也可在地面道路上行驶或用于其他轨道的牵引作业。

（二）地下固定式架车机、移动式架车机

地下固定式架车机一般安装在车辆段大修、架修库内，除地面操作台外，架车机设置在地下基坑内。架车、落车作业完成后，设备全部降入基坑，基坑表面设置盖板，机库地面平整无障碍。

1）车辆厂修或架修时，在不摘钩情况下，地下固定式架车机具有以下功能：
① 对整列车（6或8辆）、单元车组（3或4辆）或单辆、多辆车实施同步升降作业。
② 用于对一台或多台转向架实施更换作业，或对车下电箱等设备实施拆装作业，还可用于对单个轮对进行拆装作业。

2）设备的基本工作模式有以下几种：
① 调车机车推引或公铁两用车牵引列车驶入架车台位就位。
② 在总控制台上，根据给出的信息显示，按下相应按钮并选择功能键，由转向架架升装置对全列车同步实施架车作业。
③ 如需要拆卸或更换转向架，则升起相应车辆的车体架升柱，当车体架升柱与枕梁支承面接触后立即停止上升，承受全车体载荷，并自动保持锁定状态。
④ 解除待拆转向架与车体之间的连接。
⑤ 需要更换或检修的转向架由转向架架升柱架托下落至轨道，并沿着轨道方向推出。
⑥ 换装的新转向架从轨道一端推入，按上述相反程序，完成换装作业。
⑦ 转向架更换完毕，先将车辆举升约50mm高，使枕梁和车体架升柱分离，然后落下车体架升柱。
⑧ 落下转向架架升柱，使全列车落到轨道上，架车设备全部降入地坑，整个过程结束。

（三）列车自动清洗机

列车长期在隧道、地面或高架线路上高速运行，其车体表面和断面会吸附很多灰尘或其他脏物，长期累积会影响车辆外表面美观性，应及时清洗。列车自动清洗机是用于对列车外表面实施自动洗车作业的专业设备，有些还具备进行淋雨试验的功能。同时，借助于列车自动清洗机的供水/排水系统，列车自动清洗机可用于新造车辆和架修或大修过的车辆进行密封性验证的淋雨试验。

四、车辆段主要线路

1. 停车线

停车线是停车库内专门用于停车的线路，一般设成车库，停放车辆的同时兼作检修线。停车线分为尽端式和贯通式，尽端式每线停放两列列车，贯通式可停放2~3列列车，由于贯通式便于列车的灵活调度，因此尽可能采用贯通式。停车线需配置雨棚、站台，便于简单维护保养，为降低车辆的自然破损，常用封闭式车库，设有出、入库调车信号机。

2. 检修线

检修线为平直线路，布置在检修、定修、架修、大修库内。架、大修线的线间距要根据架修作业需要，还要综合考虑架车机等检修设备以及检修平台等的布置，检修移动设备、备件运输车辆移位，以及检修人员作业需要的空间确定。检修线中要有一条平直度要求较高的线路，用于车体地板高度的精确测量。

3. 洗车线

洗车线是专门用于车辆清洗的线路，洗车线中部设有洗车库、洗车设备、污水处理设施、调车信号设备。洗车线设置于停车库与运行线路之间，尽量和停车线相近，这样可以减少列车运行时间，并减小对车场咽喉地区通过能力的压力。洗车库前后要设置不小于一列车长度的直线段，以保证列车平顺进出洗车库。

4. 临修线

列车发生临时故障和破损，在临修线上完成对车辆的临修工作。临修线的长度能停放一列车，并考虑列车解编的需要。

除保证列车运行和检修的主要线路之外，维修基地内还必须按需要设置临时存车线、检修前对列车清洗的吹扫线、材料装卸专用线、内燃调机车和特种车辆（如轨道车、触网架线试验车、磨轨车、隧道冲洗车等）停车线、联络线和与铁路连通的地铁专用线等。

5. 静调线

静调线设在静调库内，列车检修完毕到试车线试车之前，要在静调库对列车进行静态调试，检查列车各部分的技术状态，对各种电气设备与控制回路的逻辑动作和整定值进行测试和调整。车辆段在车辆检修后进行车辆的尺寸检查，其中要对车辆的水平度进行检查，要求轨道高差精度等较高的线路，宜设在静调线上。静调线全长设置地沟，地沟内设置照明光带。平直线路，静调库内还要设置车间牵引电力电源和有关的测试设备。

6. 试车线

试车线供定修、架修、大修后列车在验收前的动态调试。长度应满足远期列车最高运行速度、性能试验、列车编组、行车安全距离的要求。试车线一般为平直线路，线路中间要设置不小于一节列车长度的检查坑，供列车临时检查用。为进行列车车载信号装置的试验，试车线还应设置信号的地面装置，试车线旁应设置试车工作间，内设信号控制和试车所需的有关设备、设施和仪器。试车线应采用隔离措施。

7. 牵出线

牵出线主要用于车辆段内调车的需要，其长度和数量根据列车的编组长度和调车作业的方式与工作量确定。

8. 出入段线

出入段线是供车辆出入车辆段或停车场的线路，除特殊条件限制都要设置为双线，并避免切割正线，根据行车和信号要求留有必要的段（场）线路与运营正线的转换长度。

【拓展提高】

车辆段信号设备

车辆段信号设备包括转辙机、ATS分机、联锁设备、维修终端、信号机、车辆段终端、轨道电路、电源设备。

城市轨道交通的正线上一般采用9号道岔,车辆段、停车场一般采用7号道岔,通常一组道岔由转辙机牵引。如果正线上采用的是9号AT道岔,且为弹性可弯道岔,需要两点牵引,即一组道岔需两个转辙机牵引,称为双机牵引。可采用外锁闭装置,也可采用内锁闭方式。对于前者采用S700K型电动转辙机或ZYJ7型电液转辙机,后者采用ZD6系列电动转辙机,单机牵引时采用ZD6-D型,双机牵引时采用一台ZD6-E型和一台ZD6-J型。

车辆段设一台ATS分机。车辆段派班室和信号楼控制台室各设一台终端,与车辆段ATS分机相连。车辆段设一套联锁设备,实现车辆段的进路控制,并通过ATS分机与控制中心交换信息,联锁设备只受车辆段值班员人工控制。

设备室内设维修用彩色显示器、键盘及鼠标,显示与控制室相同的内容及维修、监测有关信息,并能对信号设备进行自动或手动测试,但不能控制进路。

车辆段入口处设进段信号机,出口处设出段信号机。存车库线中间进段方向设列车阻挡信号机,段内其他地点根据需要设调车信号机。车辆段内每组道岔设一台转辙机。

【任务实施】

依据基础理论知识,提出任务目标:城市轨道交通车辆段内线路的设置调查。将学生按照生源地进行分组,每组同学深入车辆段进行调查,认知本车辆段内线路的设置,根据不同小组的调查报告,进行综合评价。

任务四 综合维修基地的认知

【任务描述】

本任务主要介绍综合维修基地的功能、任务,物资总库以及培训中心等相关理论知识,通过对理论知识的学习,辅以多媒体课件教学,使学生对综合维修基地有全面的认知,较早对城市轨道交通行业有直观的认识。

【基础理论】

一、概述

综合维修基地的功能和任务如下:①承担所辖线路沿线隧道、线路和桥梁等设施的检查、保养和维修工作;②承担所辖线路车站建筑和地面建筑的保养和维修工作;③承担所辖线路变电所、接触网、供电线路和设备的运行管理、检查、保养和维修工作;④承担所辖线路各机电系统及设备的运行管理、检查、保养和维修工作;⑤承担所辖线路通信、信号系统的运行管理、检查、保养和维修工作;⑥承担所辖线路自动售检票系统和设备的运行管理、检查、保养和维修工作;⑦承担所辖线路防灾报警系统、设备监控系统的检查、保养和维修工作,基地各系统和设备的大、中修等工作外委;⑧承担所辖线路运营、检修所需的各类材料、设备、备品配件的采购、储备、保管和发放工作。

综合维修基地承担全线各种设备、设施的定期维修、维护和故障维修。综合维修基地一般都和车辆维修场地设置在一起,也可以单独设置,但必须设置在车辆维修基地的紧邻地区。在城市轨道交通运营线路较长或者担当两条以上运营线路的设备、设施维修任务时，维修任务大，可以设立综合维修中心，维修中心下可设各专业段（或车间）。

按照专业，一般可分为下述几个段（工区）。根据专业特点需要有相应的检修间，并配备必要的检修设备。

（1）通信、信号段 通信、信号段（工区）承担全线通信（包括有线通信、无线通信、车站和车载广播、电视监控系统）和信号（包括ATC设备、地面和车载设备及车场折返线的道岔集中联锁控制系统）设备、设施的维修、维护工作，综合维修基地与工作相适应，要设立通信维修间和信号维修间。

（2）机电段 机电段（机电工区、接触网工区）承担全线主变电站、牵引变电站、降压变电站和运行及设备维护、维修和接触网、车站通风、空调等环控设备，以及自动扶梯、电梯、照明、防灾报警等辅助设备的维护、维修工作。设置机电维修间和接触网架线、试验车和相关的机械加工设备。

（3）维修段 维修段（工区）承担全线地下隧道及建筑、高架桥梁及建筑、线路、道岔等设备、设施的巡检、维护、维修工作。在综合维修中心设有工务维修间，并配有轨道探伤、检测设备、磨轨机、隧道清洗车等必要的生产设施。

在综合维修基地还要配备相应的生产设施、特种车辆存放线和车库以及办公生活设施、材料总库、检修车间等。主要工艺设备有：接触网作业车（检修车、架线车、放线车）、接触网检测车、轨道打磨车、轨道检测车、轨道平板（吊）车、钢轨机械、道床机械、工务仪器及探伤设备等，详见表5-2。

表5-2 综合维修基地主要工艺设备

类别编号	设备类别	工艺设备	设备名称
1	接触网设备	接触网作业车	检修车、架线车、放线车
		接触网检测车	接触网检测车（可以和接触网检修车或轨道检测车组合）
2	工务设备	轻型轨道车	轻型轨道车
		轨道平板（吊）车	轨道平板车、平板吊车、轻型轨道平板车
		轨道打磨车	轨道打磨车
		轨道检测车	网轨检测车
		钢轨机械	钢轨机、焊接机、弯轨机、钻孔机、液压拉轨器、轨缝调整器、钢轨涂油器
		道床机械	捣固机、起道机、扳道机、铁道螺钉电扳手、液压方枕器
		工务仪器及探伤设备	钢轨探伤仪、焊缝探伤仪、轨距水平测量仪、经纬仪、水准仪

二、物资总库

物资总库负责轨道交通系统材料、配件、设备和机具，以及劳保用品等的采购、存放、发放和管理工作，为轨道交通工程各系统的建设、运营和维修所需材料、机电设备和配件等提供储存和供应服务，并负责材料的采购、保管和发放工作。在工程建设期间，物资总库可作为工程材料、设备临时存放的场所。物资总库宜设在大、架修车辆段内，根据需要可在定修段或停车场内分别设物资分库或材料库。

三、培训中心

城市轨道交通系统网络一般宜共用一个培训中心。培训中心宜设于车辆基地内，负责组织和管理车辆段及综合基地职工的技术教育与培训。对职工的实际操作培训宜利用车辆基地的既有设施。培训中心内应设司机模拟驾驶装置及其他系统模拟设施，并设有教室、设备室、教职员工办公室及配套设施。培训中心应以城市轨道交通线网规划为依据，进行合理规划，根据功能和任务确定建设规模。

【拓展提高】

车辆的检修

车辆经过一段时间运行后，各部分构件会产生磨耗、变形和损坏。为了保证车辆良好地运行，延长其使用寿命，除了车辆乘务员要加强日常检查和保养维护外，还需要定期进行各种修程的检修。

1. 车辆维修分类

车辆维修根据目的不同主要分为预防性维修和故障维修。

（1）预防性维修　预防性维修是在故障率没有超过事先确定的指标之前，为了限制故障的产生而对设备采取的维修措施。它可以根据使用时间和车辆的运行公里数两个因素来确定。预防性维修的计划是根据车辆制造者所提供的基础信息来确定的，但同时它也必须与设备当时的运转情况相适应。如果系统的可靠性比较高，那么维修的周期也可以相对延长；反之，则要相对缩短维修周期。预防性维修具体可以分为以下两种形式。

1）计划修。计划修是根据事先确定的计划，当达到一个事先确定的时间周期或者一个车辆运行公里数时，对相关设备进行的检查和处理。

2）状态修。在对设备进行检测时，一旦某一参数超过了事先确定的限定警戒值，则需要进行状态修。该类维修要根据参数的变化趋势情况对设备进行检修。

（2）故障维修　故障维修是在某个部件出现故障之后所采取的维修方式，即临修。故障维修的工作负荷一般是无法预计和评价的，总是由使用者（运营者）发现故障之后报告，然后展开维修，并在故障维修中通过换件快速处理故障。故障维修可以是彻底维修，也可以是临时性的维修，设备在临时维修之后仍然可以投入运营，并等待彻底维修。在这些不同的维修程序结束之后，就应该认为设备恢复可使用状态，可以投入正常的运营。这种维修一般在各线车辆段或停车场进行。

2. 检修内容

城市轨道交通车辆的修程大致分为列检、月检、定修、架修和厂修。各种修程的主要检修内容和范围如下：

（1）列检　列检是对容易出现危及行车安全的各主要部件（如轮对、弹簧、转向架、受流器、控制装置、空气制动装置、车钩及缓冲装置、蓄电池、车门风动开关装置、车体、车灯等）进行外观检查，对危及行车安全的故障及时进行重点修理。

（2）月检　月检是对车辆外观和一般功能进行检查，即对车辆主要部件的技术状态进行外观检查和必要试验，对危及行车安全的故障进行全面修理。

（3）定修　定修主要是预防性的修理，修理过程需要架车。它是对各大部件的技术状态和作用进行较仔细的检查，对检查发现的故障进行针对性的修理，对车上的仪器和仪表进行校验，同时车辆组装后要经过静调和试车。

（4）架修　架修的主要目的是检测和修理大型部件（如走行部、牵引电动机、传动装置等）。同时，经架车对车辆各部件进行解体和全面检查、修理、试验，对计量的仪器、仪表进行校验，车体要重新进行油漆标记，并在组装后进行静调和试车。

（5）厂修　厂修是全面恢复性修理。厂修要求对车辆全面解体、检查、整形、修理和试验，完全恢复其功能。组装后的车辆要重新涂油漆、标记、静调和试车。总之，厂修后的车辆基本上要达到新车出厂水平。

【任务实施】

依据基础理论知识，提出任务目标：城市轨道交通综合维修基地调查。将学生按照生源地进行分组，每组同学深入到维修基地进行调查，认知本维修基地的设置，根据不同小组的调查报告，进行综合评价。

【复习思考题】

一、填空题

1. 车辆基地作为城轨系统的运用、检修、材料、后勤保障和培训基地，具有（　　　　）、工程造价高、（　　　　）等特点。
2. 车辆基地根据功能和规模大小可划分为（　　）和（　　）。
3. 每条线路按其（　　　）和（　　）的多少，设置停车场或根据需要再增加设置辅助停车场，只承担车辆的停放、清洁和列检工作，辅助停车场仅设置停车、列检设施。
4. 车辆段除具有停车场的功能外，还是对车辆进行（　　　）、停放、（　　　）、进行较大修程的场所。
5. 车辆段主要由停车库、（　　）、列检所、（　　　）、（　　　）和办公生活设施组成。
6. 架修库内主要设备有：（　　　）、（　　　）、工作平台以及必要的运输工具等。
7. 车辆维修根据目的不同主要分为（　　　）和（　　）。
8. 城市轨道交通车辆的修程大致分为（　　）（　　）、定修、（　　）和（　　）。
9. 车辆的厂修、架修功能应从（　　）的角度分析确定。
10. 检修库根据检修作业范围可分为（　　　）、定修库和（　　）。

二、判断题

1. 车辆段段型仅采用贯通式布置。　　　　　　　　　　　　　　　　　　　　　　　（　　）
2. 一般每条城轨线路设置一个车辆段，若线路长度超过20km时，则增设一个停车场。（　　）
3. 培训中心宜设于车辆基地内，负责组织和管理车辆段及综合基地职工的技术教育与培训。（　　）
4. 预防性维修根据车辆的运行公里数来确定。　　　　　　　　　　　　　　　　　　（　　）
5. 车辆段与车站（或正线）间设置出段或入段线，出段或入段线不宜少于一条线，确保车辆进出段互不干扰。　　　　　　　　　　　　　　　　　　　　　　　　　　　　　　　　　　　（　　）

三、简答题

1. 车辆基地的功能有哪些？
2. 简述车辆基地的设计原则。
3. 简述车辆段主要线路及作用。
4. 简述各种修程的主要检修内容。

项目六 限界与线间距

【教学目标】

掌握限界的基本定义；掌握规定限界的目的；掌握限界的分类；了解车辆限界的作用；了解车辆限界与车辆轮廓线的关系；了解常见类型车辆的车辆限界数值；掌握设备限界与建筑限界的作用；掌握常见的建筑限界数据；掌握线间距的概念；掌握线间距的分类；了解线间距的影响因素；了解不同线间距的确定方式。

【知识要点】

1. 限界的概念及分类。
2. 规定限界的目的。
3. 车辆限界的概念和作用。
4. 车辆限界与车辆轮廓线间的空间影响因素。
5. 常见类型车辆限界参数。
6. 设备限界的概念。
7. 设备限界与车辆限界之间的关系。
8. 建筑限界的作用。
9. 建筑限界与设备限界、车辆限界的关系。
10. 线间距的概念及确定。

【能力目标】

1. 能够正确地认识限界以及限界的作用。
2. 能够区分限界的分类，并区分它们的作用，并能熟知一些常用的限界参数。
3. 掌握在不同情况下确定线间距的方式，并且熟记一些常用线间距参数。

【重点掌握】

1. 限界的作用与分类。
2. 车辆限界、设备限界和建筑限界的作用与关系。
3. 不同情况下线间距的确定。

任务一　限界的认知

【任务描述】

本任务主要介绍限界的基本定义、作用与分类，车辆限界、设备限界和建筑限界的作用及其相互关系。通过对知识的学习，辅以多媒体教学展示相关图片，使学生对限界知识有较全面的认识。

【基础理论】

限界是根据车辆的轮廓尺寸和技术参数、轨道特性、受电方式、施工方法及设备安装等综合因素，由计算而确定的列车安全运行所需要的空间尺寸，是车辆在正常运行状态下形成的最大动态包络线。限界是限定车辆运行及轨道区周围构筑物超越的轮廓线，无论空车还是重车停在水平直线时，该车所有一切突出部分和悬挂部分，都应容纳在限界轮廓之内。在线路上运行的车辆，必须与隧道边缘、各种建筑物及设备之间保持一定的安全距离，以确保列车的安全运行。为保证地铁的安全运营，各种建筑物和设备均不得侵入限界。规定限界的目的，主要是防止车辆在直线或曲线上运行时与各种建筑物及设备发生接触，以保证车辆安全通行。限界是确定地下铁道与行车有关的构筑物净空大小和各种设备相互位置的依据。限界应根据车辆的轮廓尺寸和性能、线路特性、设备安装以及施工方法等因素，经技术经济比较综合分析确定。限界越大，安全度越高，但工程量和工程投资也随之增加。合理限界的确定既要考虑对列车运行安全的保证，又要考虑系统建设成本。所以，要确定一个既能保证列车运行安全，又不增大隧道空间的经济、合理的断面是制定限界的首要任务和目的。

根据轨道交通系统的构成和设备运营要求，限界可分为车辆限界、设备限界和建筑限界三种。

一、车辆限界

1. 车辆轮廓线

车辆轮廓线依据车辆横断面包络而成，是作为确定车辆限界及设备限界的依据，是车辆设计和制造的基础数据。

2. 车辆限界概述

车辆限界是车辆在正常运行状态下形成的横断面的最大尺寸轮廓线。它规定了车辆不同部位的宽度、高度的最大尺寸和底部零件至轨面的最小距离。车辆的任何部位，在任何情况下都不得超出车辆限界规定的尺寸。车辆限界是和桥梁、隧道等限界起相互制约作用的，当列车在满载状态下运行时，也不会因产生摇晃、偏移等现象而与桥梁、隧道及线路上其他设备相接触，以保证行车安全。

车辆限界应根据车辆的轮廓尺寸和技术参数，并考虑其静态和动态情况下所能达到的横向和竖向偏移量，按可能产生的最不利情况进行组合确定。

车辆限界与车辆轮廓线之间，必须留出一定的、为确保行车安全所需的空间，如图 6-1

所示。这个空间考虑了以下因素：

1）车辆制造误差引起的上下、左右方向的偏移或倾斜。

2）车辆在名义载荷作用下弹簧受压引起的下沉，以及弹簧由于性能上的误差可能引起的超量偏移或倾斜。

3）由于各部分磨耗或永久变形而造成的车辆下沉，特别是左右侧不均匀磨耗或变形而引起的车辆倾斜与偏转。

4）由于轮轨之间以及车辆自身各部分存在的横向间隙而造成车辆与线路间可能形成的偏移。

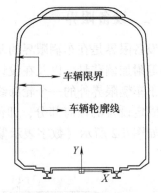

图 6-1　车辆轮廓线与车辆限界间的关系

5）车辆在走行过程中因运动中力的作用而造成车辆相对线路的偏移。它包括曲线区段运行时实际速度与线路超高所要求的运行速度不一致而引起的车体倾斜；以及车辆在振动中也会产生上下、左右各个方向的位移。

6）线路在列车反复作用下可能产生的变形，包括轨道产生的随机不平顺现象等。

车辆限界，按所处地段分为直线车辆限界和曲线车辆限界；按隧道内外区域，分为隧道内车辆限界和隧道外车辆限界；按列车运行区域，分为区间车辆限界、站台计算长度内车辆限界和车辆基地内车辆限界。各种类型车辆基本参数见表 6-1。

表 6-1　各种类型车辆基本参数

序号	项目名称		单位	车型			
				A 型车	B 型车		
					B_1 型		B_2 型
					上部受流	下部受流	
1	计算车体长度		mm	22100	19000		
2	最大车体宽度		mm	3000	2800		
3	计算车辆高度		mm	3800	3800		
4	计算车辆定距		mm	15700	12600		
5	计算转向架固定轴距		mm	2500	2200/2300		
6	客室地板面距轨顶面高度		mm	1130	1100		
7	受电弓落弓高度		mm	3810	—		3810
8	受电弓最大工作高度		mm	5410	—		5410
9	受流器工作点至转向架中心线水平距离	750V	mm	—	1417.5	1401	—
		1500V		—	—	1444	—
10	受流器工作面距走行轨面高度	750V	mm	—	140	160	—
		1500V		—	—	200	—

二、设备限界

设备限界是在车辆限界的基础上，再计入轨道出现最大允许误差时，引起车辆的偏移和倾斜等附加偏移量，以及在设计、施工、运营中难以预计的因素在内的安全预留量。设备限界位于车辆限界外的一个轮廓线，是用以限制设备安装的控制线。除另有规定外，建筑物及地面固定设备的任何部分，即使涉及了它们的刚性和柔性运动在内，均不得向内侵入此限界，如图6-2所示（数字表示偏移量）。

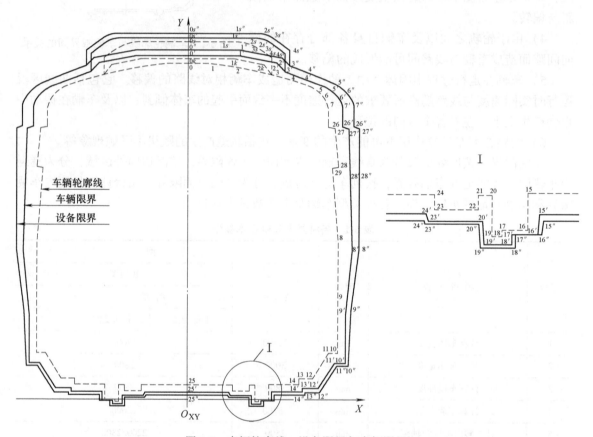

图6-2 车辆轮廓线、设备限界与车辆限界

1. 直线地段设备限界

直线地段设备限界是在直线地段车辆限界外扩大一定安装间隙后形成的。车体肩部横向向外扩大100mm，边梁下端横向向外扩大30mm，接触轨横向向外扩大185mm，车体竖向加高60mm，受电弓竖向加高50mm，车下悬挂物下降50mm。转向架最低点设备限界离轨顶面净距：A型车为25mm，B型车为15mm。

2. 曲线地段设备限界

曲线地段设备限界应在直线地段设备限界基础上，按平面曲线不同半径、过超高或欠超高引起的横向和竖向偏移量以及车辆、轨道参数等因素计算确定。

三、建筑限界

建筑限界是指行车隧道和高架桥等结构物的最小横断面有效内轮廓线,如图 6-3 所示。

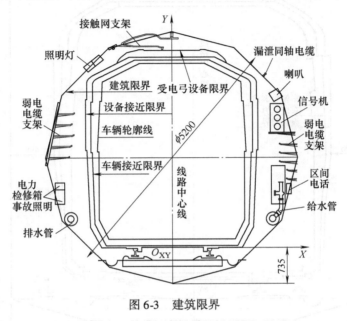

图 6-3 建筑限界

(一) 规定

1) 在建筑限界以内,设备限界以外的空间,应能满足固定设备和管线安装的需要,如各种电缆线、消防水管及消火栓、动力照明箱、信号箱及信号灯、照明灯、扩音器、通风管、架空接触网及其固定设备或接触轨及其固定设备等,还需考虑测量误差、其他误差及结构变形等。

2) 盾构施工的圆形隧道和矿山法施工的马蹄形以及拱形隧道,在列车顶部控制点范围内,建筑限界以内、设备限界以外,即建筑限界与设备限界之间的空间,宜不小于 150mm,以满足电缆管线横穿的需要。

3) 在高架桥上以及隧道内可以设置侧向人行道,也可以不设置。一般高架桥侧向便道宽度以 600~700mm 为宜。

(二) 种类

建筑限界分为隧道内建筑限界、高架建筑限界及地面建筑限界等。

1. 隧道内建筑限界

隧道内建筑限界是在既定的车辆类型、受电方式、施工方法及结构类型等基础上确定的隧道建筑限界。隧道内建筑限界按工程结构形式分为矩形隧道建筑限界、马蹄形隧道建筑限界和圆形隧道建筑限界。

(1) 矩形隧道建筑限界 一般地下铁道采用明挖施工法形成矩形隧道,其单洞单线隧道建筑限界宽度为 4300mm,高度为 4500mm,如图 6-4 所示。

(2) 马蹄形隧道建筑限界 矿山法施工的浅埋暗挖隧道,多采用马蹄形断面,其建筑限界最大宽度为 5000mm,如图 6-5 所示。

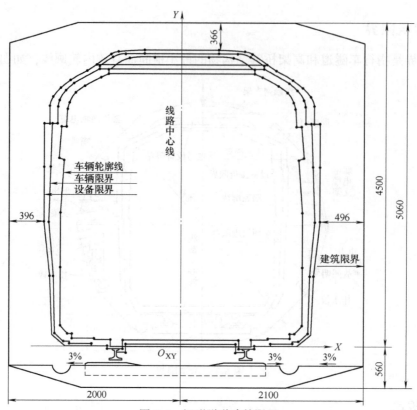

图 6-4 矩形隧道建筑限界

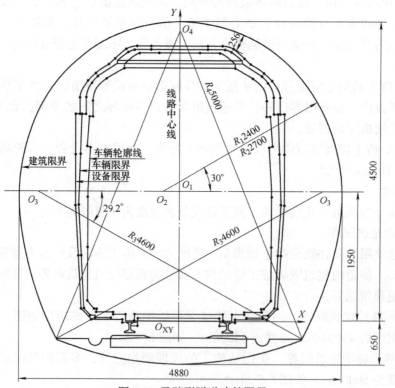

图 6-5 马蹄形隧道建筑限界

（3）圆形隧道建筑限界　盾构施工为圆形隧道，不论在直线地段还是曲线地段，只能采用同一直径的盾构，所以应按最小曲线半径选用盾构进行施工，才能满足圆形隧道的建筑限界要求。当线路最小平面曲线半径为300m时，圆形隧道建筑限界的直径宜为5200mm，如图6-6所示。

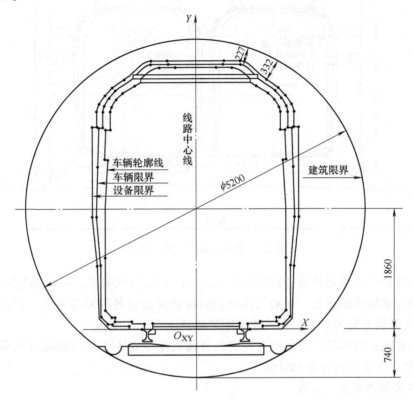

图6-6　圆形隧道建筑限界

2. 高架建筑限界

在城区，有时会在城市轨道交通线路上设计高架的人行通道。为保证安全，这种高架桥的人行桥需要给城市轨道交通列车及设备留有适当的空间，这就是高架建筑限界。

高架建筑限界宽度一般为8600mm，线路中心至防护栏内距离为2400mm，侧向人行道宽度为750mm。如果两线间设置接触轨供电，线间距宜为3800mm。侧式站台桥面建筑限界的总宽度与选用的车辆宽度和侧式站台的宽度有关，如选用车辆宽2800mm，侧式站台的宽度为4000mm，其建筑限界的纵宽度宜为14600mm。

3. 地面建筑限界

如图6-7所示为直线地段双线建筑限界。

4. 车站建筑限界

车站建筑限界的确定方法如下：

1）在直线站台有效长范围内，其边缘至线路中心线的距离，应根据车厢宽度进行确定，一般站台边缘与车厢外侧之间的空隙设置以不大于100mm较为合适。

2）直线地段站台面的建筑高度，应受车厢地板面至轨顶的垂直距离控制，一般站台面低于车站地板面 50～100mm 较为合适。

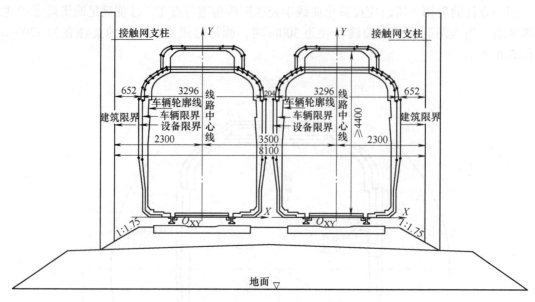

图 6-7 直线地段双线建筑限界

3）站内线路中心线至隧道边墙内侧面的距离，如无特殊要求，一般都与区间相一致。

4）车站建筑限界的高度，一般与区间相同就能满足设备限界的要求。但由于建筑装修和有些设备及管线安装的需要，车站建筑限界的高度都比区间大。

5）站台有效长度两端以外的所有用房的外墙面距线路中心线的距离宜不小于 1800mm，且外墙面不允许安装任何设备和管线。

（三）建筑限界高度与宽度

1. 高度

当采用顶部架空接触网受电时，建筑限界高度应按受电弓工作高度和接触网系统结构高度计算确定；当采用侧向接触网或接触轨受电时，建筑限界高度应按设备限界高度加不小于 200mm 的安全间隙计算确定。

受电弓工作高度，在隧道内的标准高度为 4040mm，露天线路上的安装高度为 4400～5000mm，特殊要求除外，不能超过受电弓最大工作高度。

接触网设备结构高度根据采用柔性架空接触网还是刚性架空接触网来确定。

采用侧向接触轨受电时，建筑限界高度由设备限界控制；而采用架空接触网时，建筑限界高度由受电弓工作高度和接触网设备结构高度确定。

2. 宽度

1）对双线区间，当两线间无建筑物时，两条线设备限界之间的安全间隙不应小于 100mm。

2）对单线地下区间，当无构筑物或设备时，隧道结构与设备限界之间的距离不应小于 100mm；当有构筑物或设备时，设备限界与构筑物或设备之间的安全间隙不应小于 50mm。

3）对高架区间，设备限界与建筑物之间的安全间隙不应小于 50mm；当采用接触轨受电时，还应满足受流器与轨旁设备之间电气安全距离的要求。

4)当地面线外侧设置防护栏杆、接触网支柱等构筑物时,应保证与设备限界之间有足够的设备安装空间。

5)人防隔断门、防淹门的建筑限界与设备限界在宽度方向的安全间隙不应小于100mm。

【拓展提高】

一、基准坐标系

基准坐标系是与线路的纵向中心线相垂直的平面内的一个二维直角坐标系,该坐标系的第一坐标轴与两根钢轨在名义位置且无磨耗时的顶面相切,第二坐标轴垂直于前者,并与左右两根钢轨的名义位置等距离。

二、偏移及偏移量

在基准坐标系内,车辆横断面上各点,因车辆本身原因或线路原因,在运行中离开原来在基准坐标系中所定义的设计位置称为偏移,偏移以mm为单位称为偏移量。在第一坐标方向的偏移称为横向偏移,在第二坐标方向的偏移称为竖向偏移。

三、曲线几何偏移量

车辆在曲线上运行时,线路中心线是曲线,车辆纵向中心线是直线,两者不可能完全重合。车辆纵向中心线上各点在水平投影图上偏移线路中心线的距离称为曲线几何偏移,简称曲线偏移。其中,车辆定距以内的车辆纵向中心线上各点向曲线的内侧偏离称为内侧偏移;车辆定距以外的车辆纵向中心线上各点向曲线的外侧偏离称为外侧偏移。据此,车辆在竖曲线上产生的曲线偏移也称为竖曲线偏移。

四、计算车辆

具有某一横断面轮廓尺寸和水平投影轮廓尺寸的车辆在地铁及轻轨线路上运行,并使用该车辆作为确定车辆限界及设备限界尺寸的依据,这个车辆称为计算车辆。在地铁及轻轨线路上实际运行的新车和旧车只要符合车辆限界及其纳入限界的校核,就能通行无阻,不必与计算车辆取得一致。

【任务实施】

依据理论知识,提出任务目标:让学生分组调查不同车型号的车辆限界数据,以及常见设备限界和建筑限界的参数,并试着绘出限界的示意图,最后根据成果进行综合评价。

任务二 线间距的认知

【任务描述】

本任务主要介绍线间距的概念,不同情况下线间距的确定方式。通过对知识的学习,辅以多媒体教学展示相关图片,使学生对城市轨道交通线间距的确定有较全面的认识。

【基础理论】

当左右线并行布置，两线路中心线之间的水平距离称为线间距。线间距应保证行车和各项作业的安全，满足设置各项设备的需要。线间距受所处位置、施工方法、限界、线路速度等多方面的影响，一般可以分为区间并行地段线间距、车站地段线间距、道岔地段线间距等。城市轨道交通正线一般均为双线，且多为并行线，根据车辆的限宽和安全余量（不小于100mm），可得出区间直线线间距。曲线地段应在此基础上按规定加宽。车站上的线间距则还应考虑站台的宽度。

一、车站地段线间距

1. 地下岛式车站地段线间距

两正线之间距离 = 右线线路中心线至站台边缘的距离 + 站台设计宽度 + 左线线路中心至站台边缘的距离。线路中心线至站台边缘的距离根据车辆类型及站台边缘距车辆轮廓之间要求的间隙确定。《地铁设计规范》规定，站台计算长度内的站台边缘距线路中心线的距离，应按车辆限界加10mm安全间隙确定，但站台边缘与车辆轮廓线之间的间隙，当采用整体道床时不应大于100mm，当采用碎石道床时不应大于120mm。曲线车站站台边缘与车辆轮廓线之间的间隙不应大于180mm。站台计算长度外的边缘距线路中心线的距离宜按设备限界另加不小于50mm的安全间隙确定。

2. 地下侧式车站地段线间距

地下侧式车站通常采用明挖法施工。当邻接的区间线路亦采用明挖法施工时，车站两正线之间的距离同区间地面线路线间距。

当站端区间线路采用单洞盾构或其他暗挖施工方法时，一般应在站外改变线间距离，使站台地段两正线间设计为最小线间距。

二、区间并行地段线间距

1. 地下线路盾构施工法线间距

区间盾构圆形隧道建筑限界为5200mm的圆，按已有的设计、施工经验，综合考虑隧道轴线施工误差100mm（其中包括线路拟合误差、测量误差在内），隧道后期不均匀沉降±50mm，则隧道的内径定为5500mm，采用单层装配式钢筋混凝土350mm厚衬砌，则隧道的外径定为6200mm。

在满足最小净距的前提下，车站两端线路线间距宜采用车站（岛式）地段线间距，可免设反向曲线恶化线路平面条件。当车站地段线间距过大时，可利用站端曲线或加设两反向曲线减小区间线路线间距。曲线地段按规定加宽。

2. 地下线路明挖施工法线间距

明挖法施工的地铁区间隧道结构通常采用矩形断面，双线并行地段一般采用设中隔墙（或中柱）的双跨框构形式。其线间距离为下列诸项之和，即按矩形隧道建筑限界要求的左右线路中心线分别至中间墙（柱）外缘的距离 + 按建筑限界要求的距离 + 中墙（柱）横向宽度 + 施工误差富余量。曲线地段按规定加宽。

3. 地面、高架线路线间距

区间并行地段，高架线路线间距为两个车辆限界与两线相向不限速会车要求的安全距离之和。

当采用 B 型车时，地面高架线最小线间距为 3.6m，如天津地铁 1 号线和深圳地铁。当采用 A 型车时，最小线间距为 3.8m，如上海地铁 1 号线等。曲线地段按规定加宽。

三、道岔地段线间距

地铁车站两端常因铺设单渡线、交叉渡线、车辆停留线、交路折返线及部分区间设渡线的需要，需要铺设道岔，根据其布置形式，对线间距有相应要求。

1. 交叉渡线地段

如设置交叉渡线两平行正线的线间距宜按下列规定确定：

12 号道岔采用 5m；9 号道岔可采用 4.6 或 5m；6、7 号道岔可采用 4.5m 或 5.0m。小于规定标准的应予特殊设计。

2. 单渡线地段

两平行线的线间距根据道岔构造尺寸及两反向单开道岔之间要求的插入短轨长度计算确定。以 60kg/m 钢轨、9 号标准道岔为例，按公式计算，得出要求线间距 $D \geqslant 4.19$m，设计通常按 0.1m 取整。

3. 停留线、折返线地段

车站停留线、交路折返线地段为便于使用和节省工程，一般设置在岛式车站紧靠站台端部的左右正线之间，两正线线间距同站台段线间距。

四、改变线间距的方法

为满足某一地段要求的线间距离，通常利用临近的曲线来实现。如在直线地段改变线间距，则需增加反向曲线，从而恶化线路平面技术条件，增大工程投资，特殊情况下不得已时方可采用。

【拓展提高】

腐蚀问题

城市轨道交通系统在缓解城市地面交通拥挤状况和给人们生活带来方便的同时，也出现了一些不容忽视的问题。其中之一就是由直流供电牵引产生的迷流（即杂散电流）腐蚀问题。

1. 杂散电流的产生

目前，国内城市轨道交通都采用直流牵引供电方式，牵引变电所正极通过架空接触网或接触轨为列车送电，再经过走行轨流回牵引变电所负极。由于走行轨自身存在电阻，在列车与牵引变电所之间的部分走行轨会与大地存在电位差，因此部分回流电流不是从走行轨直接回流到负极，而是由走行轨向地泄漏，然后在某些地方重新流回走行轨或直接回到负极。

2. 杂散电流的危害

杂散电流对城市轨道交通系统来说是一种有害的电流。杂散电流线路周围土壤中埋设的通信电缆、供水管道以及区间隧道中的钢筋等金属管线产生电化学腐蚀，从而破坏了金属管线的结构完整性，降低了使用寿命。此外，杂散电流不仅会使电气系统的部分地点发生电位变化，而且会对系统内外的金属体产生腐蚀。归纳起来，杂散电流的危害主要有以下几个方面：引起接地电位过高；引起框架保护误动作；引起走行轨及其附件的腐蚀；引起结构体中钢筋的腐蚀；引起线路周围埋地金属管线的腐蚀。

3. 杂散电流的防护与监测

为了防治杂散电流，一些国家采用第四轨回流、胶轮车辆等防护措施，并附加以排流、改变供电所电极的极性、加强电气连接等措施。我国在防治杂散电流方面主要采用的措施有排流法、阴极保护法、减少走行轨的阻抗等。

对杂散电流的防护与监测主要从以下三个方面进行。

（1）控制杂散电流的产生　杂散电流的防护以防为主，即从源头上控制和减小杂散电流的产生。杂散电流的大小与走行轨的电位成正比，与走行轨对地泄漏电阻成反比。走行轨电位与牵引变电所的距离、走行轨的纵向电阻、牵引电流有关。

（2）设置杂散电流收集装置　城市轨道交通投入运营的初期，由于杂散电流防护措施到位，能有效限制杂散电流的产生。但随着运行时间的推移，走行轨对地绝缘水平下降，杂散电流有可能超标，此时就要采取必要的措施以降低杂散电流的危害，设置排流装置是有效、可行的方法。

（3）监测杂散电流　虽然城市轨道交通已经设置了完善的杂散电流控制措施，并设置了排流装置作为应急措施，但还要加强对杂散电流的监测。对杂散电流监测，一是在杂散电流临时超标时控制排流装置起动，二是在杂散电流经常超标或严重超标时采取措施提高走行轨对地绝缘水平。

【任务实施】

依据理论知识，提出任务目标：让学生调查当地铁公司车站内和区间的线间距情况，并分析其数据确定方式。

【复习思考题】

一、填空题

1. 车辆限界是车辆在（　　　　）上正常运行状态下形成的（　　　　　　）。
2. 车辆限界，按所处地段分为（　　　　　）和（　　　　　　　）；按隧道内外区域，分为（　　　　　）和（　　　　　　）；按列车运行区域，分为（　　　　　）、（　　　　　　）和（　　　　）。
3. A 型车最大宽度为（　　　　　　　）。
4. 设备限界是用以限制（　　　　　　）的控制线，车辆限界是车辆在（　　　　　）下所形成的横断面的最大尺寸轮廓线。
5. 建筑限界应分为（　　　　　）、（　　　　　　）及（　　　　　　）。
6. 隧道内建筑限界按工程结构形式分为（　　　　　）、（　　　　　）和（　　　　　）。
7. 受电弓工作高度，在隧道内的标准高度为（　　　　　），露天线路上的安装高度为（　　　　　），特殊要求除外，不能超过（　　　　　　）。
8. 对双线区间，当两线间无建筑物时，两条线设备限界之间的安全间隙不应小于（　　　　）。
9. 线间距一般可以分为（　　　　　）、（　　　　　　）、（　　　　　　）等。

10. 为节省工程投资和减少对地面交通的干扰，地面、高架车站通常设计为（　　　　），并采用最小线间距，当采用 B 型车时，一般为（　　　　）。当采用 A 型车时，一般为（　　　　）。

11. 《地铁设计规范》规定，站台计算长度内的站台边缘距线路中心线的距离，应按车辆限界加（　　　　）确定，但站台边缘与车辆轮廓线之间的间隙，当采用整体道床时不应大于（　　　　），当采用碎石道床时不应大于（　　　　）。

二、简答题

1. 什么是限界？
2. 规定限界的目的是什么？
3. 车辆限界与车辆轮廓线之间的空间需要考虑哪些因素？
4. 建筑限界与设备限界之间的空间需要考虑哪些因素？
5. 线间距的确定受哪些因素影响？
6. 什么是线间距？
7. 设置交叉渡线两平行正线的线间距如何确定？
8. 单渡线地段的线间距如何确定？

项目七

轨 道 施 工

【教学目标】

培养学生对轨道施工技术在城市轨道交通系统中的重要性认知；熟悉轨道铺轨施工的程序、施工工艺、机具设备和人员配备要求，道岔铺设的技术能力以及无缝线路的结构特点及应力放散与调整的方法等相关知识；培养学生认真、细致、严谨的工作作风。

【知识要点】

1. 有砟和无砟轨道铺轨施工工艺、施工工序和技术要求。
2. 道岔铺设的施工流程及施工工艺。
3. 无缝线路的铺设施工方法和流程。

【能力目标】

1. 能够掌握轨道铺轨施工的程序、施工工艺、机具设备和人员配备要求，培养施工技术能力。
2. 掌握道岔铺设的技术能力，培养职业素质。
3. 能够掌握无缝线路的结构特点及应力放散与调整的方法。

【重点掌握】

1. 有砟、无砟轨道和道岔的施工工艺、工序和技术要求。
2. 无缝线路的结构特点和施工方法。

任务一　有砟轨道的施工

【任务描述】

本任务主要介绍人工铺轨施工的程序、施工工艺、机具设备和人员配备要求，机械铺轨的工艺，轨排铺设等相关理论知识，通过对理论知识的学习，辅以多媒体课件教学，使学生对有砟轨道施工有全面的认知，较早对城市轨道交通行业有直观的认识。

【基础理论】

轨道铺设是指将轨道铺设在已完成并达到设计强度的路基、桥梁、隧道等建筑物上的工作。轨道铺设包括铺轨、铺岔和铺砟整道。按照铺轨方法可分为人工铺轨和机械铺轨两种,如图 7-1、图 7-2 所示。人工铺轨是先将轨料运到铺轨现场,再由人力进行铺设。它主要适用于铺轨工程量小的便线、专用线和旧线局部平面改建,较为经济。机械铺轨是将基地组装好的轨排,用轨排列车运到铺轨前方,再用铺轨机械铺设于路基上,并予以逐节连接。由于机械铺轨工效高,质量好,降低了工人的劳动强度,避免了材料的散失、浪费,所以机械铺轨是目前线路建设中采用的主要铺轨方法,其主要适用于铺轨工程量大的新线或旧线的换轨大修以及增建第二线的轨道铺设。

图 7-1　人工铺轨　　　　　　　　　　图 7-2　机械铺轨

一、人工铺轨

1. 施工准备

(1) 熟悉铺轨施工文件　铺轨前应具备批准的施工设计文件和有关基础工程竣工资料,如施工图、曲线表、坡度表、平交道表、基线图及水准点表。铺轨过程中应收集相应的资料如铺轨材料表、材料合格证、变更设计、施工记录等。

(2) 铺轨前测量　铺轨前路拱验收后钉设线路中桩,从铺轨起点测设线路中桩。桩距:直线不大于 25 m,圆曲线 20m,缓和曲线 10m。曲线起止点、缓圆点、曲中点和圆缓点、道口中心点应钉设带钉的中桩。铺砟前中桩移植于路肩上,曲线地段钉设在外侧路肩上。铺轨后铺砟整道前钉设水平桩。桩距要求:直线不大于 50m,曲线不大于 20m,线路纵断面变坡点和竖曲线起止点,应增设水平桩。水平桩钉设在道床外路肩上,曲线地段钉设在内侧路肩上。

(3) 材料准备和人工准备　做好配轨计算,各种钢轨配件与钢轨配套,连接钢轨所需的接头夹板按需要的规格和数量备齐。落实施工所需劳力、材料和机具,检查施工机具和设备的完好状态。

2. 道砟摊铺作业

(1) 工艺流程　摊铺前对路基进行验交,进行测量中线桩、水准点交接;道砟采用自卸车或其他运输工具运至施工现场,专人指挥卸车,配合摊铺机械进行作业。为保证路基表面在摊铺过程中不受或少受损害,运输车辆应慢行,保护路基表面不受破坏。按设计要求厚度铺设道砟,沿白灰边线卸料,一次铺至距枕底标高 5cm,挖掘机摊铺、碾压,人工挂线整平。要求顶面平整，位置准确，厚度均匀，做好顺坡。技术人员按照测量技术交底，按里程桩号用水准高程控制标高。

(2) 道砟摊铺标准　进场时应对道砟粒径级配、颗粒形状及清洁度进行检验；砟面平整度用 3m 直尺检查不得大于 30 mm。预留起道量不得大于 50 mm。道岔前后各 30 mm 范围内应做好顺坡并碾压。

3. 人工摆放轨枕

根据线路中心摆放轨枕，摆枕时可每 25 m 摆放一根定位枕，挂线确保轨枕摆放到线路中心。控制好轨枕间距，并使轨枕与线路中线垂直，在定位枕端拉上麻绳，其余轨枕用撬棍按轨枕间距大致拨正摆齐。根据工程进度增减劳动力。

4. 轨枕硫黄锚固

(1) 硫黄砂浆熬制工艺及质量要求　根据生产规模和熬浆锅大小，按规定的硫黄：水泥：砂子：石蜡 =1：(0.4~0.6)：(1.2~1.5)：(0.01~0.03) 配合比，称好各种材料备用。工地可采用两个铁锅轮流熬制，每锅容量以不超过 50 kg 为宜。首先将合乎要求的砂子、水泥加热烘干（温度控制在 100~130℃），然后按配合比加入硫黄、石蜡，文火加热，迅速搅拌均匀，直到拌合物中残余水分完全挥发，不再出现气泡为止，温度达 150~160℃，即可使用。温度通过温度计进行监测，在加热时经充分搅拌，以防硫黄燃烧失效。熬浆地点离灌浆地点尽量靠近，以防温度降低太多。熬浆地点应设在下风处，与锚固作业工作面距离不宜太远。作业人员应佩戴相应的防护用品，防止中毒或烫伤。

(2) 锚固作业及质量要求　螺旋钉孔内的杂物、灰浆块等应清除干净，锚固前应向孔内注入砂子并将螺栓孔从下面堵住。使用定位模板，以保证道钉位置正确。硫黄水泥砂浆注入孔内时的温度不得低于 130℃，浇注锚固浆深度以 15 cm 为宜，即超过道钉 2~4 cm，浇注完成后及时清扫锚固架及承轨槽内的锚固残渣。

锚固好的混凝土枕必须符合以下规定：

1) 螺旋道钉与承轨槽面垂直，歪斜不得大于 2mm。

2) 道钉中线与承轨槽面交点偏离预留孔中心不得大于 2 mm。

3) 不允许出现漏锚、错锚，抗拔力大于等于 60kN，用抗拔仪检测，每 1000 根抽检不少于 2 根，螺旋道钉超高、超低每公里不得超过 8 个。

5. 钢轨铺设

(1) 配轨　配轨时应按钢轨长度和预留轨缝连续计算并应确定曲线始点前或后的钢轨接头到曲线始点的距离。铺设前对现场散布钢轨进行尺量并做好记录，计算出钢轨长度的误差并做出标记，上轨过程中根据计算结果抵消钢轨误差，控制好轨缝相错在允许偏差范围。

(2) 铺轨　在铺轨作业前，现场施工人员校对轨枕是否在中心线上，如不在立即进行人工方枕，方便下一道工序作业。清除承轨槽面的杂物，将扣件的衬垫和胶垫放入承轨槽上，将钢轨放置其上，安装接头夹板，然后安装扣件和其他零件。上扣件时两人一组（扣件涂油），用小撬棍及力矩扳手将各种扣件上紧。上扣件时，禁止将手伸入承轨槽和钢轨底之间。要求扣件位置准确、摆正，轨枕位置用白漆标于一侧钢轨轨腰内侧，曲线地段标于外股钢轨轨腰内侧，另一侧用方尺定位。一侧钢轨扣件上紧后，用轨距尺按规定的轨距调整另一股钢轨位置，并检查轨距大小。控制弹条扣件的扭矩，保证在温差变化大时线路的稳定性，避免拉轨后轨缝的现象出现。

铺设曲线轨道前应掌握曲线的长度、切线长度、曲线半径等技术资料。按照铺设曲线确定好的曲线中心位置铺设钢轨，再根据曲线半径将所需要的曲线段进行加宽。

6. 线路整道作业

整道作业内容有放起道桩、方正轨枕、串入道砟、起拨轨道、全面捣固、调匀轨缝、填满轨枕和道砟、清除散落的道砟、修整道床边坡等，具体有以下主要作业。

1）上砟整道。将卸在线路两侧的道砟补到轨道内，并将轨道逐步整修到设计规定的断面形状，达到稳定程度。

2）补砟。把线路两侧路肩上的存储道砟人工均匀地散布到轨道内，并上齐枕头道砟。不足之处，用单轨车倒运。

3）起道。用起道机起道，以直线左股为标准股将轨道抬高至设计标高，并在轨下串实道砟。作为起道瞄视的基准点，每次至少起好两个基准点，以便瞄视中间的轨顶水平，每节钢轨的接头、大腰、小腰都要用起道机起平。为防止新线道床沉落后轨顶标高不足，起道机应适当抬高。起道后应将路肩处的道砟填入轨枕盒中，以便进行捣固。同时方正轨枕，使轨枕间距符合要求，并垂直于线路中心线。起道后的轨面应大致平顺，没有显著的凹凸和反超高，左右水平要符合规范要求。曲线以里股为标准股将轨道抬高至设计标高。

7. 曲线轨距加宽和外轨超高

对小半径曲线，根据设计要求设置轨距加宽。车辆通过曲线轨道时，将产生作用于车辆中心的离心力，为了消除在曲线段运行时离心力对车辆的影响，可将曲线段的外轨抬高，这个离心力与曲线半径、车辆的重量、轴距和运行的速度有直接关系；车轮上作用有横向力和纵向力，在这些力的作用下，车轮轮缘挤压外轨和内轨，不仅会使轮缘和钢轨磨损加快、运行阻力加大，而且可能使车辆脱轨。为了消除这种不良隐患，也需要借助曲线轨道的抬高，使离心力与车轮重力的合力垂直于轨道的平面，才能使车辆运行保持正常。外轨抬高的方法是不动内轨，加厚外轨下面的道砟厚度，超高应在缓和曲线全长内均匀递减，无缓和曲线时可从圆曲线开始顺坡至直线上，直线上超高不得大于 25 mm。

二、机械铺轨

机械铺轨由于施工效率高而成为主要的铺轨方式。机械铺轨包括铺轨前的准备工作、轨排组装、轨排运输，轨排铺设和铺砟整道三个环节。

1. 机械铺轨前的准备工作

（1）施工调查及编制实施性施工组织设计　铺轨前应做好施工调查，主要内容包括：复核经批准的施工设计文件和收集与轨道施工有关的工程竣工资料及变更设计文件；了解与铺轨有关工程的施工进度，核查路基、桥梁等工程有关资料及工程外观，核实铺轨进度计划；调查道砟的运输条件，提出铺砟方案；核查各种电线路、临时建筑物的建筑限界；调查道口附近地形、地貌和车辆通行情况，并提出维持道路交通的临时措施；调查沿线水源、电源情况，落实用水、用电计划；按铺轨计划进度，落实各种轨料来源；收集沿线的气象资料及轨温变化规律等有关情况。

铺轨前应根据设计文件要求及有关基础工程竣工资料、全线指导性施工组织设计规定的铺轨总工期、有关重点工程的施工方案以及施工单位自身的铺轨能力，编制实施性施工组织设计，对施工过程的质量控制、进度计划提出明确的要求，并制定必要的作业指导书。实施性施工组织设计的主要内容包括：机构设置及劳动力组织；主要施工方法及施工安排；轨道部件用料计划及供料方式；铺轨基地设置、沿线临时工程、通信及行车控制方案；生产及生活用水、用电供应方案；施工机械及检测设备调配计划；工程运输组织及机车车辆配置计划；安全、质量、工期保证及环境保护措施等。

(2) 筹建铺轨基地　铺轨基地是新建线路的一项临时性工程，是铺轨材料的装卸、存放、轨料加工以及轨排组装、列车编组、发送的场所，是铺轨工程的后方基地。对于新线的建设而言，有时由于施工组织设计的需要，铺轨基地也兼做部分架梁的准备工作，如存梁等。在筹建时，必须全面考虑，统一规划，尽量与永久性工程相结合，做到投资少、占地少、作业方便，并使铺轨列车调度灵活，充分发挥基地的生产潜力。

(3) 其他准备工作

1) 路基修整。铺轨前应对已完工的路基进行全面检查，如果尚有凹凸不平、路面宽度不够等现象，必须进行整修，以符合设计要求。路基平面和纵、横断面的形状尺寸应符合设计要求。不同土质路基交界处做好顺坡，路面宽度如小于设计宽度应予补够。路堤欠填高度或路堑超挖深度不足 5 cm 时，可不做处理，铺砟时用道砟填平；超过 5 cm 时，应用同类土壤填补、夯实。如果路堤超填高度（路堤的超填高度必须是考虑沉落量后的高度，如果路基尚未完全沉落，则应定出施工坡度，在铺轨前整修好）或路堑欠挖深度不足 5 cm，可不做处理；超过 5 cm 时，应铲除。路基面上的草皮、树根应彻底铲除；污垢杂物应清除干净；整平坑洼及波浪起伏的路面。

2) 线路测量。在铺轨之前应检查线路中桩以及临时线路标志的埋设情况。在铺轨前一个月，由施工单位从铺轨起点测设线路中桩。直线地段每隔 25m，圆曲线上每隔 20m，缓和曲线上每隔 10m 钉一个桩。在曲线起讫点、缓圆点、曲中点、圆缓点、道口中心点、道岔中心及岔头、岔尾点、道砟厚度变更点等处均需钉设带钉的中桩。正式线路标志未埋设时，应埋设简易的临时里程标、曲线标、坡度标等标志。正线应按设计要求设置线路基桩。轨道工程施工前应进行线路贯通测量。

3) 预铺道砟。铺轨之前应按中线预铺道砟，并采用压强不小于 160 kPa 的机械碾压。双层道床按底砟厚度铺足，单层道床铺设厚度以 15~20 cm 为宜，并将顶面整平，中间拉槽，中间凹槽宜为 60 cm。在道砟来源困难时，可在每股钢轨下预铺厚度 15~20 cm、宽度不小于 80 cm 的砟带。桥梁或顶面高于路肩的涵洞两端各 30m 范围内预铺的道砟面应高于桥台挡砟墙或涵顶不小于 5 cm，并做好临时砟面顺坡。桥上的预铺道砟面应高出盖板，并应与两端桥头的道床面取平。部分预铺道砟，可视架桥机性能预铺在梁上，随梁就位，同时应在桥头预备道砟。

2. 轨排组装

轨排组装是在铺轨基地将钢轨、轨枕用联结零件联成轨排，然后运到铺轨工地进行铺设，它是机械化铺轨的重要组成部分。为了保证基地组装轨排的质量，防止组装中发生差错，造成返工浪费，影响铺轨进度，组装时必须仔细地按照事先编制的轨排组装作业计划表进行。计划表主要内容包括：轨排编号及铺设里程，钢轨类型、长度和曲线内股缩短轨缩短量，相对钢轨接头相错量，轨枕种类、类型、数量和间距布置，轨枕扣件号码或每块垫板道钉数，曲线半径和轨距加宽值，以及其他特殊要求的说明。轨排生产计划表应及时根据实际铺设里程进行调整。

（1）轨排组装方式　轨排组装的作业方式可分为活动工作台和固定工作台两种，活动工作台作业方式组装轨排又分为单线往复式和双线循环式两种。作业方式不同，使用的机具设备和作业线的布置也不同。因此，在轨排组装前，应根据具体情况确定作业方式。

（2）轨排组装作业过程　下面以活动工作台作业方式中的单线往复式作业组装轨排为主，简要介绍轨排组装的作业过程。

1）吊散轨枕。采用移动式散枕龙门架所配备的 3～5t 电动葫芦吊散轨枕，每次自轨枕堆码场起吊 16 根轨枕。如移动式龙门架本身无动力时，可用卷扬机牵引或人力推动。若采用反锚作业进行组装，应将散开的轨枕翻面，所有轨枕底面向上，此工序由人工用木棍配合撬棍撬拨，或用 U 形钢叉翻枕。

2）硫黄锚固。硫黄锚固就是用硫黄水泥砂浆将螺纹道钉固定在混凝土枕的道钉孔中。硫黄水泥砂浆是将硫黄、砂、水泥以及石蜡按一定的配合比配置而成的。锚固方法有正锚和反锚两种。由于反锚作业劳动效率高，质量好，在施工中得到了广泛的应用。螺旋道钉锚固材料中硫黄含硫量不小于 95%，采用一般工业用硫黄，配制前应破成碎块，如受潮应在配置前干燥；水泥用普通硅酸盐水泥，如有结块，配制前应过筛；砂子粒径不得大于 2 mm，泥污含量不得大于 5%，配制前应烘干；石蜡为一般工业用石蜡，配制前应破成碎块；各种材料内不得混有杂物。

3）匀散轨枕。轨枕翻正后，应立即在轨枕承轨槽两侧散布配件，匀散扣板、缓冲垫片、弹簧垫圈及螺母等配件。散布前，应按零件类型整理堆码好。为便于匀散轨枕，调整轨枕间隔距离，在工作台两侧设有起落架，并将联结平车的钢轨改成槽钢，在槽钢上配置匀枕小车，利用匀枕小车将大约 30 cm 间距的轨枕调为标准间距。

4）吊散钢轨。吊轨前应检查钢轨型号、长度是否与设计的一致，并将钢轨长度正负误差值写在轨头上，以便配对使用。利用 1 台 3～5 t 的龙门吊及 1 个吊轨架来完成吊轨。按轨排计算表控制钢轨相错量，将钢轨吊到轨枕上相应的位置，然后再通过轨枕道钉纵向中心线的钢轨内侧，用白油漆画小圆点作为固定轨枕的位置。吊散钢轨时，为保持钢轨稳定，两端扶轨人员应用小撬棍插入钢轨螺栓孔内或栓缆绳牵行，不得用手直接扶持。吊车吊重走行的范围内禁止走人。

5）上配件、紧固。以手工操作把配件放置在正确的位置上，将螺母拧上，并用电动或风动扳手拧紧螺栓。紧固前要测定扳手的扭矩，扣板式扣件应以 100～120 N·m 扭矩拧紧，Ⅰ、Ⅱ型弹条扣件应使弹条中部前端的下部与轨距挡板接触或扭矩达到设计要求（Ⅰ型为 120N·m，Ⅱ型为 100～140 N·m）。在作业线两侧应搭设工作台，以便操作。

6）质量检查。轨排组装完后，应由质检员详细检查轨排是否按轨排生产作业表拼装，轨排成品质量是否符合要求，包括检查轨距、轨枕间隔、接头错开量、安装质量等。如果发现有不符合的地方，应修整，最后对合格轨排按轨排铺设计划用色泽醒目的油漆进行编号。

7）轨排装车。轨排装车是轨排拼装的最后一道工序，即将编号的轨排，用 2 台 10t 吊重、跨度 17m 的电动葫芦龙门架按铺设计划逐排吊装在滚轮平车上，同时做好编组及加固工作。装到车上的轨排应上下左右摆正对齐，不得歪斜。至此，一个混凝土枕轨排组装完成，然后可以进行下一轨排的组装循环。

3. 轨排运输

为了确保机械铺轨的速度，需要组织好从基地到铺轨前方的轨排运输，以使前方能不间断地进行铺轨。

1）滚筒车运输。滚筒车一般由 60 t 平板车组成，车面上左右两侧各装滚筒 11 个，大约相距 1.0~1.2 m 装一个，由两辆滚筒平板车合装一组轨排，每组 6~7 层；如用新型铺轨机铺轨，可装 8 层。

2）平板车运输。用无滚筒平板车运送轨排时，每 6 个轨排为一组，装在两个平板车上，7 组编一列。在换装站或铺轨现场各设两台 65t 倒装龙门架，将轨排换装到有滚筒的平板车上，供铺轨机铺轨。轨排装车不得超载超限，上下层摆正，轨排对齐。平板车运输轨排优点较多，无须制造大量滚筒，可减少止轮器数量，捆扎工作量较少，运输速度可达 30 km/h，节省人力和费用。

4. 轨排铺设

线路的轨排铺设，大多采用铺轨机进行施工，少数情况下也有采用龙门架进行的。

（1）铺轨机铺设轨排 铺轨机在自己铺设的线路上作业和行走。随着轨排质量、长度的不断增长，铺轨机的性能也不断提高，各单位根据自己的施工条件和制造能力，先后制造了很多类型的铺轨设备。施工单位在轨排铺设时所采用的机械，应根据本单位现有的设备能力及工程的工期要求合理选型。

1）喂送轨排。轨排列车进入工地后，当前面轨排垛喂进（被拖进）铺轨机后，需要将后面的轨排垛依次移到最前面的滚筒车或专用车上，这样才能保证作业的连续性。向前倒移轨排垛的方式主要有两种。

① 拖拉方式。此种方式适用于使用滚筒列车。在铺轨机的后方选择一段较为平直的线路进行大拖拉作业。将滚筒列车最前面的一组轨排车垛，用拖拉钩钩住第二层轨排的钢轨后端，用大小支架（俗称炮架）将直径为 ϕ28 mm 钢丝绳支离平板车，将底板钩等专用机具固定于线路上，然后缓慢地拉动列车。由于最前面的一组轨排垛被固定在线路上不动，所以在滑靴的引导下，这组轨排垛便移动到前面的滚筒车上。轨排垛到位后，撤去固定轨排垛的机具，再由机车推动整列车向前送到铺轨机的尾部。

② 用二号车或专用列车倒运方式。这种方式必须在铺轨工地配备两台起重量 65 t 以上的倒装龙门吊，再配有二号车或专用车。若倒装龙门吊能够让机车通过则可省去二号车。作业方式是：将两台龙门吊吊立在离铺轨机不远且较为平直的线路上，机车将轨排列车依次推送到龙门吊下，用龙门吊吊起整组轨排垛，倒装到装有滚筒的二号车或专用车上，再由二号车或机车推送到铺轨机的尾部。

2）铺设轨排。

① 将轨排推进主机。用铺轨机自身的卷扬设备挂千斤绳将轨排垛拖入主机内。

② 主机行走对位。铺轨机行走到已铺轨排的前端适当位置停下对位。需要支腿的铺轨机，在摆头以后立即放下支腿，按要求支承固定。

③ 吊运轨排。开动可以从铺轨机后端走行到前端的吊重小车，在主机框架内对好轨排的吊点位置，落下吊钩挂好轨排，然后吊高轨排至离下面轨排一定高度再前进到吊臂最前方。

④ 落铺轨排。吊重小车吊轨排走行到位时应立即停止，并开始下落轨排至离地面约

0.3m时稍稍停住,然后缓缓落下后端,与已铺轨排的前端对位上鱼尾板,对位时间一般占铺一节轨排总时间的一半以上,是铺轨速度快慢的关键。在后端对位上鱼尾板后,可通过摆头设施使前端对正线路中线,并立即落到路基上。轨排落实以前,为使轨排保持所需的形状,一般需人工(或用拨道器)左右拨正。

⑤ 小车回位。铺好一节轨排后立即摘去挂钩,将扁担升到机内轨排之上,吊轨小车退回主机,准备再次起吊。有支腿的铺轨机应立即升起支腿,主机再次前进对位,并重复以上工序。待一组轨排全部铺设完了,立即翻倒拖轨,拖入下一组,轨排再按以上工序进行铺设。当一列铺轨列车铺完后,利用拖拉方法,将拖船轨返回空平板车上,由机车将空车拉回前方站,并将前方站另一轨排列车运往工地。

⑥ 补上夹板螺栓。为了提高铺轨的速度,铺设轨排时仅上两个螺栓,在铺轨机的后面还要组织人员将未上够的夹板螺栓补足、上紧。新线铺轨完毕第一趟列车通过后,按规定扭矩复拧一次接头螺栓,3天内每天复拧一次。各钢轨接头螺栓的拧紧度相等。

(2) 龙门架铺设轨排　铺轨龙门架是线路铺轨半机械化施工机具之一,它主要用于铺设钢筋混凝土轨排、在旧线拆换轨排以及轨排基地装卸工作等。铺轨龙门架的特点是机身不在自己铺设的轨道上行走,而在预先铺设于线路两侧的轨道上吊重和走行。它的缺点是体力劳动较强,占用人员较多,要求地面较宽,现在铁路局的一些施工单位仍在使用。

铺设龙门架由2~4个带有走行轮的框架式龙门架组成,每个龙门架的吊重有4t和10t两种,其中有带运行机械和不带运行机械的两种形式,相互间用连接杆连接行动。龙门架的起重和运行依靠自带的发电机供电,发电机和拖拉用的卷扬机同时放在一辆普通平板车上,挂在铺轨列车的后端,用电缆送电。铺25m混凝土轨排时一般用4台起重量为4t的龙门架或2台起重量为10t的龙门架;铺25m混凝土轨枕轨排用3台起重量为10t的龙门架;铺长轨排可根据轨排重量和龙门架的起重量适当配置多台龙门架一同使用。铺轨时,应先铺设龙门架的走行轨道(目前铺设走行轨道的方法主要是人力铺设和拖拉机铺设),然后将龙门架放到走行轨道上,并用滚筒车将轨排组运送到最前端,开动龙门架即可吊运轨排。把轨排运到铺设地点,降落轨排铺在路基上。重复上述步骤,即可继续铺设轨排。

5. 铺砟整道

线路的轨排铺设完成后,即可通行工程列车。这既包括铺轨列车,也包括铺砟列车。同一线路上通行两种列车,在施工过程中相互间的干扰特别大,影响工作效率。但是如果不先铺轨,大量的道砟无法利用铺砟列车运到施工地点;如果铺轨后不迅速进行铺砟整道,也就无法提高线路质量,提高行车速度,保证行车安全。因此,在新建线路进行铺轨后,应相应地抓紧铺砟整道工作。

所谓铺砟整道就是将道砟垫入轨枕下铺成设计要求的道床断面,并使轨道各部分符合竣工验收技术标准的要求,主要包括采砟、运砟、卸砟、上砟、起道、整道等作业。铺砟整道的工作量大,作业内容多,要求的标准高,而且多在有工程列车运行的情况下进行,干扰较大,因此必须严格按照铺砟整道的有关规定组织施工。铺砟整道作业有机械施工与人工整道两种方法。机械施工与人工整道相比,既可减轻工人劳动强度,又可加快施工速度,提高作业质量,因此在铺砟整道中应尽可能采用机械施工。

(1) 道砟的采备、装卸和运输　道砟生产是铺砟整道的一个重要环节,它涉及道砟来源、砟场分布、片石开采及道砟加工、装车、运输等问题,必须统筹考虑,合理安排,做到经济合理,质量符合要求。

1) 用砟量计算。铺砟整道所需的道砟数量,可根据道床横断面计算,再加运输、卸砟、上砟时的损失和捣固后道床挤紧及沉落等原因,其增加率一般为:碎石道砟 11.5%,卵石道砟 11%,砂子道砟 14%。

2) 砟场选择原则。新建线路道砟来源有三种:一是利用邻近新线的营业线既有砟场;二是沿线零星采集;三是建立永久砟场或临时砟场。前两种砟源,在条件允许、经济上适宜时,必须优先选用,但常常不是新线道砟的主要来源。新建线路所需道砟主要依靠自建永久砟场或临时砟场。

3) 道砟的采备。道砟采备可用人工或机械钻眼爆破法开采片石,并用机械化或半自动机械化方法加工。

4) 道砟装车与运输。道砟装车根据设备情况,可因地制宜地选用高站台、棚架溜槽、活门漏斗和机械装车等方法。运砟宜采用风动卸砟车。若没有风动卸砟车,宜用敞车或改装的平车运砟。在砟场离线路较近的情况下,可用汽车甚至畜力车运砟。

(2) 铺砟　铺砟工作一般分卸砟及铺砟两步工序。

1) 卸砟。卸砟一般有风动卸砟车卸砟和人工卸砟(平板车)两种。风动卸砟车车体下部的漏斗装置用以漏卸和散布道砟,它有4个外侧门和2个内测门,通过起动传动装置,利用风压启闭不同的侧门,能使道砟按要求散布在轨道内外侧的不同部位。车内容砟量可达 36m^3,外侧门全开时,40~50 s 就能卸空一车。人工卸砟时,当运砟列车到达卸砟地段后,每辆车配备 3~4 人,将车门逐一打开,列车徐徐前进中将砟卸于轨道两旁,车中部及两端的道砟用铁锹铲卸。

2) 铺砟。道砟自车上卸下后,应随即把它铺设于轨道上。铺砟作业通常与整道作业结合进行,并按上砟、起道、串砟、填轨枕盒中间的道砟、拨道、捣固(铺第一层砟时不捣固,以免伤害路基)及整理道床的程序进行铺砟整道作业,直到达到竣工验收标准为止。

① 人工铺砟。为了保证道床的压实与稳定,人工铺砟整道时道砟必须分层铺设。底层道砟可一次铺足,面层道砟则可根据情况,分一次或两次铺完。每次铺砟厚度以不超过 10~15 cm 为宜。道床铺至最后一层时,轨面应与设计标高相符;在已铺砟与未铺砟地段或道砟厚度不同的相接处,两端高差顺接坡度不得大于 5‰,以使列车能安全平顺地通过。

② 机械铺砟。机械铺砟时采用的铺砟机本身无走行能力,需要机车牵引。铺砟时先用拨砟器的翼板将卸在路肩上的道砟拨入轨枕盒内,然后铺砟机后退,用铺砟机上的起道滑轮夹钳将钢轨夹住,并按需要高度抬起钢轨,铺砟机慢慢前进,这时起道夹钳后的钢链在抬起轨道后可刮平道床,铺砟机继续前进,轨枕就放在已刮平的道床上并整理成规定的道床断面形状。

(3) 上砟整道作业　上砟和整道作业是结合进行的。各项整道作业与运营线路的整修工作基本相同,不过,新线整道作业时,起道、拨道量较为大些。现将整道作业的程序和方法介绍如下。

1) 准备工作。汇总技术标准、设计要求及有关竣工图表,如线路平、纵断面,配轨计算表及轨排组装计划表等有关技术资料,以正确无误地进行上砟整道作业。

线路复测及测设起、拨道控制桩。从铺轨后到上砟整道,线路桩橛有可能丢失,所以在铺砟整道前需按铺轨中桩的测设要求进行复测。为便于上砟整道作业的进行并保证桩的位置准确,一般均按线路中心桩位置要求,在距线路中心约 2.3m 处的路肩上设置起、拨道控制桩,其位置在直线段位于线路左侧,在曲线段起道桩位于曲线内侧,拨道桩位于曲线外侧。桩上标明起道高度与距轨头外侧的距离,作为起、拨道的依据。拨道作业,用机械或人力按拨道控制桩拨正,以便为轨道调查做好准备。在直线左股、曲线外股的轨腰里面按轨枕设置位置标出轨枕中心点,以便进行方枕工作。同时在钢轨接头处,将钢轨按公里标标出钢轨每公里的编号。

从铺轨到上砟整道这段时间内,线路运行大量工程列车,轨道各部分可能有较大变化,为此,需对轨道状态进行检查,其主要项目与方法是:

① 钢轨。检查钢轨有无伤损及硬弯等情况。

② 轨缝及接头相错量。新线由于接头阻力与道床阻力小,线路爬行较为严重,为此,在为验交而做的整道前,必须检查轨缝和接头相错量,以便做好轨缝整正工作。检查接头相错量可用方尺进行,轨缝用轨缝尺检查。测量时应按钢轨编号顺序将轨长、轨缝及接头相错量逐一填入轨缝整正计算表,以便制订出轨缝调整计划。

③ 轨枕及扣件、接头联结零件等缺损情况。对缺损数量及位置均需进行登记,以便提出申请计划并及时运到现场。混凝土枕应事先锚固,便于更换。

④ 道砟数量。已铺砟地段的里程、数量要调查清楚,并根据设计道床断面,计算出每百米尚缺的道砟数量并提出卸砟计划。

大型养路机械作业前,需要拆除道口、护轨、防爬支撑、轨距杆等影响作业的设备,并妥善堆码、固定。清理道床坡脚外 100 mm 范围内的其他障碍物。凡不能使用机械捣固的位置(信号连接线、电缆线等)应提供资料,现场标明,或相关单位配合捣固,限点拆装有关设备。

编制施工计划。根据工程量、工期要求、机具设备、供砟情况以及劳力情况,制订出详细的施工计划,其主要内容为:施工方法、机具配备、劳力组织、供料数量、质量要求、安全措施及施工进度等。

2)整道作业的内容和要求。新铺轨道应随同每次布砟逐步整正。对预铺砟处的轨道,仅进行起道、方枕串砟及拨道作业。列车布砟后,除进行起道、方枕、均砟及拨道作业外,尚需填补枕盒内部分道砟并进行捣固作业。最后一次起道,应以水平桩为准,并使轨面略高于设计高程。全面整道后的轨道,应经列车或单机压道。正线压道次数不得少于 50 次,站线压道次数不得少于 30 次(应计入工程列车通过的次数)。经过压道的轨道应无明显变形,经机械化整道作业车组作业后的线路可不再压道。

在新线移交前,应再进行一次全面整道工作,使新建线路的轨道符合竣工验收标准的规定。竣工验交前的全面整道工作内容有:整正轨缝、拨道、起道、轨枕正位、上紧扣件、捣固与清理路肩上的道砟、整理道床边坡及填够枕盒内的道砟。

3)整道作业用的机具。人工整道时使用的工具有撬棍、道镐、起道器、道砟叉、道砟钯、钯镐、轨缝调整器、道尺、拨道器及扳手等。机械整道时除使用大型整道机械外,目前使用的机械主要是激光准直液压起拨道机及液压捣固机。

4)上砟整道基本作业。

① 整正轨缝。整正轨缝前应按区间进行现场调查,将轨长、轨缝及接头相错量按钢轨编号逐一列表计算,做出全面的整正计划。施工前将计划好的钢轨移动量及其移动方向写在相应的钢轨上,使之符合要求。轨缝整正工作量较大时,往往会牵动轨枕位置,使轨枕脱离捣实的道床,因此在轨缝整正后,应进行起道、方正轨枕及捣固等工作。为保证轨缝整正作业中不间断行车,需配备各种长度、腰部有长孔的短轨头,以便夹板联结。

② 起道。新线起道时,先选择一个标准股,在预先用水准仪测设好的水平桩外,按要求的高度起好,并按轨枕下串实道砟作为起道瞄视的基点,每次至少起好两个基准点。人工起道瞄视方法与检查轨顶纵向水平的方法相同。当标准股连续起平 30~40 m 后,使轨枕中线与轨腰的间隔应相一致并垂直于线路中心线。起道后应将路肩处的道砟填入轨枕盒中,以便进行捣固。但应注意,在已起道与未起道的相接地段,应做成不大于 5‰ 的顺坡,在末次起道时,为防止道床沉落和轨顶标高不足,可将起道高度适当提高 3~5 mm。机械起道可用激光准直液压起拨道机,用激光准直仪控制轨顶标高。

③ 捣固。线路起道后必须进行捣固。人工捣固使用捣固镐,机械捣固可用液压捣固机。

捣固范围:混凝土枕应在钢轨外侧 50 cm 和 45 cm 范围内均匀捣固;木枕在钢轨两侧各 40 cm 范围内捣固道床,钢轨下应加强捣固。此外对钢轨接头处和曲线外股,应加强捣实上述规定范围内的道床。人工捣固时,一般 2 人或 4 人为一组,同时捣固一根轨枕,打镐顺序先由轨底中心向外。根据起道高度分别捣 18~28 镐,相邻镐位应略有重叠,落镐位置应离枕边 10~30 mm,以免打伤轨枕,并能把轨枕底部道砟打成阶梯形的稳固基础。

④ 拨道。新线拨道时,主要按经纬仪测设的中心桩进行,把钢轨及轨枕一起横移一定距离,使其符合线路中心线的位置要求。为了不妨碍铺砟整道工作,保护中线的准确位置,中线桩一般均分布在两根钢轨的同侧,分布范围约 3.5~4 m,1 人指挥,其他人用拨道器用力拨道。机械拨道则可用激光准直仪直接控制起拨道机拨道。

【拓展提高】

单轨交通

1. 概述

与轻轨交通共同发展起来的另一种轨道交通形式就是单轨交通,虽然它们的起步相同,发展史相同,但单轨远远没有像轻轨交通那样受到人们的青睐,只是在日本和德国的某些城市进入了实用阶段。单轨交通,在国外也称为单轨铁道,是指车辆在一根导向轨道上运行的轨道交通系统。通常分为跨座式和悬挂式两种,跨座式是指车辆跨坐在轨道梁上行驶,悬挂式是指车辆悬挂在轨道梁下方行驶。单轨交通是一种中等运量的轨道交通,其空间轨道梁的宽度较小,占地面积较少,通常利用城市道路中央隔离带设置结构墩柱,圆形墩柱的直径一般为 1~1.5 m,也可以与高架道路结合在一起。

单轨交通与城市的其他交通完全隔离,不受干扰,因此可以高速行驶,其最高车速可以达到 80 km/h 左右,运送速度在 30 km/h 以上。单轨交通的车辆组成列车运行,虽然车辆尺寸较小,但可以做到较高的行车密度,其运送能力每小时单向为 5000~20000 人次,与轻轨交通相当。

单轨交通的车辆采用橡胶轮胎,在轨道梁上行驶,具有较强的爬坡能力,最大坡度可达到100‰，而且能通过较小的弯道，曲线半径最小可达到50m，因此，可以更好地适应城市多变的地形地貌和复杂的地理环境，可避免不必要的拆迁，从而大大降低工程造价。

单轨交通用作城市公共交通，开始进展比较缓慢。日本从德国和法国引进专利，经过不断研究改进，在不少城市成功地修建了单轨交通系统。我国也有一些城市在游乐场修建小型单轨交通，有的城市根据实际需要已提出修建单轨交通作为公共交通的建议。第二次世界大战后，随着科学技术的进步，单轨铁路的技术逐渐成熟，轨道、车辆和通信信号设备都有了很大的发展，再加上单轨铁路可以利用公路和河流上方空间，单轨技术受到一定的重视。尽管单轨交通已经经历了一个多世纪的发展历程，但单轨铁路的导向、稳定及转辙装置等关键技术问题尚未完全解决，且单轨交通的运输能力与有轨电车不相上下，技术要求却高得多，因此在世界范围内并没有得到广泛的应用。

2. 单轨交通的特点

单轨交通与轻轨交通相比，突出优点表现在：

1）占用土地少。

2）运量较大。国外单轨列车一般由4~6辆组成，列车运输能力为每小时5000~20000人次。

3）能适应复杂的地形要求。由于使用橡胶轮胎，可以适应复杂地形的要求，适宜在狭窄街道的上空穿行，可减少拆迁、降低造价。

4）建设工期短、造价低。高架单轨结构简单、易于建造，因此工期较短、造价较低，一般为地铁的1/3。

5）运输能确保安全。由于车辆与轨道的特殊结构，在轨道梁两侧均有起稳定作用的导向轮，能确保运行安全。

6）噪声与振动均低，且无排气污染等公害。由于采用橡胶轮胎，运行平稳，所以振动和噪声均较低，能确保运行安全。此外，电力驱动也不存在污染环境的问题。

7）对日照和城市景观影响小。由于高架单轨占用空间少，沿线不会投下很大的遮光阴影，并且对城市景观还能起到一定的点缀作用。

【任务实施】

依据基础理论知识，提出任务目标：城轨系统有砟轨道施工技术调查。将学生按照生源地进行分组，每组同学深入地铁公司进行调查，认知本地铁公司有砟轨道施工技术，根据不同小组的调查报告，进行综合评价。

任务二　无砟轨道的施工

【任务描述】

本任务主要介绍整体道床施工技术、短枕式整体道床的铺轨方法等相关理论知识，通过对理论知识的学习，辅以多媒体课件教学，使学生对无砟轨道施工有全面的认知，较早对城市轨道交通行业有直观的认识。

【基础理论】

为了保证高速行车的需要，线路必须具有稳定的轨道结构、平顺的运行表面、良好的轨道弹性和可靠的轨道部件。由于无砟轨道结构易于维修并具有良好的耐久性，我国新建的线路大部分为无砟轨道，如图7-3所示。无砟轨道是建在混凝土或沥青防冻层上具有弹性的一种永久性轨道结构。

图7-3　无砟轨道施工

一、整体道床施工技术

1. 地铁隧道整体道床施工程序及方法

（1）道床基面处理　在道床施工前基面必须采用风镐凿毛，底板凿毛面积在80%以上，边墙与道床混凝土接触面凿毛面积在70%以上；浇注前应将浮渣和杂物清洗干净，排干积水；超挖深度≤0.2m的部分，用与道床同级的混凝土浇注一次，超挖深度>0.2m的部分，用大于C15的混凝土浇注。

（2）基标设置　根据施工图要求及线路调线、调坡资料设置控制基标和加密基标，基标的设置位置及允许偏差要符合相关规定，在结构施工完成后，应采用激光隧道限界检测仪对隧道结构净空进行检测。采用水准仪对轨道中线及水平贯通测量，调整偏差，原则上车站偏差不做调整，将误差调整在区间内。

在直线上每120m、曲线上每60m及缓圆点、圆缓点、道岔起止点等处设置为控制基标；在控制基标的基础直线上每6m、曲线上每5m设置为加密基标。基标应采用与道床同级的混凝土埋设牢固，按距离方向在钢筋桩上锯划十字线，并编号和做标志。

（3）器材整备、堆放和运输　钢筋混凝土支承块（短岔枕）应采用钢板制作模型板，承轨面要光滑平整。模板组装后，试制三块，检查各部分尺寸符合要求后再批量生产。钢筋布置绑扎要符合设计要求。

铺轨基地一般设在地铁车辆段。钢轨、道岔及配件应分类码放，并标明型号和规格。在地铁列车夜间停运期间利用轨道车将轨料运至距工地最近的线路附近，再利用人工进行沿线散轨，轨节、道岔及配件应按铺轨顺序成组装车，并调整好方向。无缝线路的钢轨应在隧道外先焊成50m一节，运至工地后再焊成设计长度的轨节。

（4）轨道架设和位置调整　钢轨架设前先调直，将扣件的飞边、毛刺用砂纸打磨干净并涂油。钢轨和道岔采用钢轨支承架架设，支架间距为直线3m、曲线2.5m，并与线路方向垂直。根据基标初步调整好钢轨、道岔的方向、水平、高程和轨距，测放出支承块的准确位置后，在钢轨上架挂支承块。同一断面的支承块（短岔枕）连线应垂直于线路方向，安装数目直线地段为1760对/km，曲线地段（包括缓和曲线）为1840对/km。前后两支承块（短岔枕）距离允许偏差为±10mm，承轨槽边缘距道床变形缝和钢轨普通（绝缘）接缝中心≥70mm。在支承块（短岔枕）安装处画线，用扣件将支承块与钢轨初步连接，在精确调整并检查其位置正确后，用测力扳手将螺栓拧紧，力矩应一致。再次对轨道位置进行精确调整。架设于支承架上的钢轨或道岔应调整水平、位置、轨距、轨底坡和高程，并测放短轨枕位置，其调整精度应符合有关规定。调整合格后必须固定牢固，及时浇注道床混凝土。

按"隔五干一"的原则在仰拱上和支承块下用同级道床混凝土浇注支承墩。支承块（短岔枕）下的混凝土应密实，振捣器不得触及支承架和支承块，支承墩表面不得高于道床面。在支承墩强度达到70%后，将钢轨支承架拆除，用混凝土支承墩代替钢轨支承架，最后利用钢轨和悬挂支架安装接触轨支承块。对于三轨供电方式，在道床混凝土浇注完成后再安装接触轨。

（5）整体道床混凝土　再次清扫道床基面，按设计施工安装杂散电流钢筋防护网，并与接地极连接。中心水沟模板采用标准定型钢模板，通过架立在钢轨上的浇注支架悬挂固定模板。水沟和变形缝模板应支立牢固，允许偏差为：位置±5mm，垂直度2mm。道床变形缝应与隧道结构伸缩缝一致，钢轨接头与伸缩缝错开0.5m以上，伸缩缝按设计安装沥青木丝板。

道床混凝土采用C30商品泵送混凝土。混凝土按伸缩段分层、水平、分台阶进行浇注。对支承块（短岔枕）周围应加强捣实，严禁触及支承架和钢轨。混凝土初凝前及时进行面层和水沟抹面，并将钢轨、支承块（短岔枕）、扣件上的灰浆清理干净。抹面平整度为3mm，高程为（0～－5mm）。混凝土终凝后及时养护，强度未达到70%时，道床上不得行驶车辆和承重；每浇注100m应取两组试件，一组在标准条件下养护，另一组与道床同条件养护；用钢丝刷将扣件上的灰浆清除，涂油保养；根据隧道内的最高和最低气温的代数平均值来确定设计锁定轨温。按设计轨温对轨道重新调整，达到标准后锁定。当锁定轨温偏离设计规定值时，应先进行应力放散，再重新锁定。

2. 高架线路工程整体道床

（1）施工准备

1）基底处理。将基标测设后的桥面承轨台范围进行凿毛、清理，使桥梁与承轨台混凝土能更好地结合；为增强道床混凝土和桥面的结合，要用风镐在桥面承轨台范围内进行密集凿毛。凿坑呈梅花形布置，坑深1～2cm，坑距10cm。凿毛完毕立即将凿出的灰渣清理干净。桥面凿毛不宜过快，以距离道床浇注施工面500m为宜，否则，经处理的桥面会重新被污染，达不到凿毛处理的效果。

除凿毛处理增强道床混凝土和桥面的结合外，还在桥梁承轨台范围内预埋门形钢筋。预埋门形钢筋有如下3种情况时应加以处理：门形钢筋偏出承轨台范围时，用气割烧掉超出部分，再补焊成形；门形钢筋超高，可能导致轨排落不下去时，用气割烧掉高出部分，再补焊成形；门形钢筋过低，可能导致承轨台钢筋笼主筋难以穿过时，需加高重新成形。

2）钢轨支承架、支墩及承轨台模板上桥。

3）支承块、钢筋、扣件上桥。根据施工情况可用轨道车运输，也可用汽车运输。

4）画承轨台立模线。根据桥梁实际长度、承轨台及间隙的设计尺寸，弹出承轨台立模线，弹线时可根据桥梁实际与设计长度之差均匀调整承轨台间隙。

（2）架轨、挂支承块、绑钢筋、调轨

1）将长轨或工具轨用支承架架起，并用"L"尺按基标将钢轨调至设计位置。支承架设置密度为2.3～3.3m，支承架尽可能设在承轨台间隙处，以便不打支墩一次性浇注承轨台。对承轨台设计长度超过3.5m时必须用支墩法施工承轨台。

2）轨排组装及粗调轨道几何尺寸。将支承块按设计间距用扣件与钢轨连接，间距允许偏差10mm。将预制好的支承块吊装上桥，放置在绑扎好的钢筋笼的轨枕盒内，上好铁垫板。吊装适量的25m标准轨上桥作为浇注道床用的工具轨，用运轨小车将工具轨运送至浇注地点，小型龙门架吊送就位。用自制钢轨支承架将工具轨架起，并粗调轨道几何尺寸，最后将支承块用扣件悬挂在钢轨上。

3）绑扎承轨台钢筋。根据设计文件进行每片梁、每个承轨台模板线的弹设。若桥梁长度有误差，可在整片梁范围内的承轨台结构缝处进行调整。依据所弹设的模板线进行承轨台钢筋笼绑扎。绑扎钢筋笼时注意道床的防杂散电流要求，并按其要求进行相应处理。绑扎时需保证钢筋间距和保护层厚度，并不得与桥梁预埋筋、支承块钢筋碰接。

4）精调钢轨。根据线路加密桩和控制桩，用万能道尺、直角道尺、锤球调整轨道的轨距、水平、高程和方向，使之达到规范要求。对于曲线地段，在上述4项合格后，还需用10m或20m弦线检查曲线外股正矢。通过钢轨支承架螺旋构件精确调整轨道几何状态，使轨道中线与基标中心偏差≤2mm，轨道方向直线上用10m弦量，偏差≤1mm。

(3) 支墩浇注　当承轨台长度大于3.5m时，需用支墩法施工整体道床。支墩应设在支承架附近，设置间距为2.5~3.5m。支墩设于支承块下方，对于支墩尺寸，弹性支承块为700mm×500mm×170mm，普通支承块为600mm×500mm×170mm，使支墩内、外侧浇注砂浆的厚度≥40mm。支墩沿线路中线对称设置，并拆除钢轨支架。

(4) 立模

1）根据桥面已弹设墨线架立承轨台模板。对曲线段外轨超高较大或特殊承轨台，要制作特殊模板。模板安装必须平顺，位置正确牢固，立模位置偏差不大于5mm，垂直度误差不大于2mm，表面平整度误差不大于3mm，高程误差不大于5mm。

2）用支墩法施工时，在直线上可贯通立模，中间用木板隔离或设计间隙缝；在曲线上和不打支墩施工时需分块立模。支立模板时每隔80cm需用方木支承，特殊地段可适当加密，以防浇注混凝土时跑模、胀模。

3）木模板立好后应保持其在线路中心方向上平顺，接头处平整、牢靠、不漏浆（可用塑料胶带粘贴），底部漏浆可用中细砂填充。

(5) 浇注道床混凝土　浇注前对每车混凝土进行坍落度试验，坍落度控制在（140±30）mm。并应控制混凝土入模温度不大于30℃，浇注混凝土时用麻袋覆盖钢轨及扣件，以免对轨道造成污染，用插入式振捣棒振捣密实，并不得碰撞钢轨、支承块、模板、支承架。每一处振捣时间按30~40s控制。振捣完成后对道床混凝土进行抹面处理，抹面需经3~4遍方能完成。轨底至承轨台顶面的间距需做模具，在抹面时严格控制，并不得出现反坡，以免影响排水。浇注混凝土2~4h后（视气温而定）松开钢轨扣件，使钢轨能自由伸缩而不带动支承块，以免温差较大，钢轨带动支承块使整体道床产生裂纹。混凝土初凝前要按设计位置预设无缝线路位移观测桩。

(6) 道床混凝土拆模及养护　混凝土强度达到5MPa后方可拆模，拆模时要均匀用力，避免用铁锤集中敲击一处而使模板变形。施工过程中发现模板严重变形时，要及时更换、维修。承轨台拆模后，要对不慎造成的掉角掉块的情况进行处理，用混凝土界面剂进行修补，既可达到设计强度，又不会引起修补表面的裂纹。由于承轨台上表面带有2%的设计排水坡度，故混凝土养护宜采取麻袋润湿后覆盖养护，既可保留住水分，又可节约施工用水和劳动强度。混凝土浇注12h后，应覆盖麻袋，浇水养护，要保持混凝土处于湿润状态。混凝土养护时间不得少于 7d。

二、短轨枕式整体道床的铺轨方法

短轨枕式整体道床的铺轨方法可分为两种：一种是换轨铺设法，即首先用工具轨铺设整体道床，永久轨在隧道外焊接成长轨后，再运至隧道内换铺；另一种是一次铺设法，不用工具轨，一次铺设无缝线路，即用 25m 标准长度钢轨，按照换轨铺设法用工具轨铺设整体道床的施工工艺要求，铺设整体道床，所有钢轨接头在隧道内进行焊接。

1. 换轨铺设法

该方法铺设，钢轨焊接除联合接头外均在铺轨基地进行，焊接质量易保证，同时减少了隧道内的空气污染，减少了施工干扰。但工具轨的铺设与拆除需增加工程投资，施工周期相对较长。一次铺设法，在隧道内焊接钢轨易造成空气污染，施工干扰大，需做好施工组织设计，减少窝工，减少工程投资。

整体道床采用换轨铺设法施工时，先铺设工具轨，在隧道外用钢轨支承架将工具轨组装成轨排，安装扣件，悬挂短轨枕。绑扎道床底部钢筋后，将轨排运入隧道内，调整轨道方向、轨距及水平等，最后浇注道床混凝土，待道床混凝土达到一定强度后，拆除钢轨支承架，以便钢轨周转。待道床混凝土达到设计强度后，在不影响设备运输的情况下，再换铺永久轨。道床混凝土浇注前可先浇注轨排支承墩，待支承墩混凝土达到一定强度后拆除钢轨支承架，利用轨排支承墩道床混凝土。工具轨采用与永久轨相同的新轨，永久轨焊接成长轨节后，再运至工地换铺。

短轨枕式整体道床施工程序为：清理道床基底、凿毛→铺轨基标测设→铺设小龙门吊走行轨→铺设底部钢筋→安装轨排→轨排初调精调正位→浇注轨排支承墩→浇注道床混凝土→拆除小龙门吊走行轨→浇注水沟混凝土。

具体铺设时，可采取如下三种不同的换铺方法。

（1）长轨运输法　钢轨可在铺轨基地焊接为 125m 长轨条，轨条长度可根据场地情况适当调整，用长轨运输车运入隧道内已铺设完的整体道床两侧；再用自制胶轮运输车（俗称炮车）运到待铺地段；在隧道内组装长轨排，安装扣件，悬挂短轨枕，利用钢轨支承架架设轨排，调整轨道，浇注道床混凝土，焊接联合接头，锁定无缝线路。该方法是在隧道外焊接长钢轨，质量易保证，可减少隧道内空气污染，但是在隧道内组装长轨排，干扰大，效率低。

（2）长轨排运输法　钢轨在铺设基地焊接成长轨条后，组装长轨排，安装扣件，悬挂短轨枕，用长轨运输车运入隧道内，然后用龙门吊吊至待铺地段，浇注道床混凝土，焊接联合接头，锁定无缝线路。该方法是在隧道外组装轨排，干扰小，效率高，但是长轨排运输较困难。

（3）短轨排运输法　用 25m 标准长度钢轨，首先在铺设基地组装短轨排，安装扣件，悬挂短轨枕，用轨道平车及龙门吊将短轨排运至隧道内待铺地段，用特制的夹具连接轨排，浇注道床混凝土，焊接长钢轨，锁定无缝线路。该方法是在隧道外组装轨排，干扰小，效率高，且便于运输，但是隧道内焊接必须严格控制焊接质量，有效防止空气污染。

2. 一次铺设法

地铁隧道内整体道床长轨排一次铺设法，是借鉴国内外高速铁路的铺轨经验，可最大限度减少洞内焊接，无须替换轨，一次铺设成形，提高了铺轨质量和速度。该工法重点要解决好长轨排在小曲线、大坡度的运输问题以及铺设过程中龙门吊组的同步问题。

长轨排法与一次换铺法相比，不用工具轨，其他相同。就是在铺轨基地内将 25m 的钢轨焊接并拼装成 125m 的长轨排，再用特制的轨排运输车运至地铁隧道内；然后用专用龙门吊组进行吊装就位，并在洞内进行联合接头气压焊接，经过精调和固定就位后整体道床而成。

道岔整体道床采用一次铺设法施工。用钢轨支承架将整组道岔架起，绑扎道床底部钢筋，调整道岔方向、轨距及水平，然后用扣件按设计位置悬挂短轨枕，浇注道床混凝土（也可先浇注道床混凝土支承墩）。

道岔短轨枕式整体道床施工程序为：清理道床基底、凿毛→道岔基标测设→实地施工放样→铺设底部钢筋网→安装钢轨支承架→安装道岔基本精调就位→安装扣件、悬挂短轨枕→道岔整体精确→施工道床混凝土支承墩（采用墩架法施工时）→施工道岔道床混凝土。

【拓展提高】

磁悬浮交通

磁悬浮交通是一种非轮轨黏着传动，悬浮于地面的交通运输系统。它是介于常规高速铁路和航空运输之间的一种独特的运输方式，有些国家称为新交通系统。磁悬浮列车是"用磁力悬浮车辆"的简称。磁悬浮列车利用常导磁铁或超导磁体产生的吸引力或排斥力使车辆悬浮在运行轨道上方一定的空中，用以上的复合技术产生导向力，并用直线电动机产生牵引动力而行驶的列车，成为高速、安全、舒适、节能、无污染、噪声小、维护简单、占地少的新一代交通运输工具。磁悬浮交通技术聚集了当代多学科的高科技新成果，综合运用了各种有效的技术手段，如超导及制冷技术、计算机集散控制系统、光电子技术、阻燃复合轻型材料、高精度土木工程等。

磁悬浮交通技术主要有常导磁浮和超导磁浮技术 2 种。常导磁浮技术是基于普通电磁铁的吸引力或排斥力使车体悬浮，并借助于自动闭环控制达到稳定悬浮的目的。而超导悬浮也称为电动悬浮，其原理是在车辆超导线圈旁边放置了地面短路线圈（也称悬浮线圈），车辆由直线同步电动机推进，当车辆产生速度时，与悬浮线圈相交连的磁通量必然有所变化，如同发电机原理一样，磁通量变化在悬浮线圈内产生电流与超导线圈间发生作用，从而产生了排斥力即产生悬浮力。

【任务实施】

依据基础理论知识，提出任务目标：城轨系统无砟轨道施工技术调查。将学生按照生源地进行分组，每组同学深入地铁公司进行调查，认知本地铁公司无砟轨道施工技术，根据不同小组的调查报告，进行综合评价。

任务三　道岔的施工

【任务描述】

本任务主要介绍新线铺设道岔技术及运营线铺设道岔技术等相关理论知识，通过对理论知识的学习，辅以多媒体课件教学，使学生对道岔的施工有全面的认知，较早对城市轨道交通行业有直观的认识。

【基础理论】

城轨线路由区间与车站线路组成，其中车站轨道线路通过道岔形成各种形式的多股道的车场。单开道岔是其中应用最为广泛的，它的施工在道岔施工中最具有典型代表意义。单开道岔的铺设，基本上可分为新线铺设道岔和运营线铺设道岔两种，如图7-4所示。由于两类铺设道岔的现场施工条件差别很大，现将一般正常条件下的施工步骤、方法介绍如下。

图7-4 单开道岔的铺设

一、新线铺设道岔

在新线上铺设道岔，有人工铺设与机械铺设两种方法。

1. 人工铺设道岔

人工铺设道岔的工作过程，可按三个步骤进行，即准备工作、基本工作和检查整理工作。

（1）准备工作　为了保证新铺设道岔的质量，在铺设前应充分做好以下几方面的准备。

1）熟悉道岔的布置图。不同轨型不同号码的道岔，各有其相应的标准布置图，铺设前应熟悉该道岔的类型、构造、主要尺寸、各部件及数量等。

2）料具准备。

① 材料。道岔材料运至现场后，应进行详细的检查、核对。可按转辙器、辙叉及护轨、连接部分及岔枕四部分，仔细清点数量和检查类型及规格。各部钢轨、垫板及岔枕等都应丈量长度，并用白铅油标注。型号尺寸类型不符者，应及时补充或修改。此外，道岔前后所用的短轨、异型夹板等也应事先准备好。

② 工具。铺设道岔用的各种工具，如撬棍、道钉锤、夹轨钳、杠子、钢轨锯、枕木夹钳、道尺、方尺、木钻、间隔绳、钢尺及粉笔等，都应事先准备齐全。

3）整平枕下床面。道岔范围内的路基顶面如有凹凸不平现象时，应进行铲平或填夯，使之平整，以便于铺放岔枕和钉连轨件。若道岔范围内事先已铺轨，应将道岔前后轨道仔细拨正，然后将道岔位置内的轨节拆除。

4）测定（校核）道岔位置桩。根据站场图中坐标的里程，在路基面上首先确定道岔中心桩，然后分别由道岔中心向前量测道岔前部长度，钉出岔头桩。向后量测道岔后部长度，钉出岔尾桩。钉设道岔位置桩时，必须用钢尺精确丈量并核对。若道岔侧线后设连接曲线时，应将连接曲线的交点桩、曲线起、终点桩等一并测定。由于岔头桩、岔尾桩不一定恰好在铺设的接头位置上，因此，还需在道岔前后插入短轨。但为了使基本轨前面尽量不铺设短轨和减少锯轨的数量，允许将道岔实际钉设位置较站场位置图中的设计位置向前或向后移动6.25 m，但不能影响股道的有效长度。

（2）基本工作

1）铺摆岔枕。沿道岔直线上股轨枕头位置，由岔头至岔尾插立间隔绳（绳距直线中心线为1.25 m），绳上标有岔枕间距尺寸标记，作为散布和摆放岔枕的依据，并注意将岔枕由岔头至岔尾按规定长度及根数依次对正标记摆放，大致方正。

2）散布配件。按照道岔布置图中规定的部位，散放相应的垫板、夹板、轨撑、螺栓和道钉等，注意有些配件有左右之分和前后之别，防止颠倒错放，散布时可放在岔枕顶面上或轨枕头外侧的路基面上。

3）道岔钻孔。由于道岔内的垫板形式、尺寸以及钢轨在岔枕上的位置不同，因此，在钻孔前必须仔细正确地打出道钉孔位置印，然后按照相应位置进行钻孔，其方法如下：

① 直股。铺设平垫板的岔枕，可用普通轨道的轨枕钻孔样板打印，铺设其他垫板（如滑床板、辙前垫板、护轨垫板及桥型垫板等）的岔枕，要根据轨距、轨头、轨底和垫板尺寸，计算出枕木端头至垫板的距离，划出垫板的边线位置，然后摆上垫板（如滑床板），按垫板孔眼打印。

② 曲股。曲股的道钉孔，应在直股道钉打入后，根据支距及轨距尺寸划出垫板的边线，再按照垫板孔眼打印。

4）铺钉轨道。

5）抬摆钢轨。将基本轨、中轨、主轨及护轨、尖轨及辙叉抬摆到岔枕上，将岔头、岔尾与中心桩对齐。

6）铺设曲线上股钢轨。上股尖轨和导曲线钢轨连接好接头。

7）铺设曲线下股钢轨。抬摆导曲线下股钢轨和护轨，连接好接头，放入垫板，以导曲线上股为准，按规定的轨距及递减距离（前三后四），钉好下股。

8）安装连接杆。在两尖轨中间部分安装连接杆，使摆动灵活，尖轨竖切部分与基本轨密贴，尖轨动程符合规定。

9）最后是安装转辙机械。

（3）检查整理工作

1）检查各部间隔尺寸。全面检查道岔各部轨距，其允许误差在尖轨尖端处为±1mm（指有控制锁的道岔），其他处为+3mm，-2mm；检查1391mm及1348mm两个间隔尺寸是否符合规定数值；全面检查各部垫板的位置是否正确，有无错置倒放以及轨底未落槽等现象，结合检查进行岔枕的全面方正；检查核对导曲线支距尺寸，允许误差为±2mm。

2）检查尖轨密贴情况。扳动转辙器检查尖轨摆动是否灵活，是否与基本轨完全密贴，如果发现不密贴，应找出原因进行调整。影响尖轨不密贴的原因，一般有下列几种情况：

闸座位置不对，应进行调整；连接杆长度不合适，应对连接杆的顺序、长度及类型进行检查，有无颠倒安错等情况，最后可将尖轨的接头铁（耳铁）螺栓进行调整，使尖轨全部密贴；尖轨本身不直或有硬弯，背面有飞边或顶铁过长等。

3）整理。补足全部道钉，上紧各部螺栓；仔细拨正道岔位置，使之与前后轨道连接方向顺直；若铺设完毕后直线开通（侧向不开通）时，应将道岔转辙器加锁，或用夹板及道钉将尖轨钉固，以确保安全。

2. 机械铺设道岔

为进一步提高道岔铺设的效率和质量，或由于地区条件和劳力等的限制，可采用机械化铺设的方法进行，即把需要铺设的道岔，在轨排组装基地预先钉好，再拆开分成三个或四个分块，这些分块按铺岔顺序装在轨排运送车上运至现场。施工时利用起重设备或铺轨机进行铺设。分块划分应考虑道岔中接头的位置、起重设备的起重能力，以及分块的先后铺设顺序

（逆向铺设或顺序铺设）等因素。分块不宜太多，以免过于分散。

二、运营线铺设道岔

在进行股道延长、增设支线以及专用线接轨等工程时，都需要在既有线上铺设新道岔。在运营线上铺设道岔是一件复杂而又细致的工作，其特点是在不影响列车运行的条件下，在一定的封锁线路时间内，做到准备工作完善，施工组织严密，既安全又高质量地完成铺设工作。

1. 道岔位置的测定

在现场测定道岔位置时，必须掌握出岔点、道岔号码及道岔主要尺寸。

1）拨正出道岔处及其前后的线路方向，定出直线中心位置。

2）根据设计图规定里程位置，在直线中心线上定出新铺设道岔的中心位置。一般可利用原来的钢轨接头作为新铺道岔的基本轨前接头（岔头），相应的定出岔心位置和岔尾位置，这样可避免岔头配短轨。

3）以道岔中心为基准，向前量取道岔前部长度，定出（校核）岔头桩，向后分别沿直线、侧线各量取道岔后部长度，定出（校核）岔尾桩。

2. 道岔铺设的施工方法

运营线铺设道岔应遵循的原则：首先必须充分做好准备工作，把一切能预先做的工作（即不需封锁线路所能做的工作）尽量放在准备作业内完成，争取最大限度地压缩基本作业（即需要封锁线路才能进行的工作）时间；其次，应集中力量先铺直股，开通直线保证行车，在侧线封锁线路的条件下，利用列车间隔进行铺设与整修。

现将一次双股铺设法的作业步骤介绍如下。

（1）准备作业

1）施工前的调查。主要调查内容为施工条件、工作情况、材料堆放位置等，作为编制作业计划的依据。

2）测量道岔长度。施工负责人在施工前对钢尺进行精细的丈量核对，以防错误，同时对道岔前后的钢轨长度，也应进行精细测量，以便锯配短轨和确定两端接头位置及轨缝大小。

3）调整道岔前后轨缝及锁定线路。道岔前后的线路轨缝如有连续瞎缝或大轨缝时，应先调整并加强防爬锁定。

4）运送材料、工具及岔枕钻孔。将铺设所需用的全部材料（包括配件、配轨、岔枕以及异形夹板等）及所用工具运至施工现场，并逐一核对是否有误。在岔枕头上写明顺序号及长度，按铺设次序堆放好。道岔前后所配短轨进行准确量锯，并钻好螺栓孔。

5）画岔枕间隔及抽换岔枕。

① 画岔枕间隔印。根据已测定的道岔位置，在原线路钢轨的腹部内侧，按照道岔布置图上规定的岔枕间距尺寸画上标印。

② 抽换岔枕。根据已画好的岔枕间隔印，每隔 6 根枕木换成岔枕，交错进行，并注意将每根新岔枕下面的道床捣固密实。上述工作完毕后，应对轨距、水平全面检查一遍。

（2）注意事项 运营线道岔铺设注意事项：

1）在运营线上铺设道岔前提是不能影响列车运行，在施工前及施工中应与电务、运输部门密切联系配合，以确保行车安全。

2）全部基本作业在线路封锁时间内完成，如遇故障也应保证直线线路开通。未完成部分在不封锁线路的条件下,利用列车间隙铺钉侧线。因此,在安排作业顺序时,也应遵守先直线后侧线的原则。

3)预换岔枕是针对在运营线上铺设道岔的特点,为了压缩封锁时间而采取的措施。因此,必须注意少钉道钉,换轨后废弃的道钉,应及时灌注防腐油,打入木塞并削平。尖轨跟及护轨间隔铁、辙后垫板以及连接杆等零件,安装时应注意检查,避免出现左右颠倒、前后错位等现象。钢轨长度应用钢直尺精确丈量,最好在整个施工过程中,使用同一钢直尺,若道岔轨型与原线路轨型不同时,应在道岔前后各铺一节长度不小于6.25 m与道岔同类型的钢轨,其与邻近道岔连接的一端,长度可减少到4.5m。两邻近道岔间距小于9m时,道岔轨型应一致。在运输较繁忙的线路上铺设道岔时,可以采用小封锁点即封锁线路时间短的方法进行单股铺设,用两个施工点即可开通直线,侧线部分利用列车间隙完成。注意采用单股铺设法时,必须先铺带护轨的外直轨,以确保安全。

【拓展提高】

地下铁道工程施工准备

施工准备是整个工程建设的序幕和整个工程按预期开工的重要保证。施工准备一般是分阶段进行的,在开工前的准备工作比较集中,开工以后随着工程施工的进展,各工种施工之前也都有相应的准备工作。因此施工准备工作又是经常性的,需要适应施工中经常变化的客观因素的影响。

地下铁道工程项目施工准备工作按其性质及内容通常包括技术准备、物资准备、劳动组织准备、施工现场准备。

1. 技术准备

技术准备是施工准备最重要的内容。任何技术的差错或隐患都可能危及人身安全和引起质量事故,造成巨大的损失。认真地做好技术准备工作,是工程顺利进行的保证,具体有以下内容:

1)熟悉、审查施工图样及有关设计资料。

2)调查工程所在地区的自然条件(地形、地质、水文、气象等)、勘察资料和施工技术资料。

3)根据获得的工程控制测量的基准资料,进行复测和校核,确定工程的测量网。

4)在调查获得的新资料基础上确定施工方案,补充和修改施工设计。

5)编制施工图预算和施工预算。按照确定的施工方案和修改的施工图设计,根据有关定额和标准,编制工程造价的经济文件。

2. 物资准备

地下铁道工程施工的物资准备工作,主要包括现场的基本条件和所需的建筑材料。

开工前必须准备的基本条件有:施工道路,施工所用的水、电、气、通信设施;施工场地的平整和布置;修建施工的临时用房;搭建工程用房。

物资准备主要有:建筑材料、构件加工设备、工程施工设备和安装设备等。

根据施工设计、施工预算和施工进度计划,按各阶段施工需求量,计划组织货源和安排。

3. 劳动组织

1）工程项目的组织机构。
2）工程项目的施工队伍。
3）建立健全各项管理制度。

4. 施工现场准备

确定施工范围，处理障碍物，落实地下管线保护措施，修建临时设施，平整场地。进行详细的施工调查，对区间线路进行施工条件、环境、施工通道、水电接口等内容的确认。架设动力和照明线路，接通施工用水管路，确定物资运输线路。编写施工现场调查报告，递交现场监理工程师。

【任务实施】

依据基础理论知识，提出任务目标：城轨系统道岔施工技术调查。将学生按照生源地进行分组，每组同学深入地铁公司进行调查，认知本地铁公司道岔施工技术，根据不同小组的调查报告，进行综合评价。

任务四　无缝线路的施工

【任务描述】

本任务主要介绍无缝线路的特点及焊接方法等相关理论知识，通过对理论知识的学习，辅以多媒体课件教学，使学生对无缝线路的施工有全面的认知，较早对城市轨道交通行业有直观的认识。

【基础理论】

把钢厂提供的不钻孔、不淬火、25m（或100m）定尺长的标准轨，先在焊轨厂内用电阻焊等方法焊接成200～500m的长轨条，然后用长轨专用运轨列车将长轨条运至铺设现场，如图7-5所示，再用铝热焊等方法在工地将各段长轨条焊接成设计长度；在设计锁定轨温范围内进行锁定，即完成无缝线路的铺设。必要时，进行无缝线路的应力放散及调整，如图7-6所示。

图7-5　长轨条铺设

图 7-6　应力放散

一、长轨条的焊接

钢轨焊接是无缝线路的关键技术，就是把不钻孔、25m 或 100m 定尺长的标准轨焊接成长轨条。焊接接头是用焊接方法连接的钢轨接头，由焊缝及热影响区构成。钢轨接头是有缝线路的薄弱环节，焊接接头则是无缝线路的薄弱环节。

长轨条焊接有铝热焊法、气压焊法、电阻焊法等方法，电阻焊是目前钢轨焊接的主流方法。电阻焊分为工厂固定式闪光焊接、线上移动式闪光焊接。工厂固定式闪光焊接是闪光焊机在基地或车间焊轨作业线上的焊接工位焊接钢轨，焊接电源经配电变压器供电；线上移动式闪光焊接是闪光焊机在铁路轨道上焊接钢轨，焊机配套设备的动力源是车载发动机组。

长轨条的焊接流程：

① 配轨。按设计图编制配轨表，丈量每根钢轨长度，依次配轨。

② 打磨除锈。使钢轨两端的夹紧部位及两轨接触端面断面光洁，有金属光泽，其与钢轨纵轴垂直面的最大偏差不大于 0.25mm。

③ 焊接。钢轨端通电加热，包括断续预热和连续闪光两个阶段，前者使钢轨端部加热到一定的温度和深度，后者进一步使轨端轨温均匀化并建立一层防止金属强烈氧化的保护层。当轨端加热到塑性状态后，焊机能自动夹紧钢轨使轨端顶压，顶压力为 35~49MPa，顶锻量为 7~15mm，使轨端焊成整体。

④ 推平。焊接时的顶压使焊接轨端处凸出，设备把凸出部分推除。

⑤ 打磨焊缝。当焊接处金属尚处于高温塑性状态时，用液压推除打磨焊缝，保证车轮通过时的平顺性。轨端焊接处，除轨腰部分外均应符合原钢轨断面尺寸。

⑥ 整细矫直。焊接长钢轨要用矫直机矫直，并用 1m 直尺检查弯曲矢度，其值不超过 0.5mm。

⑦ 超声波探伤。用超声波探伤仪对焊缝进行检查，探明是否有焊接缺陷，并做好检查记录。

⑧ 堆码。焊接好的长轨条堆码到专用高站台上，以便吊装到运轨列车上。

二、长轨条的运输

1. 运轨列车的组成

现代新型的长钢轨车组主要由宿营车、发电车、安全车、运轨车、锁定车、作业首车、作业中车、作业尾车等组成。长钢轨车组按可装载轨型可分为50kg/m、60kg/m和75kg/m长钢轨车组;按装轨长度可分为200m、250m、500m长钢轨车组;按装车层数可分为二层、四层长钢轨车组;按动力性能可分为人力输送、机械输送、液压输送和微机控制自动输送长钢轨车组。

2. 长轨列车的装车及运行

1) 定量装载,既不偏载也不超载。
2) 按规定装载操作,设好间隔器和锁定器。
3) 途中停站,随车人员应下车检查,发现钢轨异常串动应及时处理。
4) 列车按规定速度开行。

3. 长轨列车的卸轨

1) 列车到达铺轨现场后,按卸轨顺序依次松开锁定器。
2) 用车装钢轨引拉器把待卸的长钢轨拉到有驱动装置的平台上。
3) 开始卸轨时,开动驱动装置,将长钢轨推送到车尾出轨口处,轨端接地后对位。
4) 再开动驱动器,列车以相应速度向前开行;钢轨落地50m后驱动器停车,列车可快速开行。
5) 在前一根钢轨下卸的同时,应引拉后续钢轨尾随而至,停于钢轨驱动台旁。待前一根钢轨的尾端到达后,后续钢轨随即跟下,如此依次卸下,直至卸完为止。

三、无缝线路的铺设

1. 有砟轨道无缝线路的铺设

有砟轨道无缝线路一般采用基地焊接长钢轨,运轨列车将其运至现场,用铺轨机或机组进行铺轨。在城市轨道交通工程中,高架桥梁设计荷载小,一般采用轻型铺轨机、龙门架等进行铺轨。

(1) 工具轨换铺法 先用工具轨组装临时轨排将铺轨推进到前方一定里程,再将焊接长轨运至现场沿线卸下、换轨;将工具轨回收送至轨排基地,进行下一循环。本法与有缝线路机械铺轨的工艺流程基本类似,差别是利用了工具轨来倒换铺轨。工具轨换铺法的主要作业流程如下。

1) 按照施工组织设计要求,准备好工具轨(倒换轨),要考虑铺轨前方占用量和轨排基地组装的储备、回收等因素。
2) 在轨排组装基地,利用工具轨及正式工程的轨枕、扣件组装临时轨排。特别是轨枕,一定要按照正式线路的技术参数组装,以免增加后续工作量。
3) 按照机械铺轨的正常工序组织装车(考虑长轨配轨)、运轨、铺轨作业,上砟整道成形;按照施工组织设计的进程铺设至前方。
4) 将基地焊接的长轨条通过临时线路或正线运输至需换轨地段,沿线按照配轨卸车。及时组织换轨作业,用换轨车将轨道上的钢轨拨出,将焊接长轨拨入承轨台,或直接用换轨铺轨机换铺长轨。
5) 现场焊接联合接头。
6) 用钢轨回收车回收工具轨(含接头夹板及配套的螺栓等),运回轨排基地。继续下一循环的工具轨换铺法铺轨。

7）大机捣固、配砟整型、稳定作业，整修就位，最后完成长轨锁定。

8）钢轨打磨、探伤、轨道检测等。

工具轨换铺的优点是便于组织机械铺轨，可确保铺架进度，且技术成熟且与各国产配套，质量有保证；缺点是需要增加工具轨和相应配件以及换铺作业等额外工程费用。

(2) 长轨放（推）送法　先铺设轨枕，再将焊接长轨运至现场，利用长轨放送车或推送车将焊接的长轨一次卸车入槽。长轨放（推）送法的主要作业流程如下：

1）人工铺设道床底砟并压实、整平。

2）沿线路铺设轨枕并调整到位（按照接轨点控制桩位，控制轨枕的间距）；也可用工具轨铺轨，逐节轨往前铺设，上砟整好道即拆除工具轨继续往前铺；并在接轨点附近架设长钢轨落地过渡架。

3）在工厂或基地焊接长钢轨，利用平板车运输长钢轨，运轨列车与长钢轨放送车或分轨推送车连挂，组成铺轨机组，由机车推至铺轨地点。

4）长轨条放送。按照长钢轨放送车或分轨推送车的工艺要求逐根往前放送、铺设（安装接头连接器），上砟整道。

5）现场焊接联合接头。

6）大机捣固、配砟整型、稳定作业，整修就位，最后完成长轨锁定。

7）钢轨打磨、探伤、轨道检测等。

长轨放（推）送法的优点是不需或需极少工具轨，可组织多点平行铺道砟、轨枕，方式灵活；缺点是需要长钢轨放（推）送设备，人力施工、工人劳动强度大，轨枕进场二次倒运工作量大，需做便道工程等。

(3) 单枕连续一次铺设法　该方法利用钢轨铺设和轨枕布设一体机（如CPG500铺轨机组），单枕连续一次铺设。CPG500铺轨机组是我国国内研制生产的，自身提供行进动力，施工过程中不需要牵引设备，可自行牵引整个铺轨机组前行作业，机组由铺轨主机、轨枕输送车载龙门吊车、钢轨伸展车、轨枕运输车组、钢轨导向牵引车（履带式钢轨拖拉机）及附属装置（动力系统、液压系统、电气控制系统等）组成。该铺轨机综合作业效率可达2km/天。

CPG500铺轨机组采用单枕连续作业法，随着铺轨机的缓慢前进（铺轨机前方一定距离有钢轨拖拉机配合拖拉钢轨），自动布枕机将轨枕放置在路基上，铺轨机将钢轨抬起放置在轨枕上，并调至1435mm的轨距，跟车的工人在轨枕上放橡胶垫、上螺母、拧紧。广西南宁至钦州的高速铁路钦州段即采用此方法铺架。

单枕连续作业法流程：设置导向边桩及钢弦→轨料装车→设备编组进场→长轨拖拉预铺→轨枕转运→轨枕传送→按要求间距布枕→收轨→轨枕方正→钢轨钉联。

2. 无砟轨道无缝线路的铺设

(1) 工具轨法施工道床　先按设计图施工无砟道床的混凝土底座及支承层，布置底层钢筋，利用工具轨组装轨排，粗调轨道、安装调节器螺杆，继续绑扎完道床钢筋，立模并精调轨道，施工道床混凝土，达到脱模强度后将工具轨、模板拆除。最后再集中铺设长轨。工具轨法施工混凝土道床的主要工艺流程如下：

1）施工无砟道床混凝土底座及支承层。

2）轨道测量放线，布置、绑扎道床底层钢筋。

3）利用工具轨及轨枕组装轨排（安装调节器钢轨托盘）。

4）粗调轨道几何形位、尺寸（安装调节器螺杆），并逐步支承、固定。轨道粗调的主要工作有：粗调机就位、全站仪设站、测量与轨道调整、确认粗调成果、安装调节器螺杆。

5）继续绑扎完道床钢筋，接地焊接，立横向、纵向模板。绑扎、安装过程不能扰动粗调好的轨道。

6）精调、确认轨道状态。精调后采取防护措施，严禁踩踏和撞击，并尽快施工混凝土。轨道精调的主要工作有：轨枕编号、全站仪设站、测量轨道数据、调整中线、调整高程（旋转竖向螺杆）。轨排的固定措施有横向位移锁、鱼尾板、地锚、轨距撑杆4种。

7）施工道床混凝土（含抹面、施工缝）。

8）达到脱模强度后，将工具轨、模板、调节器拆除，封堵螺杆孔。

（2）分轨推送法铺设长轨　分轨推送法即将焊接长轨运至现场，利用分轨推送车将焊接的长轨一次铺设就位。分轨推送法铺设长轨以石武高铁为例。石武高铁在轨排基地把出厂时的100m长钢轨焊接成500m长轨，再采用专用铺轨机组进行铺设、焊接、锁定形成无缝线路。

长钢轨铺设是严格按照配轨表进行的。单元轨节起止点不应设置在不同轨道结构过渡段及不同线下基础过渡段范围内，铺设的钢轨左右股相错量不得大于100mm。

1）钢轨铺设采用W2500E型铺轨机组引导推送进行施工作业。机组由引导车、滚轮、过渡顺坡车（由3台滚轮小车Ⅰ、Ⅱ、Ⅲ组成）、分轨推送车、钢轨运输车（包括首、尾车）和钢轨锁定车等组成。

2）500m长轨在铺轨基地由38台2t龙门吊同步抬吊装车，两吊点之间的距离控制在10m左右。待运输平板车与长轨对位准确后，将长轨缓慢放置在支承滚轮上并锁定牢固。

3）钢轨运输车、分轨推送车都是利用在铁路平板车上配置相关设施组成的，它们和由3个滚轮小车组成的过渡顺坡车都在已铺好的钢轨上走行。

4）钢轨运输车上装好的钢轨分两层，每层12根钢轨（3km）。其上设有长滚筒装置、安全挡、升降式滚轮架、固定式滚轮架、间隔铁、锁轨装置、纵向定位架等设施。钢轨在上面可以依靠滚轮前行，也可以锁定，以保证运输途中安全。

5）钢轨运输车前方是分轨推送车，它可以拖拉、推送钢轨前行，还可以把两根钢轨间距调整为1435mm。钢轨推送车前方设置了3个由高至低依次串联的钢轨过渡下落顺坡架，使钢轨逐步接近轨道板上的滚轮。钢轨在滚轮的作用下前行到引导车，再悬挂在引导车上，由引导车拉动沿滚轮（每10m一组）继续前行到预定位置。如果前行位置超过了预定点位，可以由1号滚轮小车向后拖拉到位，与已铺钢轨连接。

6）引导车在轨道板上走行，其前后左右都设有紧贴轨道板侧面的导向装置来保证其走行方向，前面2个车轮位于轨道板边缘，后面2个位于轨道板中部。另外还设有长轨引导装置、过轨装置和液压、电控系统。

3. 全区间和跨区间无缝线路的铺设

超长无缝线路以一次铺入锁定的长轨条为单元，依次分段铺设而成，施工方法有连入法和插入法两种。

（1）连入法铺设

1）概念。用焊接法将长轨条的始端与上次铺入的长轨条终端直接焊连。

2）做法。在续铺的始端，新旧钢轨引入换轨车龙门，换轨车即缓慢前进，待新轨已稳定落地之后，即开始进行始端的连入焊接；边连入焊，换轨车边前进，直至终端；新铺入的长轨条的终端与线路上的旧轨用临时连接器连接。

3）适用场合。连入法用于作业轨温低于设计轨温范围或在其范围内的情况。

4）焊接方法。连入焊采用小型气压焊或铝热焊均可。

(2) 插入法铺设

1）概念。在新铺单元，轨条与已铺相邻单元轨条之间，铺设临时缓冲轨；然后在两单元长轨条之间用一段焊接轨焊连。

2）做法。在任意轨温条件下，先依次分段铺设，在两单元长轨条之间插入一根缓冲轨，待轨温适宜时放散应力（采用轨下支垫滚筒与撞轨相结合的方法进行），再将缓冲轨拆除，并锯下长轨条的有孔端，插入一段焊接轨进行终焊。

3）适用场合。插入法用于作业轨温高于设计锁定轨温范围的情况。

4）焊接方法。终焊最好选用具有拉伸功能的小型气压焊机进行；采用铝热焊时，要采用宽臂距拉伸机，拉伸到位后保压施焊；终焊最好选在较低温度下进行，采用拉伸法，放散应力与终焊并举。

四、无缝线路应力放散与调整

无缝线路，有下列情况之一者，应对其进行应力放散或调整后重新锁定，并调整缓冲区配轨和轨缝，使其符合设计要求。

① 实际锁定轨温或长轨始、终端落槽时的轨温超出设计规定范围。

② 两股长轨的锁定轨温差大于5℃或曲线外股锁定轨温大于内股锁定轨温。

③ 长轨产生不正常的过量伸缩。

④ 固定区出现严重的不均匀位移。

⑤ 原因不明，施工时未按设计规定正常合拢锁定的线路。

1. 有关概念

(1) 应力放散　应力放散就是释放长轨条内积存的温度应力，恢复其原来铺设时的无应力状态或设计锁定轨温；也就是在设计锁定轨温范围内，将无缝线路的扣件、防爬器全部或部分松开，采取措施使长轨尽量自由伸缩，在达到预计的伸缩量（或轨温）时，重新锁定线路。

(2) 锁定轨温变化的原因

1）在气温较高或较低条件下赶工期施工，锁定轨温比设计锁定轨温过高或过低。

2）低温焊接断缝。固定区钢轨断后，为抢修通车，在低温条件下焊上一段短轨。

3）作业不当。如低温或高温时解开接头、在伸缩区超限超温作业等。

4）由于线路严重爬行，使钢轨产生不正常的伸缩变形。

(3) 锁定轨温变化（实际锁定轨温）的测定　由于列车的冲击振动和维护作业的影响，线路的原锁定轨温会发生不同程度的变化。把实际存在的锁定轨温称为实际锁定轨温。当前测定实际锁定轨温普遍采用的方法是观测钢轨的纵向位移。通过位移观测桩可以观测长轨长度的变化，进而计算长轨锁定轨温的变化情况。如果各观测桩处钢轨的位移方向和位移数值是一致的，说明钢轨内的温度力是均匀的，如果各观测点（固定区）的爬行量不一致，则说明固定区内的钢轨温度力已经重新分布，各处的实际锁定轨温也是不均匀的。

实际锁定轨温与铺设时锁定轨温的变化值，可用下式计算：

$$\Delta t = \frac{\Delta l}{\alpha l}$$

式中　Δt——实际锁定轨温与铺设时锁定轨温的差值（℃）；
　　　Δl——两观测桩爬行量之差（mm）；
　　　α——钢轨线膨胀系数，取 0.0118mm/(m·℃)；
　　　l——两观测桩距离（m）。

2. 应力放散

应力放散的方法主要有两种：滚筒配合撞轨法、滚筒结合拉伸配合撞轨法。

（1）滚筒配合撞轨法

1）方法。一般将长轨一端固定，松开另一端接头、中间扣件及防爬设备，每隔一段距离（一般为 10~15m）在长轨轨底垫入滚筒，辅之敲击或撞击钢轨，使钢轨自由伸缩。当达到预计放散量（或轨温）时，视伸长或缩短情况采取切锯或更换缓冲轨，然后锁定线路。

2）滚筒配合撞轨法适用于放散时的自然轨温在设计锁定轨温铺设范围之内的情况。

3）优点。放散均匀、方法简便，对于采用弹条扣件的无缝线路是一种较好的放散方法。

（2）滚筒结合拉伸配合撞轨法

1）方法。一般将长钢轨一端固定，松开另一端接头和中间扣件，在滚筒放散的基础上，先将钢轨放至"零应力"状态（一般不辅用撞轨器），然后在轨端加上 1 组（单股拉）或 2 组（双股拉）拉伸器，对钢轨进行张拉，可辅以撞轨器。应使钢轨的伸长量适当超过计算的放散量，然后开始线路锁定，锁定完成后才能撤除拉伸器，以免收缩量过大，导致放散不足。

2）滚筒结合拉伸配合撞轨法适用于放散时的自然轨温低于设计锁定轨温铺设范围的情况。

3）优点。放散均匀，因拉伸器的拉力很大，可以节省人力，缩短放散时间。

3. 应力调整

应力调整方法有列车碾压法和滚筒法两种，一般采用列车碾压法。

（1）列车碾压法

1）方法。利用列车碾压方法进行应力调整。

2）种类。列车碾压法分为顺向、逆向及双向调整 3 种情况。

顺向调整是在双线地段，将需要顺列车运行方向调整地段的始端锁定不动，松开扣件后进行列车碾压调整。逆向调整是在双线地段，将需要逆列车运行方向调整地段的终端锁定不动，松开扣件后进行列车碾压调整。双向调整是在单线地段，将需要调整地段的中部约 50m 范围内用防爬器锁定不动，然后松开两端扣件，利用列车碾压调整。

3）列车碾压法适用于行车密度较大的区段，不中断行车进行。

（2）滚筒法　滚筒法应力调整与滚筒法应力放散法大体相同，不同的是：调整应力时只在局部范围内松开扣件，调够位移量后再锁定线路。

【拓展提高】

地下铁道施工组织设计

1. 概述

施工组织设计是施工准备工作最重要的环节，是用来指导现场施工全过程中各项活动的综合性技术文件。它的重要性主要表现在：不同的地下建筑物有不同的施工方法，就是相同的地下建筑物其施工方法也不尽相同；即使同一个标准设计的地下建筑物，因为建造的地点不同，其施工方法也不可能完全相同。所以没有固定不变的施工方法可供选择，应该根据不同的工程特点，详细研究工程地区环境和施工条件，从施工的全局和技术经济的角度出发，遵循施工工艺的要求，合理地安排施工过程的空间布置和时间排列，科学地组织物资资源供应和消耗，把施工中的各单位、各部门和各施工阶段之间的关系协调起来，进行统一部署，并通过施工组织设计科学地表达出来。

基本建设的程序分为规划、设计和施工三个阶段：

① 规划阶段。确定拟建工程的性质、规模和建设期限。

② 设计阶段。编制实施建设项目的技术经济文件，把建设项目的内容、建设方法和投产后的建设效果具体化。

③ 施工阶段。施工阶段的任务是制订实施方案。由于施工阶段中的投资一般占基本建设总投资的60%以上，远高于规划和设计阶段投资的总和，因此施工阶段是基本建设中最重要的阶段。可见编制好施工组织设计是保证施工顺利进行、实现预期效果的重要一环。

施工组织设计主要图表包括：施工工序图、施工网络图、施工组织进度图；工班劳动力的组织循环图及劳动力需求表；年度材料需求计划表；人员组织机构图；施工场地布置详图；给水、排水、电力、通信设计图；通风设计图；交通运输图；弃渣平面图；钻爆施工图。

2. 地下铁道工程施工组织设计的内容

1）编制的依据和原则。

2）建设项目工程概况。

3）施工计划及主要施工方案。

4）施工准备工作计划。

5）施工总进度和季（月）计划。

6）资源需求计划。

7）施工总平面图设计。

8）主要施工技术措施。

9）质量、安全、节约的技术措施。

10）技术经济指标。

【任务实施】

依据基础理论知识，提出任务目标：城轨系统无缝线路施工技术调查。将学生按照生源地进行分组，每组同学深入地铁公司进行调查，认知本地铁公司无缝线路施工技术，根据不同小组的调查报告，进行综合评价。

【复习思考题】

一、填空题

1. 轨道铺设是指将轨道铺设在已完成并达到设计强度的（　　）、（　　）、（　　）等建筑物上的工作。轨道铺设包括（　　）、（　　）和（　　）。按照铺轨方法可分为（　　）和（　　）两种。

2. 根据线路中心摆放轨枕，摆枕时可每（　　）摆放一根定位枕，挂线确保轨枕摆放到（　　）。

3. 整道作业内容有（　　）、（　　）、串入道砟、（　　）、（　　）、（　　）、填满轨枕和道砟、（　　）、（　　）等。

4. 机械铺轨包括（　　）、（　　）和（　　）三个环节。

5. 轨排组装是在铺轨基地将（　　）、（　　）用联结零件联成轨排，然后运到铺轨工地进行铺设，它是（　　）的重要组成部分。

6. 为了保证高速行车的需要，线路必须具有稳定的（　　）、（　　）、（　　）和（　　）。由于（　　）结构易于维修并具有良好的耐久性，我国新建的高速铁路均为（　　）。无砟轨道是建在混凝土或沥青防冻层上具有弹性的一种（　　）轨道结构。

7. 短轨枕式整体道床施工方法可分为两种，一种是（　　），另一种是（　　）。

8. 城轨线路由（　　）与（　　）组成，其中车站轨道线路通过（　　）形成各种形式的多股道的车场。单开道岔是其中应用最为广泛，它的施工在道岔施工中最具有典型代表意义。单开道岔的铺设，基本上可分为（　　）道岔和（　　）道岔两种。

9. 把钢厂提供的（　　）、（　　）、25m（或100m）定尺长的标准轨，先在焊轨厂内用接触焊等方法焊接成（　　）的长轨条，然后用长轨专用运轨列车将长轨条运至铺设现场，再用铝热焊等方法在工地将各段长轨条焊接成（　　）；在设计锁定（　　）范围内进行锁定，即完成（　　）的铺设。

10. 应力放散的方法主要有两种：（　　）、（　　）。

二、判断题

1. 配轨时应按钢轨长度和预留轨缝连续计算并应确定曲线终点前或后的钢轨接头到曲线始点的距离。（　　）

2. 双层道床按底砟厚度铺足，单层道床铺设厚度以10～15cm为宜，并将顶面整平，中间拉槽，中间凹槽宜为70cm。（　　）

3. 轨枕翻正后，应等待20min后在轨枕承轨槽两侧散布配件，匀散扣板、缓冲垫片、弹簧垫圈及螺母等配件。（　　）

4. 轨排装车是轨排拼装的第一道工序。（　　）

5. 新线起道时，先选择一个标准股，在预先用水准仪测设好的水平桩外，按要求的高度起好，并按轨枕下串实道砟作为起道瞄视的基点，每次至少起好一个基准点。（　　）

6. 在进行股道延长、增设支线以及专用线接轨等工程时，都需要在既有线上铺设新道岔。（　　）

三、简答题

1. 人工铺轨作业中线路整道作业的内容包括哪些？
2. 简述轨排铺设的施工工艺和施工流程。
3. 简述无缝线路应力放散与调整的方法。
4. 简述有砟轨道无缝线路的铺设方法。
5. 简述无砟轨道无缝线路的铺设方法。
6. 简述人工新线铺设道岔的过程。
7. 简述地铁隧道工程整体道床施工程序。

项目八 城市轨道交通线路设计与车站设计

▶ 【教学目标】

掌握常见线网结构的形式；掌握线网规模的影响因素；掌握线网规划的定义及意义；熟知线路规划和路网规划的区别；了解线网规划的原则、内容、种类、方法及步骤；了解线路设计的总体要求；掌握线路设计的过程；掌握线路的走向应遵循的原则；熟知折返线的设计要点；了解存车线的设计要点以及其与联络线的设计要点的区别；掌握城市轨道交通车站的设计原则；掌握车站客流线组织原则；掌握站厅层布局设计、站台层设计、车站通道设计和车站出入口设计。

 【知识要点】

1. 常见线网结构的形式。
2. 线网规模的影响因素。
3. 线网规划的意义及定义。
4. 线网规划的原则、内容及种类；近期规划、中期规划、中远期规划和远景规划的区别。
5. 线网规划的原则及步骤。
6. 车站的设计原则。
7. 站厅层布局设计。
8. 站台层设计。
9. 车站通道设计。
10. 车站出入口设计。
11. 防灾设计。

 【能力目标】

1. 能够利用图形绘制工具绘制常见线网结构。
2. 能够正确识别线网结构的几种形式。
3. 能够区分近期规划、中期规划、中远期规划和远景规划。
4. 能够对车站进行设计。

 【重点掌握】

1. 城市轨道交通线路设计的过程。

2. 线路的走向应遵循的原则。
3. 站厅层布局设计。
4. 站台层设计。
5. 车站通道设计。
6. 车站出入口设计。

任务一　城市轨道交通线路设计

【任务描述】

本任务主要介绍常见线网结构的形式、线网规模的影响因素、线网规划的定义及意义等相关理论知识，通过对理论知识的学习，辅以多媒体教学展示相关图片，使学生对城市轨道交通线路设计有较全面的认识。

【基础理论】

一、城市轨道交通线网

城市轨道交通线网是指某城市轨道交通若干条线路所构成的路网。

（一）线网的基本结构

线网结构是线网中各条线路组成的几何图形，其形式一般要与城市道路的结构形式相适应。线网结构形式的布置首先应考虑客流主方向，并能为乘客创造便利条件，线网结构形式布置是否适当，直接关系到线网建成后的经济效益、社会效益和交通服务质量。

因布局结构、自然地理环境和社会经济条件不同，各城市的轨道交通线网结构也各不相同，各具特色。各种线网结构中，最常见、最基本的线网结构主要有星形结构、条带状结构、网格状结构、有环网格状结构、放射网状结构以及有环放射网状结构等几种形式，如图 8-1 所示。

1. 星形结构

星形结构是指网格中所有线路只有一个交点的线网结构，其唯一的换乘站一般都位于市中心的客流集散中心，线网中所有线路间只能在该换乘站实现换乘。

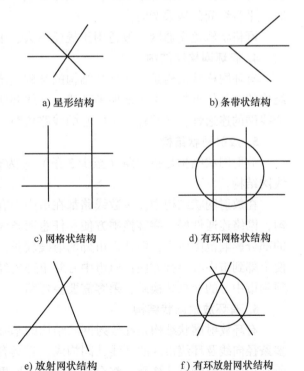

a) 星形结构　　b) 条带状结构
c) 网格状结构　　d) 有环网格状结构
e) 放射网状结构　　f) 有环放射网状结构

图 8-1　线网结构

星形线网结构的优点：线路都直通市中心，能增强郊区与市中心的往来，郊区乘客可以仅通过一次换乘直达目的地。其缺点：郊区之间必须经过市中心才能进行换乘，联系不便；换乘车站多采用分层换乘，设计与施工难度较大，车站埋深较大，建设费用较高；换乘站客流量大，客流间相互干扰大，换乘时间较长，极易引起混乱和拥挤。

星形结构的轨道交通网适用于单中心城市，且轨道交通网络规模不大，轨道交通线路不超过3条。

2. 条带状结构

条带状结构是指 n 条线路有 $(n-1)$ 个交叉点换乘，形如树枝状的线网结构，在网络中没有网格结构。这种结构适合沿江或沿山谷条带状发展的城市地域。条带状结构连通性较差，两条树枝线间至少要换乘两次才能实现互通，线路间换乘不方便。由于线路上换乘客流不均匀，同一线路上两个换乘站之间的路段因担负着大量的换乘客流，客流量明显高于换乘站外侧客流，给线路行车组织带来困难。

3. 网格状结构

网格状结构线网的各条线路纵横交叉，形成方格网，呈棋盘状，线路走向比较单一，一般只有纵横两个方向，大多呈平行四边形，能提供很大的输送能力，线路和换乘站上的客流分布较均匀。网格状结构的优点：线路结构分布较均匀，客流吸引范围大；线路多为纵横两个方向，便于乘客辨认方向；换乘站多，纵横线路间换乘便捷，线网连通性好。其缺点：深入市郊的线路较少，存在回路，由于没有通达市中心的径向斜线，市郊到市中心的出行不便；平行线路间换乘也很麻烦，一般需要换乘2次以上，当网络密度小，平行线间距离较大时，平行线间的换乘费时。

网格状轨道交通网一般适用于规模不大、中心区发展比较均匀、开发强度较低的城市。

4. 有环网格状结构

有环网格状结构是在网格状结构的基础上增加环形线而形成的线网结构，除具有网格状结构的全部优点外，由于增加了环线，环线和所有纵横线路间都可直接换乘，这样增加了整个线网的连通性，又减轻了市中心的线路负荷，较好地起到了疏散客流的作用。

5. 放射网状结构

放射网状结构是指线路（至少3条）多为径向线且线路交叉所成的网格多为三角形的线网结构。

在放射网状结构中，多数线路都在市中心有三角形交叉，市中心线路和换乘站密集而均匀，网络连通性好，乘客换乘方便。任意两条线路间都可以实现直接换乘，线网中交织成网的部分影响范围较小，但伸入市郊的射线较长。此结构由于各个方向都有线路通达市中心，使市郊到市中心出行方便；但市中心对市郊的经济辐射距离较远，当市郊间发生联系时，必须到市中心的换乘站换乘，乘客需要绕弯路。

6. 有环放射网状结构

有环放射网状结构是在放射网状结构的基础上增加环形线而形成的线网结构，其线网由多条径向线及环绕市区的环线共同构成。它具有放射网状结构的所有优点，同时由于环线与所有径向线都能直接换乘，整个线网的连通性更好，线路间换乘更方便，且能有效缩短市郊间乘客利用轨道交通的出行距离和时间。

（二）线网规模

1. 线网规模的确定

线网规模包括不同阶段线网的编制密度和服务水平等级。线网规模的确定应能使其发挥最大的作用，能在不同阶段都能满足乘客出行的需求。

（1）定性分析　线网规模应与城市发展规划紧密结合。根据城市发展规划，结合城市特点、出行需求进行客流预测，对重点发展地区、高新技术开发区、商业区等进行重点开发。对人口增长和就业岗位的分布进行科学的预测，以指导和帮助人们更合理地确定不同区域中线网的编制密度。

线网规模应与城市经济发展政策紧密相关。经济发展是保障城市进步，活跃城市社会活动和影响城市居民出行的重要因素。经济发展与机动化程度、总出行率和私人机动化出行率间存在紧密的联系，未来 GDP 的增长趋势对发展交通有重大影响。根据经济发展的预测，可推算出未来各种交通方式的综合投资潜力和未来公共交通的投资潜力，从而更好地确定不同时期线网的规模。

线网规模应与城市交通发展政策紧密相关。确定线网规模前应进行全方位的交通调查，掌握居民的出行方式、出行率、客流分配等出行情况，以此确定合理的交通发展政策。要想积极发展公共交通，有效控制私人机动车出行，必须对私家车车主进行合理引导，使这部分居民出行能转向公共交通，同时必须推行合理的交通发展政策，使各交通体系协调发展。

线网规模的确定与轨道交通服务水平目标的制定紧密相关。轨道交通服务水平目标的制定对线网规模的确定起到了重要的引导作用，服务水平很大程度上决定了线网的发展方向及未来城市轨道交通的建设速度。

（2）定量分析　线网规模的确定因素有的可以量化，有的无法量化，所以城市轨道交通线网规模的确定要采用定量分析与定性分析相结合的方法。定量分析就是根据公共交通客流量，使用人均指标测算法和面积密度测算公式分别定量计算轨道交通线网规模。

定性分析对线网规模的确定具有宏观指导作用，定量分析是对定性分析的一种合理的验证和修正。数据采集手段的提高和城市公共交通信息化平台的建立，将为城市轨道交通的合理规划提供有力的技术保障。

2. 线网规模的影响因素

为了对城市轨道交通线网规模做出合理预测，就应对其影响因素进行综合分析，分清主次因素和各因素的关系，目的是为预测分析奠定基础，同时也使决策者对影响线网发展的各种因素有一个清晰的认识。

线网规模的影响因素有：城市布局、形态、面积、人口，城市交通需求，城市规模，居民出行特征，城市未来交通发展政策，国家政策，城市国民生产总值以及城市基础设施投资比例等。同时，这些影响因素间存在一定的联系，相互制约。如城市布局、形态、面积、人口对城市交通需求具有一定影响；国家交通政策、城市发展战略及政策，城市国民生产总值对城市基础设施投资比例造成影响；城市交通发展战略及政策受国家交通政策的影响。

线网规模影响因素表现的作用并不相同。相关资料表明，线网规模最直接的影响因素是城市交通需求和城市基础设施投资比例，城市布局、形态、面积、人口通过城市交通需求对线网规模产生间接的控制作用，城市国民生产总值和城市交通发展战略及政策则决定了城市基础设施投资比例，体现了城市经济实力对线网规模的影响。

（1）城市交通需求　城市交通需求是居民对交通基础设施的需要程度。城市交通需求的指标有城市居民的出行强度和城市公共交通总出行量等。城市居民公共交通需求是决定城市轨道交通线网规模最直接和最具决定意义的因素。

（2）国家政策　我国人多地少，能源短缺，大规模的基础设施建设项目都是由国家和当地政府共同出资兴建的，因此国家的政策导向对可兴建的城市轨道交通规模有直接的影响。

（3）城市规模形态和土地使用布局　城市规模包括城市人口规模、城市用地规模、城市经济规模以及城市基础设施规模。人口规模决定了城市交通出行的总量，城市用地规模影响了居民出行时间和距离。仅仅以城市人口和城市用地规模建立城市规模形态是缺乏说服力的，城市社会经济发展水平是实现城市轨道交通建设的经济基础。城市轨道交通建设资金需求量很大，因此城市轨道交通单公里造价和城市市政府的财政承受能力也是制约城市轨道交通规模的关键要素，对城市轨道交通系统的选择和建设速度等指标都产生重大影响。建设轨道交通系统一定要和城市自身经济实力相符合，不能盲目进行规划建设。

城市形态有多种形式，如带状、中心组团式、分散组团式等。不同的城市形态和用地布局决定了居民出行的空间分布，也就决定了城市轨道交通的几何空间形态、长度及规模。带状城市的主客流方向比较单一，主要沿着狭长带的方向流动，城市轨道交通也主要沿着狭长带的方向布设；分散组团式城市要求城市轨道交通将其各个组团紧密连接，以缩短组团间出行时间，使其成为一个整体；中心组团式城市轨道交通多为放射状。

二、城市轨道交通线网规划

城市轨道交通规划与设计是一项涉及城市规划、交通工程、建筑工程以及社会经济等多种学科理论的系统工程。城市轨道交通项目周期长，投资大，在城市规划中，城市轨道交通网络的规划与设计非常重要，直接影响城市的基本布局和功能定位，对城市发展有极强的引导作用，对促进城市结构调整和城市布局整合，对整个城市土地开发和交通结构优化，以及对城市和交通运输系统的可持续发展都有巨大影响。

城市轨道交通系统规划与设计工作涉及多个学科和专业，是一项复杂的系统工程，也是一项系统性、专业性、前沿性很强的工作。资料表明，过去西方一些城市主要利用市场经济杠杆来决定城市轨道交通网建设方案。例如，不少早期形成城市轨道交通网络的城市中，往往在中心区局部有多条城市轨道交通线集中在一条交通走廊内，重合很长的距离。这种情况造成工程难度增加，致使投资增加和线网结构不合理，甚至造成城市中心区土地畸形发展。我国作为发展中国家，各大城市正处于快速发展期，不同于西方发达国家城市处于发展成熟期，做好城市轨道交通系统规划与设计工作，保障空间预留，减少建设成本更具有独特的意义。

作为城市轨道交通建设的前期工作，轨道交通线网规划十分重要。线网的合理性是保证城市轨道交通建设科学性、合理性、经济性和可操作性的关键环节。一个合理的线网规划可以为政府部门提高可靠的决策依据，促进城市有效开发利用地上、地下的空间，引导城市的可持续发展。线网规划强调城市整体发展的科学性、理论性、前瞻性，更注重与城市发展的协调，属于宏观层面。

城市轨道交通规划可分为网络规划与线网规划两部分，两者是整体与个体、系统与子系统间的关系。前者更注重与城市发展的协调，强调理论性、科学性和前瞻性；后者则关注线路走向的优化，与沿线土地开发及地面交通的协调，强调项目实施的合理性、实用性和可操作性。

对于城市轨道交通的需求处于饥渴状或追随状的发展中国家来说，往往将整体网络的优化置于滞后或不重要的位置，更重视具体线路的规划建设。从城市轨道交通对城市的影响度来看，理应先有较完整的网络规划，后再进行具体线路的规划协调，这样才能有效、连续地完成整个轨道交通系统的建设。

城市轨道交通线网规划是指依据城市总体规划和综合交通规划，落实城市轨道交通发展目标和原则要求，确定城市轨道交通线网的规划布局，提出城市轨道交通建设用地的规划控制要求。

城市轨道交通线网规划是在已有线路数量规模的条件下，确定路网的形态及各条线路走向的决策过程，是规划、决策人员对某城市轨道交通系统未来各个时期，包括从无到有、从线到网的不断发展的过程，进行分析、预测并提出相应的、科学合理的规划方案与实施计划的全过程。

城市交通规划解决的是人民交通需求和城市交通供给之间的矛盾，城市轨道交通规划则是解决"轨道交通需求"和"轨道交通供给"两方面的问题，要保持两者的动态平衡关系。从"需求"的角度看，城市轨道交通线网规划要考虑的因素包括：旧城改造、新城建设等城市的可持续发展需求，人口的变化、出行要求，城市交通发展目标，城市重要建设项目的交通连接等。从"供给"的角度看，线网规划要考虑的因素包括：线网合理的规模，线网合理的架构，各条线路的运能和模式，城市轨道建设用地，轨道线网、车站等附属设备的位置等。

（一）线网规划的原则

1. 线网规划要符合国家标准

各城市的线网规划应参照《城市轨道交通线网规划标准》（GB/T 50546—2018）来制定，编制线网规划所需基础资料必须准确、可靠、有权威性、有时效性，收集的资料应包括社会经济、城市规划、城市交通、对外交通、环境等方面的资料。

2. 线路走向要尽量沿城市道路主干道

城市道路主干道空间比较宽阔，轨道交通线路沿着主干道布设，不仅施工方便，同时也可以大大减少工程量和拆迁量，对周围居民生活的干扰比较小；主干道也是客流汇集的地方，城市轨道交通车站往往分布在主干道附近，这样有利于地面交通和轨道交通之间的换乘，给居民出行带来了便利。例如，北京地铁1号线沿着长安街等主干道布设；上海地铁2号线沿着南京西路、世纪大道等道路主干道布设等。

3. 线网规划要与城市主客流方向相一致

城市轨道交通建成后解决的是城市交通拥堵、居民出行难和出行时间长等问题，以满足居民现在和未来的交通需求。在进行线网规划时，需要研究城市现状和未来土地发展方向、道路交通情况、城市结构形态、人口分布特点等，目的是了解和预测城市现状及居民出行的主客流方向，使轨道交通能最大限度地承担客流，真正实现城市轨道交通的骨干作用，以提高城市轨道交通的经济效益和社会效益。

4. 线路走向要尽量经过或靠近大型客流集散点

大型客流集散点主要指商业中心、文化娱乐中心、对外交通枢纽站、大学城等，城市轨道交通线路要尽量经过或靠近这些客流集散点，一方面可以大大增加客流量，另一方面可以方便居民到达目的地，减少换乘。

5. 线网规划要考虑资源共享

一个城市规划的轨道交通线路有数条之多，每条线路长达数百公里，考虑到城市土地的局限性，往往会将轨道交通各种资源进行共享，也就是两条或多条线路合用一个资源，如车辆段和牵引变电所等。车辆段是车辆停放及检修的场所，占地面积较大，如果一条线路配置一个车辆段，可能难以实现，所以在线网规划初期，就应该充分考虑几条线路合用一个车辆段，统筹安排车辆段的位置和规模，以及车辆段与各条线路的联络线。

6. 线网规划要体现稳定性、连续性、灵活性的统一

城市中心城区的线网规划要相对稳定，城市边缘区要为发展留有余地，整个线网要能随城市规模的调整扩大而不断扩充发展。

7. 主干线两端要保证车厂和车辆段的用地

这是线路布局中的重要内容，也是线路位置能否成立，线路能否运行组织的必要条件，必须在规划阶段予以保证。线路长度大于20km时可增设停车场，路网超过50km时要单独设车辆厂修和设备大修的修理厂。

8. 城市轨道交通线网规划的各种方案要进行定性、定量分析

根据城市功能、规模、土地使用、人口出行特征、未来交通发展战略、城市周边的关系以及地形、工程条件的因素等建立模型，并结合专家经验加以确定，网络方案要用多种体系进行评价，以获得最优化方案。

9. 城市轨道交通每条线路建设都要以线网规划为依据

城市轨道交通建设要结合现状、考虑到经济和社会两方面效益因素，要依据线网规划逐步完善。建设的不可重复性及巨大的项目投资，决定了每条线的建设都必须以线网规划作为依据。根据城市结构形态、城市功能定位和建设需求慎重考虑，慎重决策，切忌决策失误一哄而上，造成不必要的浪费。

（二）线网规划的种类

1. 按规划期限分类

线网规划按照规划期限不同可分为近期规划、中期规划、中远期规划和远景规划。其中，近期规划的规划期限为线路建成运行后2~5年，中期规划的规划期限为建成运行后5~10年，中远期规划的规划期限为建成运行后10年以上，远景规划的规划期限为建成运行后25年内。规划期限的划分主要考虑引起城市轨道交通线路或路网客流量的突变因素，规划期限越长，研究涉及的范围越广，得到的结果越宏观，所以在进行线网规划时应遵循"近期宜细，远期可粗"的原则。

2. 按规划范围分类

城市轨道交通线网规划应覆盖整个城市的区域范围，通常可分为中心城区线网和周边郊区线网。其中，中心城区线网还应进一步明确重点研究范围，在重点研究范围内，线网一般更为密集。

3. 按规划对象分类

按照规划对象可分为线路规划和路网规划。线路规划主要确定线路的走向、站点的设置、与其他交通方式的换乘及分段修建计划等。路网规划主要确定路网的总体规模、基本结构、主要站点、枢纽的布局形态，同时给出路网的可实施性论证，以逐步形成科学合理的交通网络，使其能够起到客流组织的疏导作用，并与城市总体的发展及形态的合理演化相协调。

（三）线网规划的内容

线网规划是城市轨道交通规划的核心环节，主要内容包括规划背景研究、线路构架规划研究、线网实施规划研究，其中线路构架规划研究和线网实施规划研究是线网规划的核心内容。

1. 规划背景研究

（1）线网规划现状调研　线网规划现状调研是整个城市轨道交通线网规划的基础，调研的内容主要包括城市的自然条件、城市用地特征、人文特征、城市经济发展程度及交通背景等方面的研究；分析城市轨道交通发展的必要性和可行性；确定线网规划的特殊性和针对性；明确需要解决的问题等。

（2）确立轨道交通线网规划方向　线网规划的主要依据是城市总体规划和综合交通规划。在分析城市总体规划和综合交通规划的基础上，应充分掌握城市发展战略要求。轨道交通线网的规划需要同城市发展战略相一致，甚至超前于城市发展，促进城市朝着规划的方向发展。

（3）相关政策分析　分析城市已有的土地开发政策和交通政策体系，如交通需求管理政策、交通系统管理政策、轨道交通经营政策及不同交通方式之间的衔接等，研究城市轨道交通线网规划的原则和技术手段。

2. 线路构架规划研究

线网构架规划研究是在规划背景研究的基础上，研究如何使线网规模与居民出行需求相符合。这部分研究的内容主要包括线网合理规模的确定、线网构架的设计、线网方案的综合评价及作为评价依据的线网客流的预测。它是线网规划的核心部分。通过评价方法和客流预测结果对多个线网规划方案进行比选，确定最终的规划方案。规划方法要体现出科学性和公正性，规划的线网方案要体现出层次性、稳定比和灵活性等。

3. 线网实施规划研究

线网实施规划是城市轨道交通线网规划的实施规划，如果由于缺乏线网实施规划而导致线网规划可操作性不强，频繁改动而造成线网不稳定就等于没有线网规划。线网实施规划从工程、用地、经济方面研究推荐方案的可操作性，是轨道交通工程的专业性和系统性的具体体现。

（四）线网规划的方法

1. 点线面要素层次分析法

该方法以城市结构形态和客流需求特征分析为基础，对客流集散点、客流分布、主要对外辐射方向及线网结构形态进行分层研究。"点""线""面"既是三个不同的类别，又是三个不同层次的研究要素。"点"是局部、代表个体性的问题，即在规划时考虑客流集散点、换乘节点的分布；"线"代表方向性问题，即在规划时考虑轨道交通走廊的布局；"面"

代表整体性、全局性的问题,即线网的结构和对外交通出口的分布形态。

2. 主客流方向线网规划法

该方法根据城市居民的交通需求特点,以及近期最大限度满足干线交通需求、远期引导城市合理发展和实现结构功能的需要,进行近期和远期的交通需求空间分布特点的量化分析,并结合定性分析与经验,提出若干轨道交通线网规划方案。具体做法是在现状与未来道路网上进行交通分配,按照确定的原则绘制客流预测期望线路图,并根据客流预测期望线路图确定主客流方向,然后沿主客流方向布线,提出若干轨道线网规划方案。

3. 功能层次分析法

这种方法根据城市结构层次和组团划分,将整个城市的轨道交通按功能分为三个层次(骨干层、扩展层和充实层),针对不同的层次采取不同的线网策略。骨干层与城市基本结构形态吻合,是基本线网骨架;扩展层在骨干层基础上向外扩展;充实层则应增加线网密度。

4. 逐线扩充规划法

这种方法是以原有轨道交通网络为基础进行线网规模扩充,以适应城市发展的需要。为此,必须在已建线路基础上调整已有规划中的其他未建线路,扩充新线,将每条线路依次纳入网络后形成最终的网络方案。

5. 全新线网规划方法

全新线网规划方法是指一个城市在没有轨道交通的情况下规划轨道交通网络。这种方法需要同时应用上述几种方法,特别是特大型城市进行轨道交通线网规划时更是如此。

(1) "点"的分析 "点"的分析主要是分析城市大型客流集散点、大型换乘枢纽以及重要的政治经济中心等区域。

(2) "面"的分析 "面"的分析是根据已有的城市总体规划、城市发展结构及发展规模等,拟定轨道交通网络的基本架构,从整体上把握结构形态。

若城市规模不大,城市轨道交通线路条数少于3条,可选星形结构;城市规模大、发展比较均匀,可选用网格状结构;规模大、城市中心与副中心相配合、组团式发展的城市,可考虑放射网状结构;特大城市,则宜采用有环放射网状结构。

(3) "线"的分析 "面"和"点"两个层面分析后,各点之间缺乏联络,没有形成网络,这就需要用线来沟通了。

(五) 线网规划的步骤

线网规划采用系统工程的方法,需要经历提出和分析问题、明确规划目标、制订备选方案、评价备选方案、提出推荐方案、实施和修订规划等阶段,具体步骤如下:

1) 收集和调查历年城市社会经济资料,如常住人口、流动人口、人均收入、岗位分布、土地利用等,为分析现状和客流预测提供基础资料。

2) 根据路段交通量、拥挤度、车速、行程时间、出行距离等指标,分析城市交通现状,并预测按目前的发展趋势可能发生的问题,为制定规划目标提供基础性资料。

3) 分析未来城市的结构形态、经济发展态势、人口分布、出行特征、交通结构等,结合目前交通存在的问题,制定远景综合交通发展战略,明确城市轨道交通在城市综合交通中的定位,论证轨道交通的规划目标。

4) 根据城市轨道交通规划目标,结合人口、岗位分布情况、出行特征、交通结构等,进行轨道交通远景年的客流需求预测。

5) 根据城市的经济发展、交通发展战略等，初步拟定城市轨道交通线网的总体规模。

6) 在城市轨道交通线网规模的指导下，结合城市结构、路网形态及重要集散点编制多个线网方案。

7) 对线网方案进行客流预测，校验线网规模的合理性，并进行适当调整，再重新编制多个备选线网方案。

8) 制定综合评价体系，对各方案进行定性与定量分析比较，形成推荐方案。

9) 在推荐方案的基础上做进一步细致的规划研究，如选择大型枢纽点、优化个别线路的局部路段等。

由于一个好的规划方案是在不断反复的过程中逐渐完善的，通过这种反复循环的过程使得规划方案更加科学、合理，所以上述各个步骤间也存在着相互作用，可能要反复循环。

三、城市轨道交通线路设计

线路设计是地铁建设的基础，是城市轨道交通项目工程设计的"龙头"，由于其牵涉面广、复杂性高、责任重大，所以也是一项综合性工作。线路设计工作质量的好坏直接关系到地铁建设质量以及工程造价。因此，开展线路设计工作，必须全面了解该城市的规划方案以及城轨系统在整个交通网中的功能定位，根据轨道沿线的发展、规划、地形、地物等状况，从轨道交通布局角度选出"适应规划、促进发展、社会效率和运营效益相结合"的线路。

线路设计的任务是在规划路网和可行性研究的基础上，对拟建的城市轨道交通线路走向及其平面和纵断面位置等，通过不同的设计阶段，逐步由浅入深进行研究与设计，并不断地比较和修正线路平面、纵断面，线路和车站的关系，以达到城市轨道交通线路在城市三维空间的准确位置。线路设计的基本要求是保证行车安全、平顺，并且使整个工程在技术上可行，经济上合理。

（一）线路设计的总体要求

1) 线路应尽量沿城市主干道铺设，沿线每隔 3~5 个车站的站端设渡线或交叉渡线，并根据列车交路设折返线或根据运营需要设存车线。

2) 线路的平、纵断面设计，应与沿线的物业开发相协调，应注意环境保护和景观效果。线路的平、纵断面位置，必须征得当地政府各有关职能部门的认可。

3) 线路平面应结合地形、地貌、地质、水文、地下管网、地上地下构筑物、人防工程、道路及交通状况进行设计。尽量做到减少拆迁、便于施工和交通疏解。

4) 线路纵断面应根据工程地质、水文地质、地下障碍物情况、车辆性能、运营特点和施工方法进行设计。有条件时，线路纵断面宜按"高站位、低区间"的节能坡形进行设计。跨河流的高架线路，其纵断面宜按相应的洪水频率进行设计。

5) 应在线路平面图中标明控制线路位置的构筑物基础平面和地下管网、重要文物保护点等资料。在线路纵断面图中，标明控制线路高程的地下管线和构筑物基础立面，并标注其有关的技术参数，跨河地段还应标明设计水位。

（二）城市轨道交通线路设计的过程

线路设计一般分为四个阶段，即可行性研究阶段、总体设计阶段、初步设计阶段和施工设计阶段。

1. 可行性研究阶段

可行性研究阶段通过实际调研确定方案，通过进行线路方案比选，选择线路走向、车站分布、线路交叉形式、线路铺设方式等，并提出设计指导思想、主要技术指标以及车站大致位置等。

2. 总体设计阶段

总体设计阶段根据可行性研究报告和审批意见，初步确定线路平面规划，提出线路纵断面的标高位置，确定车站的大体位置。

3. 初步设计阶段

初步设计阶段根据总体设计文件及审查意见，确定线路设计的原则及技术指标等，进行线路纵断面设计，基本上确定线路平面位置和车站位置。初步设计文件经审查、批准后，作为控制建设总规模和总概算的依据，应满足工程招标征用土地和进行施工准备的需要。线路初步设计文件应有相应的组成与翔实的内容。

4. 施工设计阶段

施工设计阶段根据初步设计文件及审查意见，对部分车站位置和个别曲线半径进行调整，按照相关设计规范和技术标准对线路平面和纵断面进行精确计算与详细设计，并提供施工图样及说明。施工图设计阶段，线路设计宜集中力量按时完成，也可根据工程实际进展需要分期分批完成，但必须注意其完整性和统一性，确保与工程现场实际相符合，为施工提供需要的图表和必要的设计说明。如果有局部方案调整，应及时提供相关专业编制的投资检算或修正概算。同样，线路施工图设计文件应有其相应的组成与内容。各阶段线路设计的说明内容、附件、附图可根据具体工程实际情况编制具体内容。

（三）线路选线

1. 选线分类

线路选线分为经济选线和技术选线。经济选线就是选择行车线路的始终点和各经过点，原则是使线路尽可能多地经过比较大的客流集散点，如商业区、火车站、经济文化中心、地面交通枢纽等区域，以吸引客流量，提高城市轨道交通的利用率，方便乘客出行。技术选线是按照行车线路，结合有关设计规范的平面和纵断面设计要求，确定不同坐标处的线路位置。一般要遵循先定点、后定线、点线结合的原则。

2. 选线内容

选线内容主要包括线路的走向、线路交叉形式、线路铺设方式、辅助线分布及车站分布。

（1）线路的走向 城市轨道交通的主要服务功能是城市居民的出行，从有效利用土地、缩短建设工期、节约建设投资及方便居民出行等方面考虑，线路应铺设在城市街道地区主道路下面，所以城市轨道交通选线的基本原则是沿着客流方向布置线路。由于城市轨道交通建设费用昂贵，而且一旦建成改造十分困难，所以线路走向应该慎重考虑后再选定。具体可遵循以下原则：

1）线路基本走向应沿主客流方向并通过大客流集散点，以便最大限度地吸引客流。选择线路走向要考虑地质条件、地面和地下建筑物、历史文物保护等情况。

2）为确保城市的环境质量，在城区内线路宜选择地下线路，在次中心区及郊区有条件地段，为了节省建设投资，降低运营费用，可以选择地面线路或高架线路。

3）选择线路走向时也要考虑地铁线路间的联络线、车辆段及停车场的位置。

(2) 线路交叉形式 两条城市轨道交通线路交叉有平面交叉和立体交叉。平面交叉形成道岔。立体交通需要铺设高架桥，且应在交叉点处设置换乘站。

(3) 线路铺设方式 线路铺设方式分为地下线铺设、地面线铺设和高架线铺设三种方式。三种方式各有利弊：地下线投资大、建设工期长，但对地面交通干扰比较小，不受环境影响；地面线占用地面空间、隔断线路两侧交通、噪声比较大，但是节约投资；高架线几乎不占用地面空间、噪声大，但是与地下线路相比能节约投资。线路铺设方式应根据城市环境、地质条件和总体规划要求，因地制宜地选择。一般情况下，在城市中心区，宜选用地下线；在城市中心区外围，且街道宽阔地段宜选用地面线和高架线。在设计阶段，无论地下线、地面线还是高架线，都要充分考虑利用地下和地上空间。所以，规划部门要严格按照路网规划用地要求控制用地，以防后患。

(4) 辅助线分布 辅助线是为保证正线列车正常运营而设置的不载客运营的辅助性线路，按其使用性质可分为折返线、联络线、存车线、渡线及出入线等。辅助线的分布应符合以下原则：每条线路的始终点必须设置折返线或渡线；小客流截面的区段上应设置区段折返线；每隔3~5个车站应设置存车线，以供故障列车临时存放或检修用。

(5) 车站分布 车站是一种昂贵的建筑物，其建筑费及设备费在投资中占很大比重。某地铁公司2号线的概算资料显示，一般车站长度为285m，其土建工程造价为6000万~7000万元，拆迁工程和车站设备是土建造价的2.1~2.2倍，单从土建工程造价比较，车站每延米的造价约是区间的2.4倍。为使城市轨道交通成为城市公共交通骨干，车站应与城市综合交通规划相协调。当线路预定与远期规划线联络时，先期建设的线路应考虑与远期规划线路交叉点处的换乘，为未来路网中乘客的方便换乘创造条件。车站分布应根据科学的综合分析，详细的方案比选后确定。尤其是城市轨道交通车站分布数目多对建设费用、运营成本、施工等都有很大影响。但是客流吸引量及乘客出行时间需要进行具体分析计算，在市场经济条件下，车站分布一定要进行经济效益的比较。《地铁设计规范》中规定：车站分布应以规划线网的换乘节点、城市交通枢纽点为基本站点，结合城市道路布局和客流集散点分布确定。

车站间距在城市中心区和居民稠密区宜为1km，在城市外围区宜为2km，超长线路的车站间距可适当加大；地铁车站站位选择应结合车站出入口、风亭设置条件确定，并应满足结构施工、用地规划、客流疏导、交通接驳及环境要求。

平均站间距离有两种：一种是小站间距，平均站间距为1km左右；一种是大站间距，平均站间距为1.6km左右。小站间距由于车站数量较多，故车站总投资会相应增大；大站间距可以减少车站数量，从而节约车站的土建工程投资，但同时也将引起部分客流向邻近车站转移，导致邻近车站规模增大。大站间距会提高列车的运行速度，运行速度的提高又会减少列车的周转时间，故在发车间隔不变的情况下，相应的车辆配属数就会减少。小站间距则正好相反。大站间距的设站数量相对于小站间距要少，故相应的车站配套设施和管理维护人员也会减少，从而节省了日常开支，降低了运营费用。

从车站在城市中的作用看，如果车站间距足够大，各车站会发展成为综合性的公共活动中心及交通枢纽，并逐渐集中商业、文化生活及行政职能于一体，发展成为吸引居民居住和工作的核心。车站间距大小对居民出行时间、运营费用、建设费用及车站在城市中的作用等多方面产生影响，所以对于某条线的车站间距选择，应结合具体情况分析。

（四）线路平面和纵断面设计

城市轨道交通线路的空间位置由线路平面和线路纵断面决定。

1. 线路平面设计

线路平面是线路中心线在水平面上的投影，由直线、圆曲线及缓和曲线组成。在线路设计时，主要是根据实际情况和技术要求考虑线路平面的组成要素，即直线与曲线的技术标准，如曲线半径、曲线外轨超高、缓和曲线等。

（1）最小曲线半径 圆曲线半径的大小反映了曲线弯曲度的大小。曲线半径越小，弯曲度越大。一般情况下，曲线半径越大，行车速度越高，但工程费用也越高。曲线半径宜按标准半径从大到小合理选用。《地铁设计规范》规定的地铁圆曲线标准半径为3000m、2500m、2000m、1500m、1200m、1000m、800m、700m、650m、600m、550m、500m、450m、400m、350m、300m、250m、200m、150m。特殊困难条件下，可设计为上述半径间10m整数倍的曲线半径。《城市轨道交通工程项目建设标准》（建标104—2008）规定：正线A型车允许的最小曲线半径标准为300m，最大允许速度为74km/h，比国产地铁车辆的构造速度（80 km/h）低。

（2）曲线外轨超高 由于任何物体在做圆周运动时都会受到离心作用的影响，这种影响会使列车在通过曲线时产生强烈的摇摆和晃动，使旅客感觉不适，并产生外轨偏载，磨耗加剧。通常以设置外轨超高的办法，使列车自身的重力产生一个向心的水平分力，以抵消惯性离心作用的影响，达到内外两根钢轨受力均匀和垂直磨耗均匀，以满足旅客的舒适感，提高线路的稳定性和安全性。

1）外轨超高的计算公式为

$$h = \frac{11.8v^2}{R}$$

式中 h——外轨超高（mm）；

v——列车经过曲线时的平均运行速度（km/h）；

R——曲线半径（m）。

结果取5mm的整数倍取值设置。

2）曲线外轨超高限值。由于列车在曲线上的实际运行速度和计算超高平均速度不能完全一致，因此当实际速度大于平均速度时，实际超高不能完全把离心力消除，有一个欠超高，欠超高越大，外轮缘与外轨产生磨耗越严重。根据地铁行车速度、车辆性能、轨道结构稳定性和乘客舒适度要求等，《地铁设计规范》规定曲线外轨的最大超高为120mm，当设置的超高值不足时，一般允许有不大于61mm的欠超高。经行车实践得出外轨超高120mm比较合理。

3）设置方法如下：

① 隧道内。隧道内及隧道外U形槽结构内的整体道床地段的曲线超高，宜采用外轨抬高超高值的一半、内轨降低超高值一半的办法设置，这样可不增加隧道净空，节省结构的投资，同时能使轨道中心线与线路中心线一致，还能减小超高顺坡段的坡度。

② 高架线、地面线。高架线、地面线的曲线外轨超高，宜采用外轨抬高超高值的办法设置，以避免为保证内轨轨枕下最小道床厚度而增加轨道结构高度，从而增大桥梁荷载，影响桥梁结构。对于地面线碎石道床，这种设置方法有利于保持轨道几何尺寸，便于维修。

③ 超高顺坡。曲线外轨超高值应在缓和曲线地段内递减，无缓和曲线时，应在直线段

递减。超高递减顺坡率不宜大于2‰，困难地段不应大于3‰。

（3）缓和曲线　缓和曲线是在直线和圆曲线间设置的一段曲率半径不断变化的曲线。缓和曲线的特征为：从缓和曲线所衔接的直线一端起，它的曲率半径由无穷大逐渐减小到它所衔接的圆曲线半径 R。

离心作用的影响与车辆运行速度平方成正比，与曲线半径成反比，当列车由直线向圆曲线运行时，由于缓和曲线曲率半径是逐渐减小的，因此离心作用的影响也是逐渐产生和消失的，这样可避免造成列车强烈的横向摇摆。缓和曲线应有足够的长度，地铁标准半径曲线对应不同速度要求的缓和曲线长度有100m、95m、90m、85m、80m、75m、70m、65m、60m、55m、50m、45m、40m、35m、30m。

（4）圆曲线间的夹直线　线路上两条相邻的曲线不应直接相连，而应在两条相邻的曲线间设置一定长度的直线，以保证列车运行平稳，这条直线称为夹直线。

两相邻曲线，转向相同，称为同向曲线；转向相反，则称为反向曲线。

车辆运行在同向曲线上，因相邻曲线半径不同，超高高度不同，车体向内的倾斜度也不同；车辆运行在反向曲线上，因相邻曲线超高方向不同，车体时而向左倾斜，时而向右倾斜。这两种情况都会造成车体摇晃震动，夹直线长度越短，摇晃震动越剧烈。

《地铁设计规范》规定：两曲线间的夹直线的长度，A型车不宜小于25m，B型车不宜小于20m，在困难情况下不得小于一个车辆的全轴距；车场上的夹直线长度不得小于3m。

2. 线路纵断面设计

（1）线路纵断面设计应遵循的原则　纵断面设计应保证列车运行的安全、平稳及乘客舒适；要结合不同的地形、地质、水文条件，线路铺设方式与埋深要求，隧道施工方法，线路平面条件等进行合理设计，力求方便乘客使用及降低工程造价；尽量设计成符合列车运行规律的节能型坡道。

（2）线路纵断面设计的主要技术要素　线路纵断面设计的主要技术要素是坡度、坡段长度及变坡点。由于城市轨道交通坡度已不是限制列车牵引质量的主要因素，所以称线路允许设计的最大坡度值为最大坡度，而不称为限制坡度，也不存在加力坡度。城市轨道交通列车为了适应小站距的频繁起动、制动，具有良好的动力性能，一般采用全动轴或2/3动轴列车，起动加速度要求达到$1m/s^2$及以上，这就意味着列车可以爬100‰及以上的当量坡度。城市轨道交通由于高密度行车和大运量，为保证行车安全与准点，设计原则要求列车失去部分牵引动力的条件下，仍能用另一部分牵引动力将列车在最大坡度路段起动，因此最大坡度阻力及各种附加阻力之和，不宜大于列车牵引动力的一半。

在实际设计纵断面时，线路坡度在满足排水及标高控制要求的前提下应尽可能平缓，一般宜在25‰以下。正线允许的最大坡度值，一般不大于30‰，在困难地段（如深埋线路需要上升至地面以上时），允许将正线坡度设计到35‰；辅助线的最大坡度一般不大于40‰。但随着各种城市轨道交通车辆的改进，允许的最大坡度值也在增大。

为便于排水，地下区间线路不宜设计成平坡，而设计成不小于3‰的坡度。当然，在能解决排水问题的地段，可不受此条件限制。隧道内的车站站台段线路应设单一坡度，坡度值宜选用3‰，困难时可以设在2‰~5‰的坡道上，特殊情况下，可设置在平道上，但需要设置一定坡度的排水沟。

地面和高架桥上的车站站台段线路坡度宜设在平坡上，困难地段可设在不大于5‰的坡道上；车场线可设在不大于1.5‰的坡道上。

两个坡段的连接点，即坡度变化点，称为变坡点。一个坡段两端变坡点之间的水平距离称为坡段长度。如果坡段长度小于列车长度，列车就会同时跨越2个或以上的变坡点，各个变坡点所产生的附加应力和局部加速度会因叠加而加剧，影响列车的平稳运行和乘客的舒适度。因此，线路坡段长度不宜小于远期列车计算长度，同时应满足两相邻竖曲线间的夹直线坡段长度不宜小于50m的要求。

(3) 竖曲线　在线路纵断面上，若各坡段直接连接成折线，列车通过变坡点时产生的车辆振动和局部竖向加速度增大，乘客舒适度降低。同时，车辆处在最不利位置时，可能导致车轮脱轨或相邻车辆脱钩，影响行车安全。因此当两相邻坡段的坡度代数差等于或大于2‰时，必须在变坡点处用竖曲线把折线断面平顺地连接起来，以保证行车安全、平顺和乘客乘坐的舒适度。竖曲线有抛物线形和圆曲线形两种。抛物线形曲率半径是不断变化的，更适宜于列车运行，但由于铺设和养护工作较复杂，基本上不采用。圆曲线形竖曲线的半径是固定不变的，具有便于铺设和养护的优点，我国城市轨道交通线路竖曲线多采用圆曲线。

《城市轨道交通工程项目建设标准》规定：对正线的区间线路，竖曲线半径一般取5000m，困难情况下取2500~3000m。车站两端由于行车速度较低，其线路竖曲线半径可取3000m，困难情况下取2000m。对辅助线和车场线，竖曲线半径可取2000m。

竖曲线的设置规定如下：

1) 当两相邻坡段的坡度代数差等于或大于2‰时，应设圆曲线型的竖曲线连接。

2) 车站站台计算长度内和道岔范围内不得设置竖曲线，竖曲线离开道岔端部的距离不应小于5m。

3) 碎石道床线路竖曲线不得与平面缓和曲线重叠；不设平面缓和曲线时，竖曲线不得与超高顺坡重叠，否则立面轨顶超高顺坡与平面缓和曲线曲率渐变将形成复杂的空间曲线，施工中很难做成设计形状，运营中碎石道床也难以保持。

(4) 影响纵断面设计的因素　线路纵断面设计除考虑设计原则与标准、埋设方式、线路平面条件、结构类型外，下列因素也影响纵断面设计，而且需在设计过程中逐一考虑。

1) 覆土厚度。在浅埋地下线中，往往希望隧道结构尽量贴近地面，但受各种因素的限制，需要确定最小覆土厚度。地铁隧道结构顶板顶至地面间的最小厚度，除应考虑通过地下管道及建筑物的要求外，还应根据下列因素来确定：当地下线位于道路下方时，应考虑道路路面铺装的最小厚度要求，可与城市规划及市政部门协商，一般为0.2~0.7m；当地下线位于城市公园绿地内时，考虑植被的最小厚度要求，可与城市规划及园林部门协商；在寒冷地带应考虑保温层最小厚度要求，可与通风采暖专业人员协商；当地下线位于正常水位下方时，可与隧道专业人员协商隔水层厚度要求，一般为1m左右；在地下铁道作为战时人防工程时，应考虑防空工程的最小覆土要求。

2) 地下管线及建筑物。下水管线与地下线纵断面设计矛盾最突出，是纵断面设计的重点。一般以改移地下管线较为适宜，工作中可与市政有关部门协商。

地铁车站上方的地下管线，横越管线宜改至车站两端区间，平行管线宜平移出车站范围，以减小车站埋深。即使改移管线在经济上不太合算，也应改移管线，以方便乘客出入和节省运营费。只有地下管线无法改移时，才考虑地铁车站加大埋深或移动站位。

地下隧道结构以明挖法通过地下管线或地下构筑物时，隧道与管道之间是否留土层，应根据地铁隧道结构受力要求确定，若无要求，可以不留土层，甚至两者共用结构。但对下水管线应有严格防水措施，严防污水渗入地铁结构内。对于大型管线或地下构筑物，应考虑隧道结构施工及管道悬吊施工操作的需要。

地下隧道以暗挖法通过地下构筑物、楼房基础时，两结构物之间需保持必要的上层厚度，其最小厚度在上海地铁按 2m 考虑。

3）地质条件。当地下线路遇到不良地质条件时（主要是淤泥质黏土及流砂土层），应尽量考虑躲避，若躲避有困难，则应采取工程措施。

4）施工方法。地下线采用明挖法时，为减少土方开挖量，车站与区间线路埋深越浅越节省工程造价，线路纵断面主要坡型是车站位于低位，区间位于高位，即所谓的凹形坡。当采用暗挖法时，一般应选择较深的好地层，线路纵断面主要是凸形坡，车站位于纵断面高处。

5）排水站位置。地下线排水站主要是排除隧道结构的渗漏水和冲洗水，设于线路纵断面的最低点，在困难条件下允许偏离不超过 10m。排水站位置受很多因素制约，区间排水站要选择出水口的位置，为了便于检修往往要求与区间通风道结合在一起；车站端部排水站受车站平面位置制约，至车站中心的距离往往是定数，因此纵断面设计要考虑排水站的设置位置。

6）桥下净高。当地铁为高架线时，桥下净高最小值受通行的车船高度控制，应按铁路、道路、航运有关规范执行。铁路限界规定，电气化铁路最小净高为 6.55m，其他铁路最小净高为 5.5m。

（五）辅助线设计

辅助线按其使用性质可分为折返线、存车线、安全线、渡线、出入段线和联络线等。辅助线是为了保证线路正常运营，实现列车合理调度，并满足非正常情况下组织临时运行和维修作业所设置的辅助线路，最高运行速度一般在 35km/h。

1. 折返线

折返线是为列车正常运行中调头转线而设置的线路，用于组织列车的折返（包括始发、终点站的折返和小交路折返点折返）作业，实现行车的合理调度和正常运行。

折返线的设计要点如下：

1）折返线设于折返站（包括始发站和终点站）上，有站前折返线和站后折返线两种。

2）站后折返线有效长度为列车长度加 40m，尽端式折返线末端应设缓冲车挡。

3）折返线在营业时段内使用，不能作为停车线（故障车停放线）使用，但增设相应设施后，可作为存车线使用。

4）站后折返线，可用延长线路并增设交叉渡线作折返线使用，但必须验算其折返能力。通常在站前应增设单渡线，以增强灵活性。

2. 存车线

存车线是供故障列车停放及夜间存车用的线路。存车线的设计要点如下：

1）存车线一般设于距离车辆段或停车场较远的折返站上，其数量应满足存放列车数的要求。

2）列车为空载状态进入存车线，无速度要求，有效长为 $L+24m$。

3）存车线上有列检作业时，应设地沟，与相邻其他线路间应设有防护设施。

4）存车线可利用折返线设置，必要时加设地沟。

5）可兼作停车线使用，但不能用于夜间维修工程车的折返。

6）存车线的设置复杂、造价高、管理也不便，因此地下存车线的设置应十分慎重。

3. 渡线

渡线是设于两条正线（或辅助线）之间的线路，主要配合折返线、存车线和停车线等各种辅助线的功能需要而设置。

渡线的设计要点如下：

1）渡线一般每隔 3~5 个站设置，或配合折返线、存车线和停车线设置。

2）渡线有单渡线和交叉渡线之分。

3）单渡线的方向应根据其功能需要合理设计，一般按顺向设置。

4. 出入线

出入线是正线与车辆段间的连接线，供列车进出车辆段。出入线的设计要点如下：

1）出入线应按双线、双向运行设计，并避免切割正线。

2）当出入线与正线发生交叉时，宜采用立体交叉方式。

3）在困难条件下，不超过 12 列位的停车场可按单线设计。

4）出入线应在车站接轨，并首先考虑在终点站或折返站接轨。

5. 联络线

联络线是指两条独立运营的线路之间的连接线，为两线车辆提供跨线作业。联络线的设计要点如下：

1）联络线的技术标准应与两线线路一致。

2）联络线最大坡度可为 40‰，最小半径不小于 200 m。

3）应在车站接轨，并配备必要的渡线，以方便作业。

4）其布置应根据列车运行进路并结合工程条件进行方案比较。

【拓展提高】

站前折返和站后折返

站前折返是指列车经由站前渡线折返，也就是当列车到达终点站时，已经由渡线折返完毕。其优点：列车空车少，折返时间短，乘客能同时上下车，可缩短停站时间，节省费用。其缺点：客流量大时，可能引起站台客流秩序的混乱。

站后折返的优点：安全性能好，列车进出站速度较高，有利于提高运行速度。缺点：列车折返时间较长，列车进出车站与折返作业有严重的干扰。尤其是在区间站利用渡线进行区间列车折返，需占用正线进行作业，故对运营管理要求十分严格。且列车运行间隔时间受其制约需放大，导致线路通行能力下降，安全可靠性存在隐患。另外，正线延伸后，其正常运营列车难以折返，需另设折返线车站。所以，在列车运行速度较高、运行间隔时间较短、运量较大的线路上不宜采用站后折返。

【任务实施】

依据基础理论知识，提出任务目标：城市轨道交通线路设计认知。将学生按照生源地进行分组，每组深入到地铁公司调查，认知城市轨道交通线路设计的过程，根据不同小组的展示成果，进行综合评价。

任务二　城市轨道交通车站设计

【任务描述】

本任务主要介绍城市轨道交通车站设计原则、车站客流线组织原则、站厅层布局设计、站台层设计、车站通道设计以及车站出入口设计等相关理论知识。通过对理论知识的学习，辅以多媒体教学展示相关图片，使学生对车站设计有较全面的认识。

【基础理论】

车站是城市轨道交通体系中的重要建筑，车站的选址、布置规模等不仅影响运营效率，而且影响城市交通的通畅；车站往往又是连接其他交通设施的枢纽，方便的交通又会促进城市的健康发展。

一、城市轨道交通车站设计原则

1）最大限度地吸引客流。要求车站设置位置合适，设备完善，服务水平高，车站布设要方便乘客使用，车站位置能为乘客提供便利，使多数乘客步行的距离最短。

2）车站规模及布局设计要满足路网远期规划要求。车站设计规划应根据远期高峰小时预测客流集散量和车站行车管理、设备用房的需要来确定，应具有良好的外部环境条件，最大限度地吸引乘客。要与站厅、站台、出入口通道、楼扶梯以及售检票等部位的通过能力相匹配，同时应满足事故发生时乘客紧急疏散的需要，超高峰系数应根据车站规模及周边用地情况所决定的客流性质不同分别选取。

3）个别车站可按极限运量需求来设计。体育场馆、火车站、广场等可能产生阵发性密集到发客流，交通集散点附近的车站尽量通过短的出入口通道将旅游景点、游乐中心、住宅密集区和办公密集区等与车站相通，为乘客提供无太阳晒、无雨淋的乘车条件。

4）预留适当的能力余地。满足高峰时段密集到达（出发）的需要，即超高峰时段的需要，并能应付远期运量波动的需要。

5）车站布设应与旧城改造和新区土地的开发相结合，注意与周围环境的协调，如与城市景观、地面建筑规划相协调。车站设计应尽可能地与物业开发相结合，使土地的使用达到最经济。

车站分布应方便施工，减少拆迁，降低造价，并注重城市轨道交通建设与周边经济发展的互动效应，为可持续发展创造条件，还应降低占用地面积，尽可能降低投资费用，满足施工条件的限制。

6）车站布设应与城市道路网及公共交通网络密切结合，车站站位应尽可能地靠近人口密集区和商业区，最大限度地方便乘客出行。

应符合城市轨道交通网络规划和城市总体规划的要求，应与城市总体规划和车站所在地区的城市规划互相协调，车站分布应兼顾各个车站间距离的均匀性，乘客到大型的商业区购买物品，要货比三家，一般不计较时间和步行距离，所以，地铁车站距离商业区中心不超过500m 为宜。

7）在满足施工条件限制的前提下，车站能设置在地面上，则不设置在地下，设计应以实用高效为主,装饰功能为辅,车站一般宜设在直线段上。车站应在满足使用功能的前提下,尽量缩小建筑空间,使其规模、投资达到最合理。

8) 车站设计应简洁、明快、大方、易于识别,并应体现现代交通建筑的特点,需采用多方案比选,确定较优方案。

9) 车站公共区域应根据客流需要设置足够宽度的、直达地面的人行通道,出入口的布置应结合公共交通、城市道路、周围建筑的规划等因素综合考虑,原则上通道和出入口不应有影响乘客紧急疏散的障碍物。

10) 为给乘客提供安全、舒适和快捷的乘降环境,车站应设置好防灾、通风、照明和卫生等问题。

11) 考虑到经济性,为了降低造价,节约投资,应尽量压缩车站的长度、控制地下车站的埋深及高架车站的架空高度。

二、车站规模的确定

车站规模指车站外形尺寸大小、层数和站房面积多少,车站规模直接决定着车站的外形尺寸及整个车站的建筑面积等。

车站规模的大小,将直接影响到工程造价的高低。规模过大,投资太高;规模不足,满足运营的需要期限短,影响运营功能且日后改建困难。因此,在确定车站规模时,应慎重进行技术经济比较。

在进行车站总体布局之前,一般要确定车站规模,而车站规模主要根据本站远期预测高峰客流量、所处位置的重要性、设备和管理用房面积及该地区的远期发展规划等因素综合考虑确定,以寻求最佳方案。其中客流量大小是一个重要因素,一般可以参考日均乘降客流量和高峰小时客流乘降量来综合确定。高峰小时客流量一般是指早、晚高峰小时客流量,对于所处位置特殊的车站,如大型文体中心、火车站等,也可选用其他高峰小时客流量。超高峰客流量为该站高峰小时客流量乘以系数(1.2~1.4)。

车站规模等级及适用范围表 8-1。

表 8-1 车站规模等级及适用范围

规 模 等 级	客流量/人	适 用 范 围
特等站	>5万	客流量特别大,有特殊要求的车站
一等站	>3万~5万	客流量大,地处市中心的大型商业中心、大型交通枢纽中心、大型工业区及位置重要的政治中心地区
二等站	>1.5万~3万	客流量较大,地处较繁华的商业区、中型交通枢纽中心、大中型文体中心、较大的居住区级工业区
三等站	<1.5万	客流量小,地处郊区的车站

一般车站在高峰期 1h 内,集中了全日乘降人数的 10%~15%,但由于车站所在地区不同,其乘降人数的集中程度不相同,所以在规划时要充分做好预测工作,并考虑城市轨道交通客流分布的变化。

三、按照客流线设计车站总体布局

车站总体布局应按照乘客进出车站的活动顺序,合理布置进出站的流线及设备用房。

客流线是指车站内乘客的流动路线。客流线反映了客运作业对于车站站房内各类设施的设置及布局的基本要求,客流线设计组织是否合理,不但影响车站的作用安全、效率和能力,同时也直接关系到对乘客服务质量的高低。所以流线布置宜简捷、美观、顺畅等,尽可能使流线不相互干扰,为乘客创造便捷的乘降环境。

(一) 客流线组织原则

车站内各种乘客流线均有其特定的内在需求,这些需求均需要通过合理设置与布局站房的各类设备设施以及乘客需求来予以满足,一般应遵循以下两个原则。

1. 避免各种流线相互交叉干扰

在对客流线进行设计的过程中,应力求将各种乘客流线分开,尤其是将进站乘客流线与出站乘客流线分开,进出站乘客流线与中转乘客流线分开。

2. 最大限度地缩短乘客走行距离,避免流线迂回

对于进出站乘客流线中流量最大的普通乘客流线,应首先保证其流动路线最简捷、通畅,流程距离最短。对于流量不大的其他乘客流线,也应根据其特点、需要,尽量缩短其流线距离,避免迂回。

(二) 客流线的主要类型

1. 进站乘客流线

进站乘客流线按照其流动过程可以分为两种主要类型。

(1) 通过站房直接上车的乘客流线　这种流线的乘客大部分为当地居民,持有城市一卡通或储值票等直接通过闸机刷卡进站,流线示意图如图 8-2 所示。

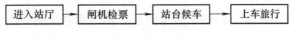

图 8-2　通过站房直接上车的乘客流线

(2) 进入车站购票上车的乘客流线　这种客流线的乘客主要是不经常乘坐城市轨道交通出行的当地或外地乘客,这种客流在节假日或周末比较集中,客流线示意图如图 8-3 所示。

图 8-3　进入车站购票上车的乘客流线

2. 出站乘客流线

出站乘客流线比进站乘客流线简单,乘客使用站房时间短,办理手续少,客流线示意图如图 8-4 所示。

图 8-4　出站乘客流线

3. 中转乘客流线

在一些综合型枢纽站或换乘车站，存在大量的中转换乘乘客，他们的流动过程形成了中转乘客流线，客流线示意图如图 8-5 所示。

$$\boxed{站台下车} \rightarrow \boxed{换乘通道} \rightarrow \boxed{站台上车}$$

图 8-5　中转乘客流线

四、站厅层布局设计

站厅层是一种过渡空间，它的主要作用是集散客流兼客运服务等，将进站乘客迅速、安全地引导到站台乘车，使出站乘客迅速离开车站。站厅层需要设置售票、检票、问讯等为乘客服务的各种设施。站厅规模大小、建筑特征既要根据城市规划与交通的要求并与地面建筑相协调，又要各具特色，达到简捷、富于时代感的特征。站厅层应有足够的面积，除考虑设置设备占用面积，正常所需购票、检票及通行面积外，还应考虑乘客短暂停留及特殊情况下紧急疏散。站厅层面积目前没有固定的计算方法，一般根据经验和类比分析确定，主要由远期车站预测客流量大小和车站的重要程度决定。

站厅的布局方式主要取决于车站的售检票方式，一般站厅有两种布置方式，一种为分别在站台两端上层设置站厅，另一种为在站台上层集中布置。站厅层大致分为公共区和车站用房区域两个区域。

（一）站厅层公共区设计

公共区是乘客集散的区域，根据车站运营及合理组织客流路线的需要，可划分为付费区和非付费区。

付费区是指乘客需经购票、检票后方可进入的区域，经此然后到达站台。付费区内设有通往站台层的楼梯、自动扶梯、补票处。在换乘车站，还需设有通向另一车站的换乘通道。非付费区内乘客可以在本区内自由通行。非付费区内设有售票处、问讯处、公用电话等，进、出站检票口应分设在付费区与非付费区之间的分界线上，其两者之间的距离应尽量远一些，以便分散客流，避免相互干扰拥挤。付费区与非付费区之间应分隔，进站乘客在非付费区完成购票后通过检票设备进入付费区，到站台乘车；车站乘客通过检票设备进入非付费区后出站。

站厅层内划分为付费区和非付费区以后，限制了地铁车站不同出入口人员的穿行。由于地铁车站一般修建在城市主要道路下面，站厅还具有过街通道的功能。因此，为了便于各个出入口的联系和穿行，可以在站厅的一侧或双侧设置通道。由此，也可以将站厅层分为 3 类：站厅层不能穿行，站厅层单侧可以穿行，站厅层双侧可以穿行。

客流通道口主要位于站厅层的公共区，分左右两侧布置，有利于地面道路两侧出入口的均匀布置。根据《地铁设计规范》，通道口最小宽度不能小于 2.4m。

非付费区除了设置必要的售检票系统设备，可根据站厅面积大小设置商铺、自助银行、公共洗手间、公共电话等便民设备设施。

（二）车站用房区域的设计

车站用房主要包括设备用房、管理用房、辅助用房三部分。它是根据运营管理的要求决定的。如果运营管理采用上车购票或车站自动售票，则车站可采用无人管理的方式，只设风雨棚即可，不需要设置站房；否则应设站房。在无人管理的车站，通常需要配备集中监视的闭路电视系统，以弥补管理上的不足。当车站位于地下时，则需增加环控、排水、防灾等设施。

五、站台层设计

站台是供乘客候车及上、下列车的平台。站台层设有楼梯、自动扶梯及站内用房等。站台应尽可能平直，以便站务员能够监视整个站台情况和客流状况。为防止乘客掉落站台，站台边缘与车辆边缘的距离宜为 0.08～0.1m，最大不得超过 0.18m。

站台主要尺寸按下列方法确定。

（一）站台长度

站台长度分为站台总长度和站台有效长度两种。站台总长度是根据站台层房间布置的位置以及需要由站台进入房门的位置而定的，是指每侧站台的总长度。站台有效长度是指远期列车编组总长度与列车停站时允许停车距离不准确值之和，站台有效长度也称为站台计算长度，它是供乘客上、下车的有效长度，也是列车停站位置。由于列车采用的自动停车设备的先进程度不同以及司机操作熟练程度的差别，允许列车停车的理论位置与实际位置有一定距离的不准确值，一般在无站台门时应取 1～2mm，有站台门时应取 ±0.3m 以内。

站台有效长度 L 为列车编组长度加上允许的停车附加距离（一般为 4m 左右），即

$$L = nl + 4 \tag{8-1}$$

式中 L——站台有效长度（m）；

l——车辆长度，包括车钩长度（m）；

n——车辆的编组数。

地下站台一旦建成，其长度基本没有延长扩建的可能。因此，在预测远期客流量后，需要充分考虑足够的列车编组辆数来保证运输能力。城市轨道交通列车运行的间隔短、速度快、机动性能高，因此，列车编组辆数不可能很大。对于编组数为 6～8 辆的列车，站台长度一般为 130～180m。

（二）站台宽度

站台宽度主要根据车站远期预测高峰小时客流量大小、列车对数、站台形式、列车运行间隔时间、站房布置、楼梯及自动扶梯位置等因素综合考虑确定。站台宽度应满足远期预测客流量，列车编组长度，站台上横向立柱数量等因素的计算要求，此外，站台宽度还应满足突发事件情况下客流疏散时间小于 6min 的要求。

站台宽度由站台乘降区计算宽度、立柱宽度、楼梯宽度及自动扶梯宽度组成。

1. 候车面积

候车面积的计算公式为

$$F = Pa \tag{8-2}$$

式中 F——候车面积（m^2）；

P——高峰时段同时到达站台候车的乘客数（人）；

a——每位乘客候车占用站台面积（m^2/人），一般取 0.33～0.75m^2/人。

2. 单侧站台宽度

根据列车计算长度及站台有效面积求单侧站台宽度,即

$$b_{单} = F/L_{计} + 0.45 \tag{8-3}$$

式中 $b_{单}$——单侧站台宽度(m);

$L_{计}$——列车计算长度(m),即列车全长减去车头至第一位车门和车尾到最末位车门的距离(共计约7m);

0.45——安全带宽度(m)。

3. 侧式站台总宽度

侧式站台总宽度的计算公式为

$$B_{宽} = b_{单} + b_0 \tag{8-4}$$

式中 $B_{宽}$——侧式站台总宽度(m);

b_0——乘客纵向移动所需宽度,一般取 2~3m。

4. 岛式站台宽度

岛式站台宽度的计算公式为

$$B_{侧} = 2b_{单} + b_0 \tag{8-5}$$

其中,b_0 取 3m。

岛式站台宽度一般为 8~10m,侧式站台宽度一般为 4~6m。但是,为了保证车站安全运营和安全疏散乘客的基本需要,我国《地铁设计规范》(GB 50157—2013)中规定了车站站台的最小宽度尺寸,见表 8-2。

表 8-2 车站站台的最小宽度尺寸

车站站台形式		站台最小宽度/m
岛式站台		8
多跨岛式车站的侧站台		2.5
无柱侧式车站的侧站台		3.5
混合式站台	岛式	8
	侧式	3.5
有柱侧式车站的侧站台	柱外站台	2.5
	柱内站台	3.5

(三)站台高度

站台高度是指钢轨顶面至站台面的高度。站台高度的确定主要根据车厢地板面距钢轨顶面的高度而定,且站厅高度选择需要与车型匹配。站台与车厢地板面高度相同,则称为高站台,一般为 0.9m,适用于客流量较大、车辆停站时间短的车站。考虑到车辆满载时,车厢的地板下沉量一般在 0.1m 以内,故高站台的设计高度宜低于车厢地板面 0.05~0.1m。站台比车厢地板面低一两个台阶,称为中、低站台,一般为 0.65m,0.45m,适用于客流量不大的车站。

(四)轨道中心线与站台边缘距离

该值由车辆的建筑限界决定,实际设计时还要考虑 10mm 左右的施工误差。若站台设在曲线上时,需考虑线路加宽、超高、车辆偏移、倾斜的影响。

六、车站通道设计

通道主要由楼梯、电扶梯和步行道构成。由于地下或高架车站一般由地下二、三层或地上二、三层组成，因此各层之间都设有楼梯、自动扶梯或垂直电梯，以方便不同需要的乘客进、出车站和乘车。

（一）车站通道的设计原则

1）车站出入口与站厅相连的通道，长度不宜超过100m，宽度不得小于2.5m。
2）地下出入口通道力求短、直，通道的弯折不宜超过三处，弯折角度宜大于90°。
3）通道内应设置照明、通风设施及排水沟。
4）通道内应安装一定数量的摄像头，便于工作人员掌握客流通行情况，并设一定数量和类别的导向标志引导乘客的出行。

（二）楼梯

楼梯是最常用的一种乘降设备，投资低、施工简单、管理方便，但易造成客流交叉干扰，乘客不方便。但是考虑到经济性，当两地面高差在6m以上时，车站内适当位置需要设置一定数量的楼梯。楼梯踏步宽度常采用300~320mm，高度常采用145~150mm，一般在站台宽度允许的情况下，尽量放宽楼梯宽度。根据《地铁设计规范》的规定，在公共区中的步行楼梯宽度不得小于1.8m。

楼梯和通道最大通过能力见表8-3。

表8-3 楼梯和通道最大通过能力

名称		每小时通过人数/人
1m宽通道	单向通行	5000
	双向通行	4000
1m宽楼梯	单向上楼	4200
	单向上楼	3700
	双向混行	3200
1m宽自动扶梯		8100
1m宽自动人行道		9600

（三）自动扶梯

自动扶梯通过能力大，乘客间无冲突干扰，能合理组织客流。为了增强车站吸引力，减轻乘客疲劳，在条件许可的情况下，在出入口与站厅、站厅与站台间，均应设置自动扶梯。当车站出入口的提升高度超过6m时，宜设上行自动扶梯；超过12m时，除设上行扶梯外，应设有下行自动扶梯。

自动扶梯坡度采用30°坡角，踏步高度值小于一般楼梯踏步高度，有效净宽为1m，运输速度宜采用0.65m/s，设计通过能力不大于9600人/h。

（四）坡道

在条件许可的情况下，比如高差较小、施工条件良好，可用坡道代替楼梯来疏散乘客，坡道长度应以乘客走行时间能够承受为限。为防止滑倒，坡道地面需有防滑设施，需要设置照明设备，两侧墙体可用广告灯箱或装饰面布置，以减少乘客穿越地下坡道时可能产生的疲劳感和烦躁感。

七、车站出入口设计

1. 车站出入口位置的选择

车站出入口的主要作用在于吸引和疏散客流，其位置在满足城市规划及交通要求的前提下，最好选择在城市道路两侧人流集散的地点，不宜设在客流主要集散出口，应设在远离集散出口处。设置在沿线街道的交叉路口及大型广场附近，便于乘客换乘，要设置明显的标志，以便乘客识别。尽量与地面建筑结合，可设在地面建筑物内，也可独立设置，但需要与周围景观协调。

出入口的位置设置要符合有关部门的规划要求、消防要求及其他各种要求，在火车站等客流量较大的场所，为避免与其他方向的人流相互交叉干扰，减少出入口拥堵，出入口应与城市过街地道、天桥等相结合。当车站出入口位于城市过街地道、天桥附近时，为了方便乘客，节约投资，可以将其进行合并一起修建，融为一体。这样，可以不影响车站的管理和对站内客流路线的干扰，对城市建设和地铁运营都有利。

2. 车站出入口的设置数量及宽度

车站出入口数量可根据进出站客流的数量、方向以及地面条件确定，且应使出入口通过能力总和大于该站远期高峰客流量。首先，必须要满足高峰时段客流疏散的需求；其次，要满足进、出站客流的通过能力；最后，应尽可能照顾各个方向的客流，以方便乘客进出站。《地铁设计规范》规定：车站出入口的数量，应根据客运需要与疏散要求设置，浅埋车站不宜少于4个出入口。当分期修建时，初期不得少于2个。小站的出入口数量可酌减，但不得少于2个。出入口之间的距离应尽可能大，使其能够最大限度地吸引客流，方便乘客进出车站。

出入口宽度由所需通过的客流量计算确定。单个出入口宽度不得小于2m，净空高度不得低于2.5m。

3. 车站出入口的布置形式

出入口布置方式应根据当地气候、所处位置的特点等做成独建式（敞口、带顶棚、全封闭等）或台建式。通常采用"一"形、"T"形和"L"形三种。

1) "一"形出入口。占地面积少，结构及施工简单，布置比较灵活，人员进出方便，比较经济。

2) "T"形出入口。人员进出方便，结构及施工稍复杂，造价比"一"形和"L"形高。口部比较窄，适用于路面狭窄的地区。

3) "L"形出入口。人员进出方便，结构及施工稍复杂，比较经济。口部较宽，不宜修建在路面狭窄的地区。

八、车站的其他布局

（一）无障碍设计

无障碍设计突出的是"以人为本"的设计理念，并应遵循以下设计原则。

1) 每座车站中应有一个出入口设置直升电梯。

2) 出入口、通道、楼梯、站台及站厅等地应设置盲人导向带，要求盲道的铺设必须连贯，在站台层，上行和下行两个方向都需要铺设，但一般只需自站台中心处的车厢门设至垂直升降梯门口。为盲人设置盲道，从电梯口铺设盲道通至车厢门。

3）车站建于街道内的地下，车站的垂直升降梯可直接升至地面。

4）车站位于通道地面以下，出入口位于道路的两侧，乘坐残疾人的轮椅可通过楼梯旁设置的轮椅升降台下到站厅层，然后再经设置于站厅的垂直升降梯下达到站台。

（二）防灾设计

1. 人防设计

在车站的人防设计中应结合六级抗力等级防设，"平、战结合"；将一个车站加一个区间隧道作为一个防护单元，在相邻防护单元间要设置一道防护隔断门；在出入口密闭通道的两端各设置活置式门槛防护密闭门一道；每个车站还要设置不少于两个人防连通口，且连通口净宽不小于1.5m。在附近没有人防工程或暂不知是否有人防设置的情况下，人防连通口做完后，通道要预留出接口；在进排风口及活塞风口需设置一道防护密闭门；内部装修应考虑防震、抗震要求。

2. 紧急疏散设置

在车站的紧急疏散设计中，车站内所有的人行楼梯、自动扶梯和出入口宽度的各项总和应分别能满足在紧急情况及远期高峰小时设计客流量下，将一列满载列车的乘客和站台上候车的乘客及工作人员在6min内疏散到安全地区。此时车站内所有的自动扶梯、楼梯均上行，其通过能力按正常情况下的90%计算。垂直电梯不计入疏散能力之内。在紧急情况下车站设备用房区内的步行楼梯应也作为乘客紧急疏散通道，并纳入紧急疏散能力内。车站通道、出入口处及附近区域，不得设置和堆放任何有碍客流疏散的设备及物品，以保证疏散的畅通性。

3. 车站消防设计

车站消防设计需要考虑以下几个方面。

1）车站内需划分防火分区。中间公共区（售检票区或站台）为一个防火分区，设备用房区为另一个防火分区；有物业开发区的车站，物业开发区为独立的防火分区。每个防火分区内设两个独立的、可直达地面的疏散通道；所有的装修材料均按一级防火要求控制。两个防火分区之间采用能耐3h的防火墙分隔，不能砌墙处，则采用其他防火阻隔。穿过防火墙的管线均需采取防火措施，分区之间门窗按防火等级选用相应等级的防火门窗。除公共区外，每个防火分区最大允许使用面积不大于$1500m^2$。

2）车站内的商场及周边联体开发的商场等公共场所，应与车站做防火分隔，并符合民用建筑、人防工程相关防火规定。地下车站站厅的乘客疏散区域、疏散通道内及站台不应布置商业用房。

3）车站控制室、控制中心、配电室、变电所、蓄电池室、消防泵房等重要设备管理用房，应采用耐火极限不低于2h的隔墙和耐火极限不低于1.5h的楼板与其他部位隔开，防火隔墙应砌筑到顶，隔墙上的门应采用乙级防火门。设备和管理区域应与站台、站厅层公共区采用防火墙分隔，防火墙上的门应采用甲级防火门。

4. 车站防洪涝设计

城市轨道交通车站出入口、地面通风亭，为了防止暴雨引起的洪水泛滥、城市排水系统不畅、地震、战争等因素而导致大量地面水及地下水涌入地铁隧道内，造成事故或被水淹没,有必要对地铁的重要部位采取防水淹措施,以确保地铁的安全。

(1) 加高出入口地面高差　将车站地面出入口、地面通风亭等口部地面加高且应高出室外地面 150~450mm。出入口可做一般处理,可设计成敞口式、半封闭式或全封闭式。

(2) 车站出入口处设活动挡水板　在车站地面出入口、地面通风亭等处,出入口方向的其他三边设置 1.0~1.2m 高并具有一定强度的实体挡墙,入口处挡墙两侧留凹槽,设活动挡水板。位于洪水地区的上述口部,应将出入口、地面通风亭等口部地面设施,设置在最高洪水位以上 150~450mm 处,出入口宜设全封闭式,入口处设活动挡水板。

(3) 设防水密闭隔断门　在隧道内设置隔水设施,当隧道内发生水情时,利用防水密闭隔断门将水堵截在一定的范围内,不致波及全隧道,确保其他部位的安全。

(三) 内部环境设计

内部环境设计要保证运营安全、适用、通达、快捷;要考虑视觉范畴内的造型因素及装饰材料的应用,以尽可能改善地下空间封闭、沉闷和压抑的感觉;装修设计既要考虑全线车站的统一性,还要考虑每个车站各自的个性。

(四) 照明、标识、色彩及其他公用设施设备

整体照明是地铁车站照明的主要形式,它要考虑布置方式及照明灯具的形式,一般以长条形日光灯为主,也可组合其他形式的荧光灯和一些筒灯布置。灯具的布置形式要和顶面用材形式有机结合,这样才能取得较好的光照艺术效果。灯箱照明在地铁应用较多,广告灯箱的引进,增加了车站的光照度标准,同时增添了车站内部的色彩和人情气氛。而指示标识灯箱则是地铁车站的重要信息亮点,人们通过它的指引,可以安全无误地完成旅程。而标识灯箱的艺术造型又是体现现代化地铁车站室内环境的元素之一。地铁车站内部的色彩设计以高明度、低彩度为主。作为车站的背景色,可以是冷色调,也可以是暖色调。

(五) 立柱

站台立柱是站台建筑的一部分,根据车站规模的大小其设置数量也不尽相同。立柱位置设置应考虑不能占用乘客通道,尽量避免遮挡乘客或工作人员的视线,同时车站可以很好地利用立柱的表面积来完成其他功能,如悬挂宣传牌、导向标志、广告等。根据站台宽度不同,有些车站设置双排立柱,有些车站设置单排立柱。

(六) 安全护栏、屏蔽门、安全门

安全护栏或屏蔽门都是为了保证乘客在站台上乘降安全而设置的。针对轨道运输车站站台高的特点,为有效防止乘客乘降前后在站台边沿掉入轨道的事故发生,车站应设护栏或站台门。目前北京、深圳、广州、上海等城市新建地铁线路基本上全部安装了站台门设备,上海地铁车站地面部分有些车站设置有安全护栏。安全护栏和站台门的设置根据车站具体情况而定。站台门相对护栏造价要高,但安全程度也高,适合在大量地铁车站设置。同时站台门还能节约车站空调能源,降低列车噪声,为乘客提供良好的候车环境。

(七) 风亭的设计

地面风亭是通风道在地面口部的建筑物,作用是新鲜空气采集及排风。地面通风亭一般均设有顶盖及围护墙体,墙上设一道门,供运送设备使用。通风亭上部设通风口,风口外面设金属百叶窗。通风口下缘距地面的高度一般不小于 2m,特殊情况下通风口可酌情降低,但不宜小于 0.5m。位于低洼及临近水面的通风亭应考虑防水淹设施。

(八) 风道的设计

早期国内外修建的地铁工程,大多采用自然通风方式即利用地面风、列车活塞风、站内外温差等来与地面空气进行交换,但这种通风方式效率比较有限,通风效果不好。随着社会的发展和科学技术的进步,在近期国内外修建的城市轨道交通车站中,逐步采用了以机械通风为主的通风方式,普遍采用了环控设备,车站内温度、湿度得到了控制,地下环境得到了很大的改善。但环控设备的增加,势必会导致增大车站规模。为了控制车站规模,缩短车站的总长度,节约投资,部分环控设备可设在通风道内。

(九) 车站用房区域的设计

车站用房主要包括设备用房、管理用房、辅助用房三部分。根据我国目前城市轨道交通的建设水平和已建车站的实际经验,车站内各类用房设计参数见表8-4。

表8-4 车站内各类用房设计参数

房间名称	设置位置	参考面积/m²
车站控制室	站厅层客流量大的一端	25~35
站长室	车控室附近	10~15
站务室	站厅层	10~15
会计室	站厅层	20~30
会议室	站长室附近	20~30
行车主值班室	不设车控室时设在站厅层	15~20
行车副值班室	站台层	8~10
安全保卫室	站厅层客流量大的一端	10~20
工作人员休息室	无要求	10~20
更衣室	无要求	10~20
清扫员室	站厅层	8~10
清扫工具间	站厅层、站台层各一处	12
盥洗室及开水室	站台层	10~15
厕所	站台层	10~20
售票处	站厅层	5~8
问讯及补票室	靠近售票处	2~3
乘务员休息室	无要求	10~20
工区	按需要设置	10~20
牵引变电所	站台层	320~460
降压变电所	站台层	130~210
环控及通风机室	站台层或站厅层两端	1300~2000
通信机械室	靠近车控室	30~35
信号机械室	靠近车控室	30~35
防灾控制室	靠近车控室	15~20
消防泵房	方便消防人员使用处	50
污水泵房	厕所附近或下方	20
废水泵房	站台端部	20

【拓展提高】

地铁车站的综合开发与空间利用

近年来，国内外有些城市利用盖挖法的施工技术修建地铁车站。当车站顶板距地面高度大于 4.5m 时，顶板上面就可以不再回填土，而利用此空间增加一层空间。进行综合开发和合理利用空间是多方面的，首先在一定的空间里，合理布局以充分利用地下空间是非常具有实际意义的。利用地形地貌在车站顶部或端、侧部开发空间是可行的。国外有些车站在规划设计时很注意地下空间的综合开发和空间利用，如德国慕尼黑铁路火车站前的地铁车站，地下修建了 4 层，第 1 层为地铁站厅兼作城市地下人行过街道，其余空间开设商店和服务设施。第 2、3 层为不同线路的地铁车站和区域性快车线车站，第 4 层为地下停车场。我国在这方面也有不少成功的设计实例，如上海地铁 1 号线某车站集地铁、商业城市、立交桥三功能于一体，使地铁建设与城市建设能较好地结合起来。此外，成都地铁 1、2 号线交汇处的天府广场站也是地下车站综合开发与利用的典范。天府广场站总建筑面积为 3.1 万 m^2，设有地下 4 层结构，深约 30m，共设有 8 个出入口。地下 1 层为商业和展览区，地下 2 层为地铁车站控制室和站厅层，地下 3 层为 1 号线站台层。

  【任务实施】

依据基础理论知识，提出任务目标：认知城市轨道交通车站设计的过程。将学生按照生源地进行分组，深入到地铁公司调查，认知城市轨道交通车站设计的过程，根据不同小组的展示成果，进行综合评价。

  【复习思考题】

一、填空题

1. （　　　）是指两条独立运营的线路之间的连接线，为两线车辆提供跨线作业。
2. （　　　）是正线与车辆段间的连接线，供列车进出车辆段。
3. （　　　）是供故障列车停放及夜间存车用的线路。
4. 存车线上有列检作业时，应设（　　　），与相邻其他线路应有防护设施。
5. 辅助线是为了保证线路正常运营，实现列车合理调度，并满足非正常情况下组织临时运行和维修作业所设置的辅助线路，最高运行速度一般在（　　　）。
6. 线路纵断面设计的主要技术要素是（　　　）、（　　　）及（　　　）。
7. 地面和高架桥上的车站站台段线路坡度宜设在（　　　）上，困难地段可设在不大于（　　　）的坡道上；车场线可设在不大于（　　　）的坡道上。
8. 两个坡段的连接点，即坡度变化点，称为（　　　）。一个坡段两端变坡点之间的水平距离称为（　　　）。
9. 《地铁设计规范》规定曲线外轨的最大超高为（　　　），当设置的超高值不足时，一般允许有不大于（　　　）的欠超高。
10. 线路上两条相邻的曲线不应直接相连，而应在两条相邻的曲线间设置一定长度的直线，以保证列车运行平稳，这条直线称为（　　　）。
11. （　　　）是在直线和圆曲线间设置的一段曲率半径不断变化的曲线。
12. 平均站间距离有两种，一种是小站间距，平均为（　　　）左右；一种是大站间距，平均为

(　　)左右。

13. 辅助线的分布应符合以下原则：每条线路的始终点必须设置（　　）或渡线；小客流截面的区段上应设置（　　）；每隔（　　）个车站应设置存车线，以供故障列车临时存放或检修用。

14. 线网规划按照规划时期可分为近期规划、中期规划、中远期规划和远景规划。其中，近期规划为线路建成运行后（　　）年，中期规划为建成运行后（　　）年，中远期规划为建成运行后（　　）年以上，远景规划为建成运行后（　　）年内。

15. 城市轨道交通（　　）指某城市轨道交通若干条线路所构成的路网状态。

二、判断题

1. 联络线最大坡度可为40‰，最小半径不小于$R200$ m。（　　）
2. 出入段线应按单线、单向运行设计，并避免切割正线。（　　）
3. 当出入段线与正线发生交叉时，宜采用立体交叉方式。（　　）
4. 渡线一般每隔1个站设置，或配合折返线、存车线和停车线设置。（　　）
5. 存车线一般设于距离车辆段或停车场较近的折返站上，其数量应满足存放列车数的要求。（　　）
6. 存车线可兼作停车线使用，但不能用于夜间维修工程车的折返。（　　）
7. 在实际设计纵断面时，线路坡度在满足排水及标高控制要求的前提下应尽可能平缓，一般宜在25‰以下。（　　）
8. 城市轨道交通线路的空间位置由线路平面和线路纵断面决定。（　　）
9. 星形结构是指网格中所有线路只有一个交点的线网结构，其唯一的换乘站一般都位于市中心的客流集散中心，线网中所有线路间只能在该换乘站实现换乘。（　　）
10. 网格状结构是指n条线路有$(n-1)$个交叉点换乘，形如树枝状的线网结构，在网络中没有网格结构。这种结构适合于沿江或沿山谷条带状发展的城市地域。（　　）

三、简答题

1. 简述存车线的设计要点。
2. 简述折返线的设计要点。
3. 简述设置曲线外轨超高的原因。
4. 试对比分析地下线、地面线和高架线三种线路铺设方式的区别。
5. 简述城市轨道交通线路设计的过程。

参 考 文 献

[1] 韩宜康,林瑜筠. 城市轨道交通线路与站场 [M]. 北京:中国铁道出版社,2013.
[2] 何静,司宝华,陈颖雪. 城市轨道交通线路与站场设计 [M]. 北京:中国铁道出版社,2010.
[3] 赵水仙,连义平. 铁路线路与站场 [M]. 3版. 成都:西南交通大学出版社,2016.
[4] 李成辉. 轨道 [M]. 2版. 成都:西南交通大学出版社,2012.
[5] 周晓军,周佳媚. 城市地下铁道与轻轨交通 [M]. 2版. 成都:西南交通大学出版社,2016.
[6] 高波. 地下铁道 [M]. 成都:西南交通大学出版社,2011.
[7] 刘建国,张齐坤. 城市轨道交通概论 [M]. 北京:中国铁道出版社,2013.
[8] 林瑜筠. 城市轨道交通运输设备 [M]. 北京:中国铁道出版社,2008.
[9] 刘婉玲. 城市轨道交通运输设备 [M]. 2版. 成都:西南交通大学出版社,2015.
[10] 周平,金锋. 城市轨道交通概论 [M]. 北京:中国铁道出版社,2015.
[11] 刁心宏,李明华. 城市轨道交通概论 [M]. 北京:中国铁道出版社,2009.
[12] 魏连峰. 城市轨道交通线路工 [M]. 北京:中国铁道出版社,2015.
[13] 王平. 铁路轨道施工 [M]. 北京:中国铁道出版社,2010.
[14] 秦飞. 铁路轨道工程施工技术 [M]. 北京:中国铁道出版社,2014.
[15] 陈秀方. 轨道工程 [M]. 北京:中国建筑工业出版社,2005.
[16] 梁斌. 铁路轨道施工与维护 [M]. 北京:北京大学出版社,2014.
[17] 周国英. 铁路轨道施工与修理 [M]. 武汉:武汉大学出版社,2015.
[18] 张建华,邹琼. 铁路线路施工技术 [M]. 北京:人民交通出版社,2013.
[19] 赵矿英. 城市轨道交通概论 [M]. 北京:电子工业出版社,2013.
[20] 阎国强,仇海兵. 城市轨道交通概论 [M]. 北京:人民交通出版社,2010.
[21] 王军峰. 城市轨道交通概论 [M]. 北京:中国石油大学出版社,2015.